UNSICHTBAR
BEHINDERT

Autobiographische Erinnerungen, Erfahrungen, Positives und Kritisches in zwei gesellschaftlichen Systemen

ursprünglich **aufgeschrieben** *für die eigenen Kinder und Enkel*

von
Stefan Drey

Bibliografische Information der Deutschen Nationalbibliothek:
Die Deutsche Nationalbibliothek verzeichnet diese Publikation
In der Deutschen Nationalbibliografie; detaillierte bibliografische
Daten sind im Internet über http://dnb.dnb.de abrufbar.

© 2018 Stefan Drey
Herstellung und Verlag:
BoD – Books on Demand, Norderstedt

ISBN: 978-3-7481-1659-2

Inhaltsverzeichnis

Vorwort

Heute versuchen Forscher zu ergründen, wie unsere Vorfahren seit Beginn der Zeit des Homo Sapiens gelebt haben. Wären wir nicht dankbar, bei den Vergangenheitsforschungen über unsere Ahnen viele Details über deren Leben zu wissen? Wenn man selbst ein gewisses Alter erreicht hat, merkt man, viel zu wenig über die Einzigartigkeit des Lebens der eigenen Eltern und Großeltern zu wissen. Man hat nicht wissbegierig nachgefragt und im Verlauf des eigenen Lebens dieser natürlichen Neugier noch keine Priorität eingeräumt. Die Darstellung der Lebensabschnitte von Stefan, aus einer Zeit der meist noch produktiven Handarbeit bis zur Datentechnik und von der armen Nachkriegszeit in Deutschland bis zum gefühlten Wohlstand, beruhen auf persönlichen Erinnerungen. Persönliche Erfahrungen und Erlebnisse aus dem Zeitabschnitt des Versuches zum Aufbau des Sozialismus, bis zum Scheitern desselben, sind sicher nur beispielhaft. Damit entfällt auch der Anspruch auf eine absolute Vergangenheitsrealität. Auch die kritische Ansprache zu bewegenden politischen Themen der Nachwendezeit werden nicht ausgespart. Zwei erlebte Gesellschaftsordnungen, welche Generation kann davon schon berichten? Stefan, der in Folge über Steffen berichtet, hofft aber in seinen Beschreibungen der Realität sehr, sehr nah zu kommen. Es ist nur eine von Milliarden Biographien, die es auf dem Planet Erde gab und gibt und die vergleichsweise von nur wenigen aufgeschrieben wurden. Der ständige Kampf nach körperlichem Wohlbefinden, trotz vieler Jahre Krankenhausaufenthalt und vierzig Operationen, sollte für den einen oder anderen eine Empfehlung sein, nicht vorschnell über Menschen zu urteilen, wenn sie verschiedentlich objektiv mit anderen nicht gleichtun können. Steffen hat Hilfe erfahren, als er sichtbar behindert durch Kinderjahre gehen musste. Nachdem er die schweren sanitären Hilfsmittel nicht mehr tragen musste, war er natürlich immer noch stark gehandikapt. Er musste dann aber oft erfahren, als dicker, fauler Junge angesehen zu werden, der sich nur mehr bewegen müsste. Diese unsichtbaren Behinderungen und deren Begleiterscheinungen bestimmten wesentlich den kontinuierlichen Kampf um zu gesunden Menschen, je nach Altersgruppe, Anschluss zu halten. Eine andere irreparable sichtbare Behinderung durchlebt er nun zusätzlich wieder im Alter.

Den sichtbar behinderten Menschen soll auch näher gebracht werden, dass es viel unsichtbares Leid gibt und auch scheinbar Gesunde oft eine schwere Last zu ertragen haben. Allen Betroffenen, ob sichtbar behindert oder den unsichtbaren Behinderten will er Mut machen, nie aufzugeben, um sich an ein vergleichbares Leben zu Gesunden anzunähern. Das Schicksal zu akzeptieren und Hilfe anzunehmen bleibt nie eine absolute Selbstverständlichkeit. Es gehört eine große mentale Stärke dazu, im Stillen seine Leiden zu ertragen oder offen damit umzugehen. Steffen glaubt, mit dieser Stärke, als Resilienz benannt, sich meist mit Erfolg durch das Leben gekämpft zu haben. Die Resilienz ist die psychische Widerstandskraft mit schwierigen, belastenden Situationen und Lebensereignissen fertig zu werden. Der Vergleich mit einem Stehaufmännchen, das sich aus jeder Lage wieder aufrichtet, und stets möglichst schnell in eine gute gesunde Balance zurückkehrt ist angebracht. Dem sichtbaren Leid vieler Menschen sollte ohne Mitleid der anderen, immer mit einer Wertschätzung, mit Hilfe oder mit Hilfe zur Selbsthilfe, begegnet werden.

Unsichtbar Behinderte dürfen, selbst von Verwandten, Freunden und Bekannten, die darüber Bescheid wissen nicht erwarten, dass diese ständig daran denken. Ein kurzer Hinweis auf die eigene Behinderung sollte aber ausreichen, um Diskussionen und Handlungen so auszurichten, dass sie für den Betroffenen nicht noch als unglaubwürdig reflektiert oder sogar verhöhnend erscheinen oder empfunden werden.

All dies Erleben hat Steffen anderen Menschen abschnittsweise erzählt und dabei wiederholt den Vorschlag gehört, seine Biographie für die Nachwelt zu erhalten. Sollten die Enkel, vielleicht auch die Urenkel es einmal nachlesen, hat sich das Schreiben gelohnt.

Unabhängig vom sichtbaren oder unsichtbaren Behindertenstatus hat Steffen gefühlt zwei Hauptlebenshälften erlebt. Die erste mit vielen Krankheiten und einigen zusätzlichen zwischenmenschlich unerfreulichen Vorkommnissen. Die zweite auch mit Krankheiten, großer Zufriedenheit und positiven Hoffnungen.

Erste Erinnerungen

Steffen, ein Kind der sogenannten Kriegs- und Nachkriegsgeneration hat nach seinem bisher recht abwechslungsreichen Leben nun doch noch die Absicht, mindestens das Durchschnittsalter eines deutschen Mannes von derzeitig achtundsiebzig Jahren im ruhigen und immer erträglich schmerzarmen Tagesrhythmus zu erreichen. Schmerzfrei zu sein, ob physisch oder psychisch spürbar ist ein berechtigter Wunsch aller Menschen. Dass diese Erwartungshaltung erfüllt wird, ist für ihn nach seinen Erfahrungen fast unrealistisch.

In den letzten sechs Jahrzehnten hat der Kampf gegen den Schmerz, der auch nach medizinischen Eingriffen meist nicht zu vermeiden ist, enorme Fortschritte gemacht. Der ständige Gebrauch von Schmerzmedikamenten und anderen Pharmaka birgt aber immer ein Risiko und so ist Steffen trotz der verschiedensten körperlichen Handicaps immer auf der Suche nach möglicher Fitness durch Bewegung, Ernährung und dem wichtigen Aspekt sozialer Kontakte. Trotzdem, die Hoffnung bleibt, vielleicht auch noch mehr gesundheitlich annehmbare und von freudigen Erlebnissen begleitete Jahre, die gefühlt so viele nicht mehr sein werden, mit seiner Frau zu erleben. Kinder und Enkel leben getrennt im Ausland und lassen leider nur gelegentliche, die immer sehnsüchtig erwarteten direkten Kontakte zu.

Jetzt im Alter, das auch Zeit lässt, über das Leben und seinen Verlauf zu sinnen, hat er manchen Freunden und Bekannten Ereignisse von seinem Leben erzählt und oft den wohlgemeinten Hinweis erhalten, es für die Nachwelt aufzuschreiben. Sein Sohn war auch davon angetan, was die Oma seiner Frau nach neunzig Jahren ihres Lebens Interessantes notiert hat. Daraus wurde fast die Bitte, Vater, du könntest es auch einmal schriftlich festhalten, geäußert. In dieser Lebensrückblende soll es sich aber nicht nur um die Person des Steffen handeln, sondern auch ein Stück Zeitgeschichte der interessanten, wenn auch im Weltgeschehen der Menschheit verschwindend kurzen Zeitetappe nach dem II. Weltkrieg darstellen. Siebzig Jahre Frieden in Mitteleuropa, der Wandel von den weitgehend noch von Handarbeit bestimmten Fertigungsprozessen über die kurze Phase der ausgiebigen Mechanisierung bis zur revolutionierenden Datentechnik, das alles miterlebt zu haben, weckt die Dankbarkeit. In einer solchen Zeit gelebt zu haben, lohnt hoffentlich, für die Nachwelt notiert zu haben. Er ist sich bewusst, dass seine Reflexionen nicht komplett von der Allgemeinheit mit ja beantwortet werden. Dafür sind die Lebensläufe, die Psyche und die gemachten Erfahrungen und politischen Ansichten jedes Einzelnen viel zu unterschiedlich.

Schicksalhaft für Steffen war auch das Miterleben der fortschrittlichen Entwicklung in den Bereichen der Medizin aber auch der Prozess des Werteverfalls in zwischenmenschlichen Bereichen. Das persönliche Erleben des integrierten Seins in zwei absolut unterschiedlichen politischen Systemen und die damit verbundenen Herausforderungen darzustellen, wird nur unvollendet möglich sein. Es ist kein wirkliches Nachempfinden, von den nachfolgenden Generationen zu erwarten. Nur Betroffene können zu positiv aber speziell zu negativ Erlebtem wirklich echt mitreden. Das Erleben jedes Einzelnen bleibt naturgemäß nur eine Momentaufnahme im gesamten gesellschaftlichen Gefüge. Trotzdem kann es in vielen Dingen ein Spiegelbild des allgemeinen Zeitgeschehens sein. Wie dankbar und leichter wäre manche Geschichtsforschung, wenn sie mehr Details über das Leben Einzelner wüsste. Auch Steffen hat im Nachgang betrachtet, viel zu wenig seine Eltern über deren Handeln und Gedanken befragt. Sicher, in Zeiten der Kindheit und Jugend, der eigenen Familiengestaltung und des Berufslebens gibt es andere Prioritäten als den Geschichtsblick auf die Vorfahren, und so kann Verpasstes nicht nachgeholt werden.

Wenn früher Zufallsgruppen wie z.B. Urlaubsbekanntschaften zusammen saßen, konnte das Kennenlernen auch durch ein heiteres Erraten der Berufe, mit maximal zehn Fragen an eine Person, die sie mit ja oder nein beantwortet hat, in lustiger Weise beschleunigt werden. Man konnte danach nicht nur am Beruf, sondern an der Reaktion und Sprache bestätigt finden oder auch überrascht sein, ob man mit seinem Ersteindruck zu den einzelnen Personen richtig oder falsch lag. Der erste Eindruck ist doch nicht immer der richtige. Manch als Muffel eingeschätzter Mitbürger wird plötzlich zum absoluten Sympathieträger.

Jetzt im Alter hat Steffen, in geselligen Runden mit Freunden und Bekannten, schon einige Umfragen nach deren ersten Kindheitserinnerungen angeregt. Nicht zuletzt, um auch seine ersten Erinnerungen zu schildern. Es entwickelten sich immer aufregende interessante Gesprächsrunden.

Sicher gibt es wissenschaftlich fundierte Forschungen zu diesem Thema, aber man kann auch so Erstaunliches hören. Sind es echte Erinnerungen oder die von den Eltern wiederholt erzählten Geschichten und auf welches Lebensjahr kann man diese Erinnerung datieren?

Die Art der Ersterinnerung bei Mädchen und Frauen sind meist anders als bei Jungen und Männern. Ein bestimmender Faktor, oft Geschlechter unab-

4

hängig, sind die negativen Erlebnisse aus der Kriegs- und frühen Nachkriegszeit. Negative Ersterinnerungen haben sich auf jedem Fall meist früher als positive eingeprägt.

Fritz, noch einige Jahre vor dem 2.Weltkrieg geboren, spielte mit ca. dreieinhalb Jahren auf dem Weg, wo seine Mutti mit einer Nachbarin „einen Schwatz machte". Die sicher nette Nachbarin wollte den kleinen süßen blonden Jungen einmal auf den Arm halten. Ohne seine Zustimmung abzuwarten, hob sie ihn hoch. Beim Spielen gestört zu werden mochte er nicht. Er setzte als Gegenwehr seine kindlich rechte Hand, zuschlagend ins Gesicht der Dame ein. Sein weiteres bevorzugtes Spielen war gerettet.

Carli, auch einige Jahre vor dem Krieg geboren, vermisste plötzlich seinen immer so bequemen Sportkinderwagen. Die Eltern hatten ihn verkauft.

Klaus war 3 Jahre, als sein Vater zum Fronturlaub zu Hause war. Klaus sah am Küchenfester sitzend, als auf der Straße ein Mann ein Schwein an einem Strick zog und er rief ganz entzückt „Das Schwein". Vater ohrfeigte ihn, weil man so schlechte Worte nicht sagt. Er sah dann selbst das Schwein und umarmte und drückte seinen Sohn. Es war auch die letzte Erinnerung an den Vater, denn er fiel beim nächsten Einsatz an der Ostfront.

Harald, schon ein im Krieg Geborener, erinnert sich an seinen blutenden Kopf, dem ihn ein größerer Junge, der auf einem hohen Torpfosten saß, mittels eines Steinwurfes zugefügt hatte.

Lothar, der mit Mutter und zwei Geschwistern nach Kriegsende auf der Flucht war, schildert als erste Erinnerung eine Begebenheit auf einem Bahnhof. Der Flüchtlingstruck wartet auf dem Bahnsteig, in der Hoffnung, ein Zug nimmt sie gen Westen mit. Aus einem mit Schrittgeschwindigkeit fahrenden Zug stürzten Polen heraus, wühlten unter die Matratzen der Kinderwagen, nahmen was sie greifen konnten und sprangen wieder in den Zug. Die meisten Frauen hatten die verbliebenen Wertsachen im Kinderwagen versteckt. Das Geld oder die Schmucksachen fehlten dann auch nach dem Krieg, um diese beim Bauern oder auf dem Schwarzmarkt für Essbares zu tauschen. Die Polen, auch mit sicher kaum Verwertbarem aus den polnischen Ostgebieten vertrieben, nutzten nur ihre Minimalchance, etwas zum Überleben zu ergattern. Wie bei dem überwiegenden Teil der Vertriebenen ist auch bei Lothar kein Hass auf die heute in diesen Gebieten lebenden Polen erwachsen. Nur die Neugier auf ihre Heimatwurzeln fördert den Besuchsdrang.

Günther, Jahrgang 1942 hat frühkindliche Erinnerungen an klirrende Scheiben und die brennende Stadt Gera nach einem Bombenangriff im März

1945. Schon auf der Treppe zum Luftschutzkeller erwischte ihn eine Druckwelle, die den kleinen Jungen auf die Stufen warf und einige seiner ersten
Zähne kostete. Er ist aber nicht sicher, ob diese Erinnerung nach wiederholten Erzählungen der Mutter geblieben ist.

Auch Heidi erinnert sich, zweieinhalbjährig in Dresden im Keller ängstlich sitzend, wie die Druckwelle das Fenster nach innen schleuderte, die
Notlichtlampe schwankte, dann Finsternis und gespenstige Ruhe herrschte.
Die Stille wurde danach von hustenden Menschen, die den Trümmerstaub
eingeatmet hatten, unterbrochen.

Thea war ungefähr dreieinhalb Jahre, als sie früh im Bett, sie schlief immer neben der Mutti, erschrak und ein Büschel schwarzer Haare erblickte.
Ihr Vati war am späten Abend aus der Kriegsgefangenschaft zurückgekehrt.

Einen Toten am Fluss, an dessen Fuß sich fette Ratten labten, ist die erste
Erinnerung von Klaus bei Kriegsende auf der Flucht mit Mutter und Geschwistern aus der Heimat.

Frauen dieser Jahrgänge haben aber auch schon Positiverinnerungen. Der
Ritt auf Opas Bauch, der oft auf dem Sofa lag oder die köstliche Apfelsuppe
und der selbstgemachte Apfelsaft bei Oma.

Bei den Kindern der bisher nicht angeführten also späteren Generation
halten sich positive oder negative Erinnerungen die Waage. Unfälle und
sonstige Krankenhausaufenthalte sind auch bei diesen Gruppen sehr ein-
prägsame negative Ereignisse.

Eckehardt, der 5 Jahre nach Kriegende geboren wurde, war nach Aussage
der Mutter ein sehr lebhaftes Kind. Sie musste den Kleinen in ein Waschhaus mitnehmen, welches direkt neben einem städtischen Bad lag und direkt
von der Straße aus zugänglich war. Bis auf den Fußweg konnte der Junge
noch gelangen. Nicht weiter, denn er war an einer dicken Wäscheleine ange-
bunden.

Schmerzhafte Mundfäule mit drei Jahren, hat sich bei Steffens Sohn als
Ersterinnerung gefestigt.

Die speziell in die ehemalige Speisekammer eingebaute Dusche in der
Altbauwohnung, die schon zur frühkindlichen Abhärtung genutzt wurde und
das Versteck unter dem Wohnzimmertisch bei Oma, sind die Ersterinnerungen bei der Tochter. Vortrefflich war dieser Logenplatz, um die abendliche
Fernsehsendung, mit dem Sandmann, Pittiplatsch, Schnatterinchen, Herrn
Fuchs und Frau Elster anzuschauen. Diese hatten viele spaßige, meist pädagogisch wertvolle Dinge, zu erzählen.

Eine Zahnarzthelferin erzählt von den niedlichen Kaninchen im Stall und den Gänsen, Hühnern und Enten im Dorf als erste Erinnerungen.

Bevor Steffen von seinen Erinnerungen erzählt, vorab noch eine niedliche Geschichte von Anna, die seit 1991 aus Russland kommend, wo sie 1948 geboren wurde, nun in Deutschland lebt. Anna, auch heute noch eine kleine Person, immer als Sympathieträgerin auftretend, spielte auf dem Kindergartenplatz neben ihrem Wohnhaus. Ein kleiner Hund hatte sich unter dem Zaun zu Nachbars Garten einen Zugang zu dem Spielplatz der Kinder geschürft. Der Hund kroch unter dem Zaun zurück in seine Hütte. Klein Anna lief hinterdrein durch die Vertiefung und dann mit in die Hundehütte. Es war Spätnachmittag, draußen wurde es kühler, in der Hütte war es wohlig warm und Anna schlief neben dem Hund ein. Erst als sie die Mutti ängstlich rufen hörte, die mit anderen Nachbarn nach Klein Anna suchte, rief sie zurück, hier bin ich. Die Freude überwog und erlaubte kein Schimpfen der Erwachsenen.

Welche starke Prägung die Gespräche und Erwartungshaltungen der Erwachsenen auf die frühkindliche Entwicklung haben, kann Steffen nur ahnen. Es war Krieg und mit jedem Tag wurden die wiederkehrenden Fragen gestellt, was wohl werden wird, wenn die Russen kommen. Er wohnte mit seiner Mutter und dem zwei Jahre älteren Bruder, der Vater war noch in Kriegsgefangenschaft, in einem kleinen Mansardenzimmer, was gerade für ein Doppelbett, Kleiderschrank und Kinderbett reichte und in einer kleinen Mansardenküche. Die Räume befanden sich im Dachgeschoss eines eigentlich nur für eine Familie gebauten Hauses.

Keine Erinnerung hat er daran, als die Amerikaner das Haus besetzten und Mutter mit den zwei Kindern in das Waschhaus und bei Nachbarsleuten einzog. Später waren Einstichnarben im Bord des Küchenbüfetts zu sehen. Die Amis hatten mit einem langen Brotmesser Messerstechen veranstaltet, das Messer sicher mehrmals abgebrochen und dann bis auf die Länge eines Kartoffelschälers neu angeschliffen. Als Schälmesser für Obst und Gemüse, vom Vater immer gut geschärft, diente es noch Jahrzehnte.

Nach den Amerikanern kamen dann doch noch 1945 die Russen. Die Angst und Negativerwartung muss sich schon auf Steffen, inzwischen über zwei Jahre alt, übertragen haben. Die Angst vor den Russen war damals in der Gesamtbevölkerung, speziell bei den jungen Frauen ein ständig präsentes Thema. Eines Tages stand der über zweieinhalb jährige Junge auf der Straße am Zaun, als eine schwarze Monteuruniform und ein Käppi tragender Radfahrer von rechts kam. Selbst schon von einem so kleinen Jungen erkennbar, ein Russe. Lähmende Angst und danach einem folgenden Angstgeschrei überkam Steffen. Der Radfahrer fuhr hinter seinen Rücken vorbei. Steffen, krampfend am Zaun, schaute nur nach rechts, und schon kam ein neues Martyrium in Form eines radelnden Russen. Einmal mit dem Fahrrad um das Straßeneck der Einfamilienhaussiedlung fahren dauerte auch sicher nur zwei Minuten. Wie kurz diese sein kann erlebte Steffen mehrmals bis die Rettung, die Mutti noch viel zu weit weg, sich am Küchenfenster zeigte.

Kurze Zeit später, wieder auf der Straße, aber bei Mutter auf dem Arm, standen sie, eine weitere Frau und zwei russische Offiziere zusammen. Steffen zitterte wie Espenlaub im Arm der Mutter bis er von den Männern ein Geschenk, Brot oder Schokolade bekam. Die Gesichter und die großen, über der Stirn sehr hohen typischen Armeemützen der Russen haben sich bei ihm damals eingeprägt.

Eine weitere angstvolle Erinnerung aus dieser Zeit waren die anhaltend lauten Schreie hinter einem großen mystischen Erdwall in der Nähe des Wohnhauses. Niemand spürte das Angstgefühl, was Steffen überkam. Viele Jahre später, als er mit dem Rad in diese Gegend fuhr, wurde das Rätsel gelöst. Es waren die Torschreie der Zuschauer auf der Holztribüne im Südoststadion hinter dem Wall.

Vater war 1946 im Frühjahr aus der Gefangenschaft zurück und bestellte wieder die Beete eines sogenannten kleinen Grabelandes. Wenn die Wolken tief hingen und vom Wind getrieben wurden hatte es den Anschein, als jagten sie direkt über die Spitze des hohen dunklen Wasserturmes. Auch das löste im kindlichen Empfinden Angst und Schrecken aus und er blieb mit diesen Gefühlen allein.

Die ersten Erinnerungen von Steffen waren also absolut negativer Prägung und es sollte zunächst in den Folgejahren nicht besser werden.

Steffen war nun schon drei Jahre und hatte sich eine erste Tbc in der Lunge eingefangen. Wahrscheinlich eine Ansteckung bei seiner Oma, die auch bald darauf gestorben ist.

Die Eltern drängten mit den Hauptargumenten der Tbc und dem beengten Wohnraum auf eine größere Wohnung. Die Stadt lag noch in Trümmern, und vom geordneten Wohnungsmarkt war nicht zu reden. Es war dann eine kleine Zweieinhalbzimmerwohnung im Parterre mit Klosett am Hofausgang. Die erste Erinnerung an diese Wohnung ist, dass der giftgrüne, bedrückende Gefühle weckende, damals sicher zeitgemäße Ölsockelanstrich in der Küche nicht trocknen wollte. Vater war am Verzweifeln, weil der Umzugswagen bei der Fa. Wagner bestellt war. Der Hänger des Lastzuges der Umzugsfirma hatte über die gesamte Breite vorn eine verglaste Sitzkabine zur Mitfahrt der Möbelräumer. Steffen durfte neben seiner Mutti sitzend auch in dieser Kabine bis zur neuen Wohnung mitfahren. Es ist eine erste Positiverinnerung von Steffen.

Die Eltern kümmerten sich intensiv um die Genesung des Jungen. Ein dreiwöchiger Aufenthalt im ehemaligen Rittergutschloss Störmthal, das wie alle „Herrensitze" nach dem Krieg in der sowjetisch besetzten Zone Deutschlands enteignet wurde, sollte dabei helfen. Bildhaft für Steffen ist noch heute der Festsaal, der als Speisesaal und Spielraum genutzt wurde. Die Betten standen, so die Erinnerung, in dem Vorraum zum Saal. Wohlgefühl kam nur abends im Bett auf, wenn Gutenachtlieder gesungen wurden und der Mond durchs Fenster schien. Hier war sicherlich die erste Saat aufgegangen, da Texte und Lieder sowie die Musik im weiteren Leben von Steffen einen großen Stellenwert hatten und haben. Es muss wohl für das sonst auch im Gehorsam geübte Kind kein angenehmer Aufenthalt gewesen sein, denn Mutter und Bruder erzählten später, dass Steffen großes Heimweh plagte.

Die Zeit der großen Entbehrungen erforderte von den Erwachsenen einen ständigen Kampf um das Essen und die Heizwärme. Menschliche Wärme wurde in den meisten Familien hintenan gestellt. Es galt, die rationellen Dinge des Lebens zu bewältigen. Wenn irgendwie möglich, fuhr Mutter mit den Kindern, mit dem Fahrrad auf die nahen Felder am Stadtrand zum Stoppeln. Das begann mit Getreideährenlesen, Erbsenlesen, Kartoffelsammeln und letztendlich auf dem Zuckerrübenacker. Stoppeln ist der Sammelbegriff für alle diese Feldaktivitäten und man findet dieses Wort im Volksliedtext,

Bunt sind schon die Wälder, gelb die Stoppelfelder. Die Felder wurden nach dem Haupterntegang von einem Feldaufseher frei gegeben und das Volk strömte in Massen, um noch Essbares zu finden. Vater fuhr natürlich auch mit, wenn er nicht zur Arbeit war. Beim Erbsenlesen nutzte er einmal die Gelegenheit, als die Feldaufsicht mit dem Fernglas in eine andere Richtung schaute, um vom unmittelbaren Nachbarfeld eine Garbe aus einer aufgestellten Getreidepuppe flugs in einen Sack zu stecken. Die Angst erwischt oder verraten zu werden, beschäftigte Steffen noch einige Tage danach. Neben den Getreidekörnern für die Familie gab es damit auch ein neues Strohlager für die Kaninchen.

Das Getreide wurde oft noch mit der Sense gemäht. Meist Frauen banden die damals noch längeren Getreidehalme zu stabilen Bündeln, den Garben. Diese wurden dann so aufgestellt, dass sie sich wie die Struktur und das Bild eines Indianerzeltes, Puppen genannt, gegenseitig stützten. War das Getreide trocken, wurde es auf die bäuerlichen Höfe gefahren. Dort wurden die Körner kraftaufwendig und schwungvoll mit dem Dreschflegel von Hand oder, wenn schon vorhanden, mit einer Dreschmaschine von den Ähren getrennt.

Zottelsuppe war eine öfter aufgetischte Speise in dieser Zeit. Kartoffeln wurden mittels Handreibe direkt in das Wasser gerieben. Salz dazu und kurz aufgekocht, ergab es eine leicht sämische Suppe. Glück, wenn noch geröstete Brotwürfel dazu vorhanden waren. Einmaliges Unglück war, dass Mutter wahrscheinlich der Deckel des Salzstreuers abfiel und massiver Salzüberschuss in die Suppe landete. Kein Jammern und Zetern, alle Familienmitglieder mussten mittels versalzener Zottelsuppe den Hunger stillen. Die Zuckerrüben wurden meist im großen Waschhauskessel gekocht. Ein markanter nicht unbedingt angenehmer Geruch, der auch noch großräumig im Freien spürbar war, reizte die Nasen. Den dunkelbraun glänzenden Zuckerrübensirup gab es noch nach Jahrzehnten als Frühstücksbrotaufstrich. Eine sich oben bildende feste Zuckerkruste schützte den Sirup viel Jahre vor dem Verderb. Wenn sich doch einmal ein Schimmelbelag zeigte, was auch auf anderen Speisen, wenn auch selten vorkam, wurde dieser entfernt und der Rest der Speise trotzdem gegessen. Niemand wusste damals von der gesundheitlichen Gefahr, die davon ausging oder sie wurde notwendiger Weise ignoriert.

Bevor dann eine weitere tragische Zeit anbrach, noch eine Erinnerung. Bruder Konrad, zwei Jahre älter und Steffen hatten hellgraue Mäntel an, die aus filzähnlichem Stoff von der Lieblingstante genäht waren. Halb vor, halb in einer Garage stehend wurde ein Auto mit dem Wasserschlauch abgespritzt. Diese Aktion war für die Jungen ein Ereignis. Große dunkelgraue

Spritzwasserflecke bedeckten die neuen Mäntel. Die Jungen mussten nach Hause. Dieses Mal folgte der Angst die Erleichterung, denn die gestrenge Mutter schimpfte nicht.

Damals war es üblich, wirklichen Linkshändern, zu dieser Gruppe gehörte auch Steffen, zu Rechtshändern umzuerziehen. Dies versuchten auch die Eltern, und das, den weiteren Lebensweg von Steffen vorweggenommen, bis zu dessen 18. Lebensjahr. Der Vater war auch umerzogener Linkshänder und nutzte die Schere noch linkshändig. Er zeigte trotzdem keine Kompromissbereitschaft gegenüber dem Sohn. Psychologen könnten versuchen, sein Verhalten nachträglich zu erklären. Ein kleiner rechtwinklig gebogener Esslöffel aus Hornmaterial, ein „Rechtsesser", tauchte noch Jahre später im Besteckkasten auf. Das Erfolgserlebnis dieser Umerziehung war damals noch nicht von Dauer. Vermutlich waren für Steffen die damit einhergehenden, heute Stresssituationen genannten Anforderungen der Auslöser, dass er begann, an den Fingernägeln zu kauen.

Für Steffen sehr einprägsam, die Arbeit der Ascheräumer und das Thema Aschegruben. Zentralheizungen in Wohnungen waren sicher für mehr als fünfundneunzig Prozent der Kinder nicht einmal im Wortschatz, gleich gar nicht in der Realität verfügbar. Die Ofenheizung in Küche und Wohnzimmer in den Mehrfamilienhäusern brachten einen massenhaften Anfall von Asche. Diese wurde von allen Mietern in die auf dem Hof bereitstehenden verzinkten Aschekübel gekippt. Verzinkte Aschekübel werden auch noch heute im Internethandel angeboten. Meist regelmäßig kamen die Aschemänner, luden jeweils einen Kübel auf ihre speziellen Stechkarren und hievten die Kübel durch das Treppenhaus 6 Stufen vom Hof nach oben, rollten über den schönen Fliesenboden vor den Wohnungstüren und bremsten die Ladung wieder 6 Stufen nach unten zur Straße und zu dem Ascheauto. Die Männer mit ihren großen Lederschürzen und den großen Schutzhandschuhen beeindruckten sicher viele Kinder. Das Kinderzimmer war vom Hausflur nur durch eine dünne Wand getrennt. Kamen die Aschemänner frühmorgens, dachte Steffen das Schlagen der Karrenräder bei der Stufenabfahrt ist direkt neben seinem Bett. In den Wintermonaten reichten die Kübel für die Ascheaufnahme nicht aus. Zu jedem Miethaus gehörte noch eine in den gepflasterten Hof eingelassene, gemauerte und mit einem starken Riffelblech abgedeckte Aschegrube. Durch eine Luke, geschützt durch einen geschätzt 40x40 cm großen, scharnierbefestigten Stahlblechdeckel mit Griff, wurde die Asche eingeschüttet. In strengen Wintern reichte selbst diese Lagerreserve oft nicht aus. Wie groß so eine Aschegrube war, wird heute von den Erwachsenen unterschiedlich geschätzt. Sicher ist nur, was man als Kind als sehr groß empfunden hat, wird mit dem Erwachsenwerden kleiner. Sieht man als Kleinkind neben sich einem Schneehaufen ist der natürlich sehr groß und die Winter waren ja auch viel schneereicher, so die gefühlten Nachbetrachtungen. Steffen schätzt die Aschegruben auf eine Länge von 1,8 m, die Breite 1,2 m und die Tiefe 1,5 m, also ungefähr 3 Kubikmeter Speichervolumen. Heute, nach über 50 Jahren, konnte diese zum Thema gestellte historische Anfrage auch nicht mehr durch das zentrale Reinigungsunternehmen der Stadt geklärt werden. Es gab für größere Wohnblocks auch größere Aschegruben. Schade, dass dazu leider keine Chronik verfügbar ist.

Auch die Aufnahmekapazität der Gruben reichte oft nicht aus und man wartete sehnsüchtig auf die nächste Aschekübelleerung, um die inzwischen freiliegenden Aschehaufen darin zu lagern. Bei trockenem Wetter und Wind stiebten die Aschewolken über den Hof. Regnete es stark, floss die Asche wie bei einem Vulkan als schmierige Masse breit. Es war also manchmal ein Ascheteufelskreis.

Teuflisch anmutend für Steffen war einmal, die jährlich im Frühjahr stattfindende Entleerung der Aschegrube. Die Mieter, nicht der Eigentümer des Hauses, erledigten diese schwere Arbeit. Steffens Vater war ein Hauptakteur. Steffen am Grubenrand stehend, schaute den Fleißigen zu. Eine Ratte und ihre Jungen hatten sich in einer Ecke eingenistet. Ihre Jungen beschützend sprang sie nicht aus der Grube, sondern rannte schreiend an den vier Seitenwänden entlang. Vater hat sie dann mutig mit der Schaufel vom Kampf um ihre Jungen erlöst. Wie lange Steffen noch dieses Ereignis beschäftigte, ist nicht mehr in Erinnerung, ist aber präsent.

Unter dem Küchenfenster, Balkone gab es erst ab der ersten Etage, stand regengeschützt, ein von Vater stabil gebauter Kaninchenstall. Die beste Zuchthäsin hieß „Rese" und sorgte stabil für Nachwuchs. Eines Tages, kurz vor Weihnachten waren alle Kaninchen tot und der Festbraten fiel also sehr schmal aus. Vater hatte Zigaretten- oder Zigarrenasche in allen Boxen gefunden und vermutete, dass der wohl etwas bösartige alte Herr Hörig, Bewohner aus dem zweiten Stockwerk, die Missetat vollbracht hat. Einen Beweis gab es natürlich nicht.

Mit fünf Jahren sollte Steffen nun doch ein Jahr in einer größeren Gemeinschaft mit Kindern auf die Schule vorbereitet werden. Der Bruder ging zur Schule und allein mit Mutter zu Hause in der kleinen Wohnung war sicher langweilig. Kaum im Kindergarten aufgenommen, merkten die Betreuerinnen und Mutter, dass der Sohn immer schlechter laufen konnte und über

Schmerzen im linken Bein klagte. Das Röntgenbild zeigte eine Abnormität des Hüftgelenkes. Eine erste Maßnahme war, das Gelenk still zu legen. Eine Becken- Hüft- Beinschiene wurde angelegt. Der linke Oberschenkel erhielt einen stabilen Gips. In diesem wurden zwei lange Stahlschienen mit eingebunden, die links und rechts am Bein entlang bis einige Zentimeter unter dem Fuß und dort mit einen Metallbrücke verbunden waren. Darunter war ein Gummiklotz angeschraubt. Der schmale Gummistreifen war das Ersatzlaufprofil. Unter den anderen Schuh wurde eine 4 cm Erhöhung montiert. Die Außenschiene ging bis zum Becken und daran war die Fixierungsmanschette, die fest geschnürt wurde, befestigt. Hüft- und Kniegelenk waren also nicht mehr zu bewegen, und die Fußspitze sollte auch den Boden nicht berühren. Im Knöchelbereich war das Bein zusätzlich mit einer Bandage fixiert. Dieser Apparat war nicht nur schwer, sondern auch vom bisher sehr lebhaften Jungen, schwer zu ertragen. Sechs Wochen von Anfang August bis Mitte September schleppte Steffen das Ding mit sich herum. Er versuchte vergebens im Kindergarten mit den anderen Jungen in der Gruppe Schritt zu halten. Dann die neue Diagnose, Knochen-Tbc.

Im Mumienpanzer zur Behindertenschule

Die Eltern mussten als Erstes verinnerlichen, dass der Heilungsprozess einer solchen Erkrankung eine längere unbestimmte Zeit dauern wird. Eine komplikationsfreie Heilung ohne bleibende Schäden, war nach dem Befund des Röntgenbildes nicht zu erwarten. Da es zu dieser Zeit noch kein Medikament gegen die Tbc Krankheit gab, war nur eine völlige Ruhestellung der unteren Körperhälfte einschließlich des unteren Wirbelsäulenbereiches notwendig.

Steffen wurde in der Orthopädischen Klinik im Gipsraum in einem sogenannten Vollgips eingepackt. Der Vergleich mit einer Halbkörpermumie erscheint treffend. Die einzugipsenden Körperteile wurden mit Krepppapier umwickelt. Darüber wurden die im warmen Wasser aufgequollenen glitschigen Gipsbinden gewickelt. Die Beine blieben langgestreckt und wurden gespreizt. Unter den Bereich der Achillessehnen wurde ein stabiler Holzrundstab in die Gipswicklung einbezogen. Der Stab bildete stabilisierend mit den gespreizten Beinen ein Dreieck und diente beim Transport als unterer Hebepunkt. Im Geschlechtsteilbereich war ein schmaler Schlitz geformt. Der Gips im Beckenbereich ging etwas über die unteren Rippenbögen. Die Zehen konnte man von oben sehen. Nach dem Eingipsen war Bewegungsstille angesagt. Obwohl die Verfestigung des Gipses relativ zügig verlief, war bis zur Endtrocknung noch geraume Zeit vonnöten. Diese konnte durch das Stellen eines Lichtkastens über die eingegipsten Körperteile beschleunigt werden. Der Lichtkasten war eine halbkreisförmige ca. 80 cm langer Holzkonstruktion, der wie eine Brücke über den Körper gestülpt wurde. Die Trocknungswärme entstand durch zahlreiche Glühlampen. Das Ganze funktionierte natürlich nur, wenn es nicht gerade eine der unvorhergesehenen täglichen Stromsperren in dieser Zeit gab. Von den Stromsperren wird noch die Rede sein.

Mit dem Krankenwagen zu Hause angekommen, lag der fast bewegungsunfähige blonde Junge, nun meist alleingelassen, in dem schmalen recht dunklen Kinderzimmer. Diesen Raum, in dem ein Schrank und zwei Betten hintereinander standen, war 4,5 m lang und nur 1,8 m breit. Das Zimmer in der Parterrewohnung hatte das Fenster zur Nordseite, war also auch noch relativ dunkel.

Nachvollziehbar ist, dass Steffen raus wollte und seine heftigen Schreiszenen, seine zwar autoritäre, aber immer familienversorgende Mutter tief bewegte. Nach zwei Tagen rief sie ein Taxi und gemeinsam mit dem Fahrer wurde der Patient auf die Rückbank gelegt. Größte Sorge von Steffen, beim nur wenige Meter langen Weg vom Haus zum Taxi war, eine Hose anzuziehen, was aber nicht mehr möglich war. Er wollte seien „Pullermann" wenigstens zugedeckt wissen. Nicht nachvollziehbar ist dieses Schamgefühl. Wahrscheinlich prägen sich im frühkindlichem Alter Sätze wie, „den Puller muss man nicht immer zeigen", „Den müssen wir aber wegstecken" oder „Das ist doch kein Spielzeug" oder ähnliche Reden zu diesem Thema ein. In der völlig überfüllten Klinik angekommen, ein Bett war natürlich nicht frei, verlangte Mutter konsequent nach einer Matratze. Diese wurde auf einen langen Gang gelegt. Eine Zudecke hatte man vorsorglich mit und so begann nach heftigem Abschiedsgeschrei eine neue lange Zeit zunächst auf einem Matratzen - Fußbodenlager. Steffen erhielt noch am gleichen Tag ein Bett. Schon kurz nach Mittag wurde der Neuankömmling auf die große lange Balkonterrasse der Klinik geschoben. Es war Mitte September und die Sonne brannte, die Augen blendend, vom Himmel. Steffen sah so viel Neues, beruhigte sich, aber ohne Sonnenschutz im Vollgips war es wohl auch nicht lange zu ertragen. Diese quälende Situation musste er an diesem Tag überstehen. In der Orthopädischen Klinik wurde schnell geäußert, dass der Patient einige Jahre, in Rede waren mindestens zwei, fest liegen muss und dafür das Haus Humanitas, Heim für gebrechliche Kinder, vorgesehen ist. So dauerte es vier Wochen, bis Steffen in einer langen Reihe von nebeneinander stehenden Betten in einem niedrigen, nur 2,2 m hohen schlauchförmigen Raum, im für ihn neuen Heim lag.

Der neue Patient muss wohl recht unartig gewesen sein. Erst als seine Lieblingstante drohte, ihn deswegen nicht mehr zu besuchen, wurde aus ihm ein braves, und sich den Gegebenheiten angepasstes Kind. Am Ende dieses langen Raumes war die Schwesternecke, da es auf dieser Station kein gesondertes Schwesternzimmer gab. Die Stationsschwester, sicher eine alleinerziehende Kriegswitwe, brachte oft ihre Söhne, die im unteren schulpflichtigen Alter waren, mit auf diese Station. Aus heutiger Sicht sicher unverantwortlich bei so vielen Tbc Kranken. Anderen Kindern unter 14 Jahren war es streng verboten, das Krankenhaus auch nur besuchsweise zu betreten.

Diese Jungen hatten Steffen seinen kleinen „Amiflitzer", ein aus schwerem Metall gegossenen, ungefähr vier Zentimeter langen grünen Armeeauto mit kleinen Gummirädern, geklaut. Gut, dass Steffen rückfällig sich wieder einmal daneben benahm und zur Strafe mit seinem Bett in das Schwestereck geschoben wurde. Dort war es viel interessanter, das Diensttreiben der Schwestern zu beobachten und deren Unterhaltungen zu lauschen. Das

Schönste jedoch war die Entdeckung des Amiflitzers auf dem von ihm gerade noch erreichbarem Fensterbrett. Die nächsten Tage, das kleine Auto im Bett versteckt, nahmen es die Eltern mit und noch nach Jahren konnte Steffen damit spielen. Dies ist nur vergleichbar mit manchem Plüschtier oder Puppe, die die Kinder von heute lieb haben. Der Bruder und Steffen hatten einen Teddy, der die Wohnung nicht verlassen durfte.

Das Wachstum des Jungen erforderte ein größeres Bett. Nach einigen Monaten wurde Steffen von der sogenannten „Sonnendach"- Station auf den im Heim als „Kinderstation" bezeichneten Raum verlegt. Es waren mehr als 130 Tbc-Kranke Kinder auf allen Stationen. Seinen Erinnerungen gemäß handelte es sich hauptsächlich um Wirbelsäulen-, Knie- und Hüftgelenk Tbc- Erkrankungen. Diese Station mit vielleicht 14 Betten war in zwei Bereiche durch eine durchbrochene Wandkonstruktion getrennt. Viele Erinnerungen an diese Station sind geblieben, und für manch Psychologen ist es sicher interessant, wie ein Kind diese außergewöhnliche Langzeitsituation bewältigt. Wenn auch in der Chronologie nicht exakt, dazu einige Erinnerungen.

Damals war es gefühlt ein großer Raum mit vielen Kindern. Schon Jahre später bei einem Besuch war Steffens erster Kommentar „das Zimmer ist aber klein". Es konnten keine Neidsituationen bei den Kindern aufkommen, da sie alle „fest ans Bett gefesselt" waren. Man sah also kein Kind stehen oder laufen. Der Besuch für andere Kinder bis 14 Jahre war ja verboten. Ausnahmen waren erste Steh- und Gehversuche für Kinder, deren Entlassung mittel- und langfristig in Aussicht stand. Diese Kinder wurden aber unverzüglich auf die „Fröbelstation" verlegt.

Steffen lag die gesamte Zeit, also ungefähr zweieinhalb Jahre neben dem gleichaltrigen Dieter. Dessen Mutter, sein Vater war im Krieg gefallen, konnte den Sohn nur einmal im Monat besuchen. Steffens Eltern kamen jeden Sonntag und brachten immer auch für Dieter ein Stück Kuchen mit.

Auch die Bettwäsche wurde in dieser Zeit, wenn möglich, durch die Eltern geliefert. So wurde Steffen jedes Wochenende vom Vater angehoben und Mutter spannte ein neues Betttuch und legte darauf eine Moltonwindel. Die Kinder konnten mehrmals täglich wählen, ob sie auf dem Bauch oder in Standardlage auf dem Rücken liegen wollten und wurden entsprechend gelagert. Die harte Gipsauflage schonte den Stoff nicht und für die Schwestern war es sicher ein Kraftakt, die Kinder frei, ohne abzusetzen und ohne Reibung am Bettzeug, um 180°zu drehen. Die Moltonwindel minderte also den Verschleiß des Betttuches und war schneller austauschbar. Das war auch von

Nutzen, wenn nach einer nicht ganz treffsicheren Verwendung der Ente (*Urinflasche*), die Flecken schnell verschwinden sollten. Die Bezeichnung „Ente" war damals bei den Kindern unüblich. Es wurde nur nach der Flasche gegriffen oder verlangt. In der Regel gab es feste Flaschen- und Schieberzeiten.

Für das Winterhalbjahr war die Hauslieferung eines Federbettes erforderlich. Nicht alle Eltern konnten dieser Wunschforderung nachkommen und es gab auch kranke Vollwaisen. Das generelle Problem, die Grundversorgung mit Heizmaterial zu sichern, bestand nicht nur für Privathaushalte, sondern tangierte auch die Krankenhäuser.

Abends war es besonders anheimelnd, wenn bei Stromsperre die Kerzen brannten.

Im Sommer kamen die Mücken und boten die Chance zum kindlichen Wettbewerb, wer hat die meisten Mückenstiche. Welchen Platz Steffen mit 34 sichtbar gezählten Stichen an den Unterarmen hatte, ist heute nebensächlich, war damals aber kindlich empfunden ganz wichtig.

Den Kindern in der Klinik war ja nicht gegenwärtig, welche Nachkriegsnot draußen herrschte. Es war gängige Praxis, Tbc- Kranke mit viel fettem Essen, Milch trinken und der schon beschriebenen Zwangsruhe zu heilen. In jedes schon gehaltvolle Mittagessen wurde noch ein Klecks Butter oder eine Scheibe Wurst gegeben. Zusätzlichen Lebertran schlucken kostete jedes Mal Überwindung. Wenn es der milchig gelbe, leicht gezuckerte Tran war, lief das Zeug besser durch die Kehle. Viele Kinder konnten gar nicht so viel essen. Anders Dieter und Steffen, deren Köpfe, so zeigen es Bilder, waren breiter als lang.

Das Kindesalter bringt es so mit sich, dass die Milchzähne ausfallen. Eines Abends, es gab Pumpernickel Brot und Milch, kam jemand, nicht Steffen, auf die Idee, das Brot in Stücken nach draußen zu werfen. Die Vöglein auf der Sonnenterrasse sollten doch auch etwas Gutes haben. Die Milch ließ sich gut durch die Lücken der ausgefallenen Milchzähne zum Nachbarn „striezen". Wer wurde bei den Handlungen erwischt? Steffen. Oh je, es gab ein Einzelzimmer. Der Fahrweg für das Bett mit Steffen wurde freigegeben und ein Aufenthalt in „Einzelhaft" angeordnet. Spielzeug war verboten, und man hatte nur Zeit über sein Vergehen nachzudenken. Hauptbeschäftigung war es an diesen langen Tagen, die Bewegung der Blätter an zwei sehr großen Pappeln vor dem Fenster zu beobachten. Er glaubt noch heute, jeden Ast zu kennen. Die Pappeln wurden erst nach über 50 Jahren später gefällt und damit zwei Erinnerungsstücke beseitigt. Größte Last für Steffen war nicht diese Strafe als solches, sondern die Ungewissheit, ob er am Wochenende zum Besuch der Eltern wieder am angestammten Bettenplatz stand. Die Angst vor der autoritären Schellte der Eltern war bei ihm sehr gefürchtet. Er konnte ja nicht wissen, dass das Strafmaß sicher nicht auch noch am Wochenende sichtbar sein sollte. Sonderbarerweise, selbst im Strafzimmer, fühlte er sich nicht resigniert und ängstlich. In den zweieinhalb Jahren war sicher zweimal das Einzelzimmer für mehrere Tagen Steffens „Heimat". Strafen wurden schon für „Vergehen" fällig, die Jahrzehnte später nur einen erhobenen Zeigefinger der Verantwortlichen bewirkt hätten. Zweimal war dieses Zimmer schon besetzt und er wurde strafverlegt, auf den Gang einer anderen Station geschoben. Dort hatte Schwester Käte das Sagen. Natürlich kam von ihr auch die als aggressiv empfundene Fragestellung, „nun, was hast du wieder angestellt". Jedes Mal, wenn Schwester Käte am Bett vorbei ging, zuckte Steffen zusammen und wäre am liebsten unter die Decke gekrochen. Stichwort Zudecke, und schon fallen Steffen zwei weitere Beispiele ein.

Dieter sagte zu Steffen, frag doch einmal die Schwester Gertrud, ob sie schon einmal gefickt hat. Das war schon fast 2 Jahre, nachdem die zwei Jungen jetzt sieben Jahre alt, von der Außenwelt abgeschnitten waren. Wie kommt solch ein Thema, von dem die Jungen sofort ein vages, ungutes Gefühl hatten, in diesen kindlichen Kopf und das nach keinem Außenkontakt. Das relative Langzeitgedächtnis funktioniert sicher auch im frühen Kindesalter.

Schwester Getrud reagierte geschockt, verpasste Steffen zwei Ohrfeigen, zog ihm die Zudecke über den Kopf und verbannte ihn 2 Stunden darunter. Sich keiner richtigen Schuld bewusst, vergingen einige Jahre, bis er sein verbales Vergehen ansatzweise begriff.

Eines Tages kam eine neue nette Schwester, Inge, sie war 19 Jahre alt, auf die Station. Sie erzählte den Kindern viele kleine Geschichten. Sie konnte aber auch, lässig an einen Giebel der eisernen Betten gelehnt, wunderbar plaudern.Steffen hatte sicher schon damals einen Blick für hübsche junge Damen und sich kindlich verliebt. Wie anders sollte man es erklären, dass in der Woche, als Schwester Inge Nachtdienst hatte, er jede Nacht Groß einmachte. Schwester Inge musste also jede Nacht kommen, obwohl der Junge keinen Durchfall hatte. Schon nach ihrem Schichtwechsel war die Sache erledigt und sie war ja auch am Tag da. Mit dem täglichen Stuhlgang gab es bei Steffen ein anderes Problem. Es ging nur, wenn er sich auch von anderen Kindern oder den Schwestern unbeobachtet fühlte. Wenn „geschiebert" wurde, klappte es meist nicht. Beim „Schiebern" wird ein flacher Topf mit langem Henkel unter den Hintern geschoben. Da in diesem Fall der Gips den Druck von den Arschbacken nahm, war eine Langzeitsitzung bequem möglich. Steffen kroch dann unter die Zudecke und drückte entsprechend mit rotem Kopf. Wenn es nicht gleich klappte, war noch Zeit, wenn Kinder in den Nachbarbetten zur Mittagsruhe schliefen. Es gab auch Kinder, die in Bauchlage ihren Stuhlgang bewältigten. Ein Stück Papier wurde auf den Po unter den Rand des Gipsausschnittes geschoben und der Patient zugedeckt. Für Steffen schon damals unvorstellbar, so etwas Meisterliches zu schaffen. Der Schieber war für alle Bedarfssituationen, also auch in Bauchlage unter dem Gips nicht zu spüren.

Steffens Vater hat einem hübschen Vollwaisenmädchen, welches mit auf der Station lag, nach deren Entlassung, neue Eltern vermittelt. Der neue Papa war ein Bekannter aus Vaters Kriegsgefangenschaft. Erst mit 18 Jahren hat Steffen, diese dann schon junge Frau gesucht, gefunden und als noch attraktiver empfunden. Leider war sie schon vergeben. Er hat sie zufällig Jahre später noch dreimal, freudig begrüßend, in der Stadt getroffen.

Nochmals zurück zu der Anfangszeit auf der Kinderstation. Steffen hatte auch schon vorher eine Abscheu gegen gekochte Eier. Zu dieser Zeit stanken diese alle nach Fischmehl. Das erste Osterfest kam, und die Schwestern versteckten zwei oder drei bunte Eier im Bett. Schon das Wissen, hier liegt ein Ei, bewirkte Ekel und Heulanfall. Die Schwestern waren wohl einsichtig und entfernten diese „Fremdkörper" aus dem Bett.

Das Längenwachstum von Steffen und den anderen Kindern erforderte die Anpassung des massigen Gipsverbandes. Wie oft dieser entfernt und neu angelegt wurde, hat er zunächst richtig geschätzt. Die bei ihm noch vorhandenen Röntgenbilder bestätigen einen Wechselrhythmus von durchschnittlich dreieinhalb Monaten. Furchterregend waren schon die großen Geiernasengipsscheren mit den langen Griffen, die ein Kugelende hatten. Die Länge entsprach den heutigen großen Handheckenscheren. Der erste Schnitt an der Innenseite des rechten Oberschenkels brachte einen für die Zukunft immer präsenten Angstzustand bei diesen Gipsaktionen. Vor dem Anlegen der warmen Gipsbinden wurde eine Art Krepppapier um den Körper gewickelt. Wahrscheinlich war beim ersten Gips das Zwischenpapier in diesem Oberschenkelbereich nicht ordnungsgemäß verlegt und die kleinen Haare hatten sich in den Frischgips fest verfangen. Beim Abheben der oberen Gipshälfte, die schmerzhaft war, entstand so ein noch Jahrzehnte sichtbares Narbenfeld. Dickere Gipsstellen wurden mit einer Vibrationssäge geschlitzt. Eine kleine dünne Scheibe mit vielleicht 4 cm Durchmesser und kleinsten Sägezähnen, wurde ähnlich einer Haarschneidemaschine, aber mit einem wesentlich intensiver kreischenden Geräuschpegel, mit mehr als ängstlichen Gefühlen ertragen. Von den Nutzern dieser Werkzeuge gab es keine beruhigenden Hinweise für Steffen. Man bemerkte sicher nicht einmal ansatzweise seine inneren Angstprobleme in diesen Situationen. Wer kennt nicht analoge Spannungszustände, wenn der Zahnarzt bohrt? Die größte Freude war jedoch, dass die Restgipsverschmutzungen in einer großen Badewanne abgerubbelt (*abgewaschen*) wurden. Es war ein Gefühl doppelter Leichtigkeit, ohne Gips und im warmen Wasser, also ein absolutes himmlisches. Der Zeitdruck bei den Pflegern und Krankenschwestern ließ das Badevergnügen viel zu kurz andauern.

In dem Heim, was zwischenzeitlich den Namen „Dr. Georg Sacke" erhielt, war schon seit der Gründung des „Humanitas e.V." im Jahr 1909, also vor über 100 Jahren die Behindertenschule und Behindertenberufsausbildung integriert.

Nach einem Jahr fieberte nun auch der Schulkandidat Steffen dem Schulanfang entgegen. Eine wunderschöne große Zuckertüte von den Eltern lag mit im Bett und wurde mit vollem Stolz in die Arme genommen. In einem Klassenzimmer stand ein großer künstlicher Baum, an dem mittelgroße dickkegelförmige Zuckertüten hingen. Die Schulanfänger wurden von ihrer Lernpritsche gehoben und durften sich eine Kegeltüte von dem Baum abnehmen.

Für die meisten Kinder, die im Liegen unterrichtet wurden, gab es diese Lernpritschen. Die schmalen Liegetische waren mit billardgrünem Linoleum überzogen. Herr Ziegenbalg, ein fleißiger und bei allen Kindern beliebter Krankenpfleger, holte vor Schulbetrieb die Kinder von den Stationen aus ihrem Bett ab und hob sie zunächst auf Rollliegen. Er hob mit der rechten Hand am schon mit eingegipsten Holzstab an den Beinenden , mit der linken unter dem Rücken und die Kinder umschlangen seinen Hals, um zusätzlichen Halt zu bekommen, mit einem oder zwei Armen. Auf den Rollliegen lagen immer mindesten zwei Schüler analog einem Rennschlitten Doppelsitzer. Der untere spürte nicht das Gewicht des oberen. Die Lastverteilung trug der Gips. Steffen hatte als Schulmappe eine grüne Basttasche. Nach der Fahrt mit dem Personenaufzug in das Kellergeschoß, wo die meisten Schulräume waren, schob Herr Ziegenbalg die Kinder, wie der Bäcker die Brote in den Ofen, auf die Pritsche. Eine leichte Handbremsung mit über den Kopf ausgestreckten Händen gegen die Wand stoppte die kleine Rutschpartie.

Im Jahreszeugnis von Steffen ist zu lesen, dass er sehr ordentlich mit der linken Hand in Bauchlage schreibt. Unterricht in der Bauchlage war nicht mehr in seiner Erinnerung. Herr Ziegenbalg hat die notwendigen Personenwendungen vor Unterrichtsbeginn sicher vollzogen, so dass die Köpfe in Richtung Lehrer und Tafel zeigten.

Die Umerziehung zum Rechtshänder hatte also noch keinen Erfolg. Dies sollte aber später noch mehrmals ein weiteres Grundsatzthema in der Erziehung werden.

Über den Schulfunk, vielleicht aber auch über einen Lautsprecher auf der Station, es ist nicht mehr nachvollziehbar, wurden damals aktuelle Lieder der neuen FDJ- und Jugendbewegung, neuer Wanderlieder, Freudenlieder über den Frieden und zur Heimatverbundenheit gesungen. Nach fast 70 Jahren sind die Texte und Melodien aber auch Gedichte bei Steffen abrufbar. Auch später fiel es ihm leicht Lieder, Konzertstücke und Gedichte in seinem Kopf zu verewigen.

Die Kinder sangen, in ihren Betten liegend, auch verseigene Lieder, so z.B., „In der humpeltasser (*Bezug auf Humpelbein und Humanitas*) Schule lernen wir, unser Lehrer ist genau so dumm wie wir, kann nicht lesen, kann nicht schreiben, muss ja selber sitzenbleiben, in der humpeld….“

Stalin war zu dieser Zeit in der neu gegründeten DDR allgegenwärtig. Einprägsam war ein fast lebensgroßes Rollkartenbild *(Poster)*, welches Stalin in seiner hellen beigen Marschalluniform, die rechte Hand im Jackenrevers, majestätisch zeigt. Zu seinem Geburtstag, am 18. Dezember, war es Schulpflicht ihm zu huldigen.

Erstaunlich war, dass die Kinder es als angenehm empfanden, wenn Stromsperre war, der Aufzug nicht fahren konnte und sie deshalb schulfrei hatten. Hier gab es also keinen Unterschied zu gesunden Kindern, außer beim Einzelaufenthalt im Strafzimmer, dann wurde der Tag lang.

Ein zweiter Langzeitnachbar von Steffen war der gleichaltrige Horst. Ein sehr freundlicher netter Junge. Horst hatte bei sich ein kleines Foto von seinem Vati im hellen Tropenanzug und Tropenhut. Diese Aufnahme stammte aus dem Krieg in Afrika. Warum dieses Bild auch bei Steffen so viel Nachdrücklichkeit erzeugte, ist sicher nur damit zu erklären, dass Afrika etwas Besonderes aber für die Jungen noch unerkläliches bedeutete. Eines Tages war Horst und ein anderer Junge von der Station verschwunden. Nach ungefähr 6 Wochen kehrte der eine Bub zurück. Horst kam viel später und lag wieder neben Steffen, aber in einem höher gebauten Bett. Die Liegefläche war im Gesäßbereich analog einem Plumpsklo geöffnet und darunter stand auf einem Zwischenboden dauerhaft ein Schieber. Horst konnte nicht mehr sprechen, vielleicht auch nicht mehr richtig hören aber lächeln. Nur eine kurze Begebenheit war, als Steffen sich ihm wieder einmal zuwandte und nacheinander auf seine Augen, Nase und Mund zeigte und dabei die entsprechenden Worte sprach. Völlig überraschend sagte Horst diese Worte, natürlich sehr gequält aber doch noch verständlich, nach. Steffen rief sofort eine Schwester, um vom sensationellen Erfolg zu berichten und weitere Versuche zu starten. Leider waren alle Bemühungen vergebens. Waren es die Komplikationen nach Diphtherie? Steffen glaubt, davon schon damals gehört zu haben.

Steffen war eines der ersten Kinder, die extrem dicke Beulen unter den Ohren hatten. Es war eine sehr ansteckende Mumpsepidemie auf der Station ausgebrochen. Er erinnert sich an die Schmerzen, wenn er nur geringfügig den Mund öffnen wollte und noch schlimmer, wenn er Suppe schlucken musste. Er hat wohl nach der Mumpsvergabe zu laut „hier" gerufen, denn während die anderen Kinder bald wieder normal essen und sprechen konnten, dauerte dies bei ihm noch Wochen.

Bevor das zweite Schuljahr und das dritte Klinikjahr zu Ende gingen, soll nicht der Eindruck entstehen, dass die Negativereignisse und Angstempfindungen überwogen. Grundsätzlich wurden die Kinder liebevoll behandelt. Es wurde gepflegt, gesungen, vorgelesen und erzählt. Natürlich hatte manches Kind, wie im normalen Leben auch, seine Lieblingsschwestern und Lehrer.

Gern erinnert sich Steffen an die Stationsschwester Anneruth, die später Oberin wurde. Zu einem runden Geburtstag von ihr wurde ein umgedichteter Liedtext auf die Melodie „Wenn ich ein Vöglein wär" gesungen. Die drei Verse dieses Liedes kann Steffen heute, nach vielen Jahrzehnten, noch singen. Beim Ertönen und Singen von Marschliedern zuckten bei ihm die im Gips festgehaltenen Beine.

Der langersehnte Tag, das erste Mal wieder senkrecht zu stehen rückte näher. Mit den langen Vorbereitungen dazu verging die Zeit viel zu langsam, da sich die Lieferung der Prothese immer wieder verschob. Das notwendige hochwertige Metall und das feste Leder waren mit Sicherheit damals schon Mangelware. Erste Maßnahme nach der Lieferung war, fachgerecht die gesamte obere Hälfte des Gipses durch exakte Schnitte zu entfernen. Steffen lag nun nach oben frei in einem Gipsbett. Mittels Manschetten wurden aber die Füße im Knöchelbereich an den Gips gebunden. Auch das Becken wurde so fixiert. Nach diesem Befreiungsschnitt war es möglich, eine Bein-Hüftprothese, die nach Anpassung die Voraussetzung für erste Gehversuche war, anzufertigen.

Eine starke Ledermanschette, vorn zu schnüren, umschloss den linken Oberschenkel. Zwei Flacheisen, eines am Innenbein, das andere außen entlang bis über den Hüftknochen reichend, waren darin fest eingebunden. Die Flacheisen reichten bis ca. 4 cm unter die Fußsohle. Dort waren sie durch einen Metallsteg verbunden. Daran war ein Gummiklotz befestigt. Eine stabile Ledermanschette umschloss den Beckenbereich und wurde wie ein Korsett, allerdings vorn, fest verschnürt. Das Fußgelenk wurde mit einer Manschette fixiert. Daran waren rechts und links ein Lederriemen. Die Riemen, durch einen Schlitz an den Flacheisen nach außen geführt, dienten dazu das Bein in der Prothese zu strecken. Hüft- und Kniegelenk waren also weiter unbeweglich.

Der ganze Apparat wog über 6 kg, ein doch recht ordentliches Gewicht, was ein Achtjähriger immer mit sich tragen musste und das bei jedem Linksschritt nach oben und nach vorn geschoben werden musste. Die Krümmung beim Sitzen konnte nur durch die Rücken und Halswirbelsäule erreicht werden bzw. seitlich verdreht über die rechte gesunde Hüfte.

Die Körpermuskulatur, speziell im Bein- und Hüftbereich, waren völlig verkümmert. Die Beine waren nur ein „Strich" und an den Zehen, auch 3 Jahre nicht gestreckt, wurde das Problem mit dem Hallux schon erkennbar. Es hat nur niemand darauf geachtet. Die großen Zehen hätte man damals schon im Gips entsprechend nach außen fixieren müssen. Um senkrecht stehen zu können, erhielt der Schuh unter dem „gesunden Bein" eine 4 cm Erhöhung.

Aber all diese Behinderungen wurden überdeckt vom Gefühl, wieder selbstständig laufen zu können. Aber halt, so schnell geht das nicht. Zunächst einmal täglich mit Festhalten einmal um das Bett, danach wenige Minuten und dann eine Steigerung der Übungszeiten über mehrere Wochen. Bettnachbar Dieter, der zur gleichen Zeit wieder laufen lernen sollte, musste aber noch warten und einige Kilo Gewicht verlieren.

Kurz vor dem Umzug auf die Entlassungsstation gab es ein einschneidendes Erlebnis für Steffen. Schwester Gertrud, die ihm damals zwei Ohrfeigen und die "unter die Decke Strafe" verpasst hatte, nahm ihn und zwei andere Kinder an einem Sonntag mit in die Stationsküche. Dort erzählte sie über das Leben der Hühner, dass diese Eier legen und was alles aus Eiern hergestellt werden kann. Sicher, im Bilderbuch hatte man schon vom Huhn und Ei etwas gesehen. Am praktischen Beispiel erfuhr Steffen, der ja keine gekochten Eier aß, dass die auch gebraten werden konnten. Und siehe da, der Fischmehlgeruch war weg und es schmeckte so gut, dass er gleich zwei verdrückte. Damit war der Start gegeben, dass auch alsbald die Abneigung zu gekochten Eiern vergessen wurde, es sei denn, sie rochen nach Fischmehl. Fazit, eine pädagogisch wertvolle anschauliche Aktion.

Steffen wurde alsbald auf die Station „Fröbel", die Station der Entlassungskandidaten verlegt. Gewohnt zu gehorchen, hielt er sich an die Anweisungen, die Gipsschale nicht zu verlassen. Er bewunderte aber im Stillen die anderen Jungs, die sich abends nicht an diese Gebote hielten und schwungvoll unter den hohen Gitterbetten entlang rutschten.

Für Kinder, die eigenständig oder mit Hilfe laufen konnten, wurde eine Fahrt im „Gläserner Leipziger" durchgeführt. Damals war das Straßenbahnnetz wesentlich mehr ausgebaut als heute, Busse für solche Ereignisse waren nicht vorhanden, und so diente ein Straßenbahntriebwagen mit Oberlichtfenstern als Fahrzeug für die Stadtrundfahrt. Das war ein Ereignis!

Noch kurz vor seiner Entlassung, konnte Steffen sehen, wie im Brutkasten die Küken aus den Eiern schlüpften. Es gab einen klinikeigenen Hühnerhof.

Der Klassenlehrer und Schuldirektor, Herr Lange, war sehr liebevoll und sympathisch. Als Steffen später nach dem 2. Schuljahr aus dem Heim entlassen wurde, durfte er das Direktorenzimmer zur Verabschiedung betreten. Die dunkle aufwendige Möblierung des Raumes und der geachtete Herr Direktor waren beeindruckend.

An einem wunderschönen Sonnentag im Monat August, eingekleidet in einen braunen Anzug mit kurzer Hose holte Mutter ihren Sohn aus der Klinik ab. Von den kommenden Problemen keine Ahnung, erkannte Steffen sein zu Hause wieder.

Vom Links- zum Rechtsschreiber

Tage nach der Ankunft zu Hause ging es in die Schule zunächst zur Anmeldung für eine dritte Klasse. Noch waren Schulferien und einige Tage Zeit für die Eingewöhnung in die doch neue Welt. Die Sonntage mit dem Vormittagsglockengeläut bei Sonnenschein und ohne Autoverkehr weckten ein Gefühl der Geborgenheit.

Mutter legte nach alter Hausfrauenart immer Wert auf saubere Wäsche. Einmal wurde die Weißbettwäsche getrocknet und danach auf kurzgeschnittenen Rasen ausgebreitet. Anschließend wieder ein- oder zweimal mittels Schlauch nass gesprüht und dann durch die gleisenden Sonnenstrahlen getrocknet. Das Weiß der Wäsche erstrahlte wie schneebedeckte Berge bei Kaiserwetter. Solch einen Anblick

in den Bergen konnte Steffen erst 20 Jahre später genießen. Dieses Verfahren nennt man Wäschebleichen und macht die Wäsche nicht nur sauber sondern absolut rein und gab der Waschfrau die Sicherheit, nicht von ihren Nachbarinnen negativ beäugt und betratscht (*sächsisch für, über jemanden reden*) zu werden. Mutter schaute auch kritisch auf anderer Leute Wäsche auf der Leine. Sicher eine Marotte aus Vorkriegszeit, als die meisten Frauen noch nicht in die Betriebe zur Arbeit gingen und solche Themen zum Tagesgespräch gehörten.

Die Schulklassen waren zu dieser Zeit noch streng nach Jungen und Mädchen getrennt. Die meisten Schulen hatten zwei Eingänge und diese Trennung war somit vorgegeben. Noch heute kann man an mancher Schule denkmalgeschützt, diese Vorgaben „Mädchen", „Knaben" über den Eingängen erkennen. In den Klassen saßen oft mehr als 40 Schüler. Stabile Zweisitzer bestehend aus miteinander verbundener Bank und dem Tisch standen bis zu sieben Stück hintereinander gekoppelt. Davon gab es drei Reihen, die Tür- Mittel- und Fensterreihe genannt wurden. Geschrieben wurde mit Federhalter und Tinte. Der Umgang mit der Tinte war nicht so einfach. Die Stahlfeder zu tief in das Tintenfass getaucht oder nicht richtig am Rand des Fasses abgestrichen, schon gab es Kleckse auf Heft und Tisch als ärgerliche Begleiterscheinung. Die Glastintenfässer, die im Tisch eingelassen waren, wurden vom Lehrer gefüllt.

Für Steffen kam der „Hammer". Der Vater verlangte vom Sohn und setzte seine Forderung auch bei den Lehrern durch, dass Steffen mit der rechten

Hand schreiben musste. Jeder stelle sich einmal vor, er hat 2 Jahre in der Bauchlage im Vollgips eingepackt in einer absolut geschützten Umgebung mit Bleistift und mit der linken Hand geschrieben. Jetzt ab dem 3.Schuljahr wird er, der auch sichtbar körperliche Probleme hat, gezwungen in einer für ihn völlig neuen rauen Alltagsumgebung mit Tinte und Federhalter und der rechten Hand zu schreiben, nur weil Vater es so will. Die Unterwürfigkeit, dem „Alten" seine Forderung zu erfüllen, hat Steffen, wie auch immer, relativ kurzfristig erfüllt, aber dafür nicht einmal eine verbale Anerkennung erhalten. Es war ja auch Normalität, rechts zu schreiben.

Nach der ersten Klasse gab es noch keine Fachnoten, sondern eine Leistungseinschätzung, in der Steffen als Linksschreiber in Bauchlage beschrieben wird.

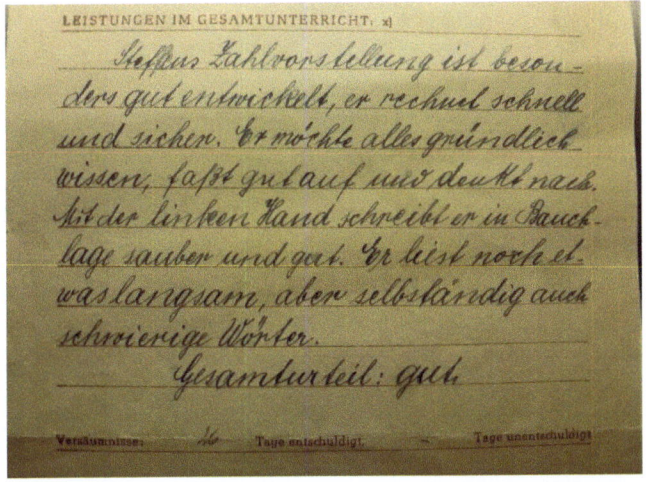

Jedes Kind, welches in den Genuss von Schulspeisung kommen wollte, musste seinen Topf und Löffel mitbringen. Nachdem man sich in der Warteschlange angestellt hatte und das Essen aus dem Kübel zugeteilt war, lief man in sein Klassenzimmer. Allein das Stehen in einer Schlange fiel Steffen äußerst schwer, aber als ein Junge aus einer anderen Klasse beim Topftransport dem Behinderten ein Bein stellte, lag er, sein Topf und die Nudeln auf den schmutzigen Ölfußboden des Schulkorridors. Zweimal Essen gab es nicht und der Hunger blieb. Er wurde nur mit einem Schwarzmehlbrötchen gelindert. Weiße Brötchen gab es nicht. Von den eigenen Klassenkameraden gab es keine Hänseleien.

Die Hauptstraße zur Schule führte unter einer Eisenbahnbrücke entlang. Es war eine Fachwerk- Stahlträgerbrücke. Von unten waren die einzelnen Schienen und Schwellen zu sehen. Interessant also, wenn gerade ein Zug darüber fuhr. Steffen unerfahren, schaute nach oben und von oben kam an den Schwellen zerstäubt der Urin aus dem Waggonplumpsklos. Nur gut, dass der oder die Reisenden nicht gerade ein größeres Geschäft erledigten. In der Folgezeit hieß es, hörst du einen nahenden Zug, renne. Rennen war Steffen nicht möglich und er musste warten, bis der Zug die Brücke passiert hatte.

Bruder Konrad besuchte, er war schon in Klasse 5, öfter das Pionier- (*sozialistische Kinderorganisation*) und Jugendhaus im Stadtteil. Er nahm Steffen eines Tages mit zu den sinnvollen Angeboten wie Basteln, Zoologie, Singen und anderen Aktivitäten. Dort hat am gleichen Tag Steffen noch den Antrag zur Aufnahme in die Pionierorganisation ausgefüllt und er kam stolz mit dem Blauen Halstuch, dem Symbol der Mitgliedschaft, nach Hause. Die Eltern, die ohnedies nicht kirchlich gebunden waren, fanden das in Ordnung.

Völlig überrascht wurde Steffen von seinem ersten Erlebnis zum Tauchscherfest. Im nahen Ort Taucha wird noch heute der Indianerkult gepflegt und ein einwöchiges Volksfest Ende August veranstaltet. Historisch ist die Form des Tauchscherfestes, welches in der nachfolgend beschriebenen Form zelebriert wurde, auf die Rivalitäten des kleinen Städtchens Taucha und der nur wenige Kilometer entfernten Großstadt zurückzuführen. Damals lieferten sich die Jungen, als Indianer oder Cowboys verkleidet, auch in der Großstadt richtige Straßenschlachten, teilweise sogar Stadtbezirk übergreifend. Starke und schwerste Verletzungen waren nicht ausgeschlossen. Steffen beobachtet das Sammeln der Kämpfer in zwei Querstraßen. Direkt vor seinem Haus, in das er geflohen war, konnte er durch die Scheiben der Hauseingangstür die Kampfhandlungen beobachten. Ende der 60-ger Jahre verschwanden diese Rituale aus Steffens Heimatstadt.

Die Nachbarn im Wohnhaus, ein älteres Ehepaar, strahlten eine Herzlichkeit und Wärme aus, die Steffen so in seiner Familie nicht kannte. Schon damals spürte er, dass in seiner Familie alles rationell sehr gut geregelt war, die Tagesabläufe „nach Schema F" abliefen, aber keine kleinen spürbaren Zuwendungen zu den sogenannten kleinen Dingen des Lebens und den täglich kleinen Freuden bestanden. Nicht ohne Wunsch war Steffen, wenn er an Seiferts Karussell, welches in der Nähe des Sportplatzes stand, zuschaute. Viele Kinder durften mitfahren. Den hauptsächlichen Begleitschlager am Kettenkarussell, *„Schön ist so ein Ringelspiel, das macht viel Spaß und* *kost(et) nicht viel..."* hat Steffen nicht vergessen. Auf dem Sportplatz wurde nicht nur Fußball gespielt, sondern auch Großfeldhandball. Diese Sportart war aber schon in den 50- er Jahren ein Auslaufmodell. Schon damals schaute Steffen gern Sportlern im Allgemeinen gern zu, obwohl er selbst, nach den damaligen Prognosen nie Sport treiben dürfe. Selbst das lange Stehen beim Zuschauen wurde kurzweilig empfunden. Man konnte sich zur Entlastung auf das Geländer am Spielfeldrand stützen.

Kurz vor Weihnachten, also nach 4 Monaten in der dritten Klasse zog die Familie in eine größere Wohnung vom Ost- in den Südteil der Stadt. Tage, an denen die Eltern mit dem Umzug beschäftigt waren, verbrachte Steffen bei seiner Lieblingstante in Lindenthal, einem Vorort der Großstadt. Von der Tante fühlte sich Steffen immer verstanden und in deren Familie geborgen. Der Großvater wohnte mit in der Wohnung. Sein ausgiebiger Tabakspfeifenkonsum ließ das Wohnzimmer wie eine verräucherte Kneipe stinken. Das Lüften vor der Nachtruhe bewirkte zwar den Luftaustausch, doch der Geruch kalten Rauches hing in allem Mobiliar. Von den Fenstern dieser Wohnung konnte man in der Ferne die Lichter von wenigen vorbeifahrender Autos sehen. Die Erwachsenen sprachen von einer Autobahn. Für Klein-Steffen in seiner Fantasie war dies etwas nicht Vorstellbares.

Als der Umzug beendet war, fuhr er mit Tante Irmgard mit Bus und Straßenbahn zur neuen Wohnung. Die Fahrzeit betrug ungefähr eine Stunde und Steffen saß neben der Tante. Fahrgäste regten sich auf, dass der dicke Junge sitzt und sie als Erwachsene stehen mussten. Sie hatten das geschiente Bein in dem Gedränge übersehen. Die Tante reagierte entsprechend und der Vorgang war erledigt. Hier muss auf das ungeschriebene Gesetz aufmerksam gemacht werden, dass es auch noch Jahrzehnte später gängige Praxis war, dass Kinder und Jugendliche den Erwachsenen den Platz sofort freimachten. Das wurde von den Älteren auch mit Nachdruck kollektiv eingefordert. Widerspruch war zwecklos und damit für die Kinder eine Selbstverständlichkeit. Mit der Tante in der neuen Wohnung angekommen, wurde zuerst das größere, doch eigentlich auch kleine Kinderzimmer inspiziert.

Weitere Grundschuljahre

Die neue Wohnung war in der ersten Etage eines 4 stöckigen Hauses. Jede Etage hatte zwei Wohnungen. Die Toilette war eine halbe Etage tiefer im Treppenhaus. Ein Bad gab es nicht und das größte Zimmer war das Wohnzimmer mit 16m². In der Küche war hinter einer Tür eine Speisekammer. Zur Hofseite gab es einen kleinen Balkon, keine 3m² groß. Zum Kochen konnte ein kleiner 2- flammiger Gaskocher oder eine mit Kohle oder Holz zu feuernde sogenannte Küchenmaschine genutzt werden. Dieser blau weiß gefliste Mehrzweckofen nahm einen beträchtlichen Platz ein. Er hatte vor der großen Herdplatte im Brat- und Kochbereich eine Klappstahlplatte, mit der man diesen Raum verschließen konnte oder man konnte heiße Töpfe auf diese Stahlplatte ziehen, wenn sie auf waagerechte Position geklappt war. Rechts und links neben der Kochplatte war noch je eine verschließbare rechteckige Warmhalteröhre vorhanden. Bei nicht unter Feuer stehender Küchenmaschine konnte man den Herdplattenraum und die Röhren im Sommer auch zur kurzzeitigen Frischhaltung der Waren nutzen.

Die Eltern hätten auch eine etwas andere Wohnung mit Bad und Innentoilette haben können, aber 41,- Mark statt 35,-Mark pro Monat zu zahlen, war Vater schon zu viel. Im Nachhinein konnte man sagen, dass dies eine väterliche, mentalitätsbedingt falsche Entscheidung war. Soviel Geld wäre, volkstümlich ausgedrückt, auch noch locker drin gewesen. Den Eltern, die selbst unter ärmlichsten Bedingungen aufgewachsen sind, kann man aber keinen Vorwurf machen. Vater war mit 5 Geschwistern in einer kleinen Dachgeschoßwohnung unter miserablen Bedingungen, in einem Armenviertel der Stadt aufgewachsen. Die Toiletten befanden sich 4 Etagen tiefer auf dem Hof und der Wasserhahn im Hausflur. Wanzen waren in der Wohnung ständige Mitbewohner. Er hat sich im Leben „durchgebissen". Von Volksschule, Schlosserlehre, Arbeitslosigkeit, Wanderschaft mit Gitarre, Turnverein, Soldat und Gefangenschaft, Sauberkeit, Ordnung, nicht Rauchen, nicht Trinken und immer korrekte ansprechende Kleidung, davon erzählte er und lebte danach. Noch vor seinem Tod mit 93 Jahren ging er 2 Mal in der Woche in die Schwimmhalle.

Mutter wurde in einer Familie mit 7 Kindern in einer kleinen Dreiraumwohnung groß. In der Zeit der Weltwirtschaftskrise war es ihr nicht möglich, einen Beruf zu erlernen. Sie arbeitet „fast rund um die Uhr" im 3-

Schichtbetrieb und für die Familie. Beide Eltern waren mehr als pingelig. Vater hat sich aber nie voll verausgabt. Steffen prägte dafür den Ausdruck "er hat immer kontinuierlich gemacht". Dagegen Mutter, sie hat nie etwas Ruhe gefunden, ständig auch nicht unbedingt Notwendiges getan, und war scheinbar mit dem Erreichten niemals zufrieden. Sie hat sich regelrecht in die Arbeit und Beschäftigung geflüchtet, um dafür noch Anerkennung zu erhalten. Wenn sie davon jemanden erzählte, was sie alles macht, hatten diese nur ein bedauerndes Zuhören. Steffen behauptet, dass jeden Tag acht Medikamente eingenommen, seine Mutter auch an Medikamentenmissbrauch und einer inneren absoluten Unzufriedenheit, mit 66 Jahren, also auch psychisch belastet, gestorben ist. Eine hohe Erwartungshaltung wurde sicher in ihrer Kindheit geprägt. Drei Jahre, zwischen ihrem elften und vierzehnten Lebensjahr durfte sie nach der Schule bei einer reichen Unternehmerfamilie wohnen und ging abends nach Hause. Der tägliche Wechsel vom erlebten Reichtum in relative Armut hat sicher unterschwellig bei ihr bewirkt, immer Höheres anzustreben. Die Spanne zwischen der Erwartungshaltung und der Realität wurde trotz versuchtem Perfektionismus nicht kleiner.

Am Folgetag des Einzuges in die neue Wohnung ging Steffen und Mutter zur ungefähr anderthalb Kilometer entfernten Schule. Die Anmeldung erfolgt im Sekretariat. Als Steffen vernahm, dass er in die 3b kommt, eine Klasse, in der zehn Mädchen waren, kullerten die Tränen. Gerade in dieser Klassenstufe gab es Mädchenüberschuss. Er wollte doch so gern in die 3a und nur mit Jungen. Es stellte sich aber alsbaldig bei ihm Zufriedenheit über die Wahl ein. In einer Klasse mit Mädchen war zu damaliger Zeit mehr Harmonie und es gab nicht so viele Raufereien. Die Mädchen saßen natürlich getrennt von den Jungen und behaupteten die Fensterreihe, also eine erste Regung von Frauen Emanzipation.

Steffen kann sich nicht erinnern mit einem Mädchen in der Klasse jemals gesprochen zu haben. Ließen sich bei Schülern handgreifliche Auseinandersetzungen nicht mehr vermeiden, dauerte der Kampf bis zur sichtbaren Unterlegenheit des Einen. Er hatte aber, kein Nachschlagen oder Nachtreten des Siegers zu befürchten. Bei aller Aggressivität am Ende stand „Fair Play“. An Schlägereien in seiner Klasse kann sich Steffen nicht erinnern. Ein Schüler, der „Lange Letzel“ hat den Chemielehrer so erzürnt, dass dieser ihn aus dem Klassenzimmer verwies. Im Gehen viel noch ein dummes provokantes Wort des Schülers, und er flog nach einem heftigen Tritt in den Hintern durch die Klassenzimmertür bäuchlings auf den geölten Fußboden des Korridors. Der gleiche Lehrer, wegen seiner Strenge gefürchtet, hat aber den Schülern im Biologieunterricht, auch von Steffen nicht vergessene praktische Hinweise vermittelt. Wie stehe ich in einer Straßenbahn, damit ich beim Anfahren und Bremsen oder Kurvenfahrt nicht so leicht ins Schleudern komme, wie verhindere ich Schweißfüße oder die Erdbeere gehört zur Gruppe der Nussfrüchte, waren beispielhafte Themen. Wenn eure Füße stinken, müsst ihr eure Strümpfe öfter waschen, möglichst täglich, so sein Appell. Damals trugen fast alle Schüler ihre Unterwäsche, Strümpfe und Hemden oder Blusen eine ganze Woche, obwohl die meisten in der Freizeit körperlich sehr aktiv waren und sich auch vor Schmutz, zum Beispiel in den Trümmergrundstücken, nicht scheuten.

Einmal hatte eine Schülerin Nießpulver mitgebracht. Fast alle Schülerinnen und Schüler nießten lange und heftig während des Unterrichts bei einer Fachlehrerin. Diese meldete das Vergehen dem Klassenlehrer. Er ordnete an, dass nach Unterrichtsschluss alle dableiben, solange bis der oder die Übeltäter(in) sich meldet. Geschickt filterte der Lehrer heraus, dass es ein Mädchen war. Die Jungen konnten nach 35 Minuten gehen. Nach dem Detektiverfolg des Lehrers gingen die Mädchen eine halbe Stunde später.

Zur damaligen Zeit gab es noch ausreichend Unrechtsbewusstsein der Schüler. Nach einer Undiszipliniertheit wurden die Strafen wie sofortiges Nachsitzen, ein liederliches Heft bis zum nächsten Tag noch einmal abschreiben oder einen dokumentierter Eintrag, in das Schülertagebuch, welches die Eltern unterschreiben mussten, wenn auch zähneknirschend, akzeptiert. Musste eine Schülerin oder ein Schüler nachsitzen, erfolgte dies als Einzelsitzung mit einer Sonderaufgabe in einem Klassenzimmer oder durch „Delegation" in eine andere Klasse. Höchststrafe war, diese Stunde in einer reinen Mädchenklasse zu absolvieren. Das gesunde Autoritätsgefälle Lehrer- Schüler war noch vorhanden. Begegnete man einem Lehrer, hatte ein sichtbares Grüßen zumindest durch Sichtkontakt und Kopfnicken zu erfolgen. Auch von den Eltern bekam man eingeschärft, dass man Erwachsene im Wohnhaus und der Nachbarschaft grundsätzlich zu grüßen hatte. Diese Höflichkeit wurde auch zu anderen Erwachsenen, die man irgendwie kannte, als selbstverständlich empfunden. Dieser geschulte und anerzogene Wertmaßstab würde auch in der Jetztzeit ein hilfreiches Element sein, die gegenseitige Achtung von Groß und Klein positiv zu beeinflussen. In den großen Pausen der Unterrichtstage, 10 und 12 Uhr, wurde in losen Gruppen auf den Schulhöfen richtungsorientiert gegangen und dabei erzählt oder das Frühstücksbrot verspeist. Die Laufrichtung wurde durch das Lehrer-Aufsichtspersonal am Ende der Geraden vorgegeben. An Regentagen fand das analoge Laufen auf den langen Korridoren des Schulhauses statt. Bewegung statt Verbleib in den Klassenzimmern war also immer angesagt. Der Lärmpegel hielt sich in Grenzen, da ein Herumschreien nicht die Normalität war. Kein Kind kam abgehetzt, verschwitzt, geschlagen, gedemütigt oder in Siegerpose zur nächsten Unterrichtsstunde. Aggressivität war bei dieser Pausengestaltung kaum möglich und es konnte sich also jeder sofort auf den Unterricht konzentrieren. Steffen erlebte in der Schule auch keine Hänseleien wegen seiner Behinderung. Natürlich beneidete er seine Mitschüler, wenn er im Turnunterricht zuschauen musste. Normal war es, er durfte nur den Jungen zuschauen. Die Mädchen nutzten eine andere Turnhalle oder einen gesonderten Hallenbereich. Das Fach nannte sich Turnen und nicht Sport, fand also generell in einer der zwei Schulturnhallen statt.

Das Thema gute und „schlechte" Lehrer gab es natürlich auch zu Steffens Schulzeit. Es ist ihm aber nur ein Lehrer in Erinnerung, bei dem es absolut „über Tische und Bänke ging". Dies war in der 6.Klasse im Zeichenunterricht beim Lehrer Herrn Müller. Eindeutige Erkenntnis, sicher bei den meisten Schülern war, bei den strengsten Lehrern hat man das meiste gelernt. Es war völlig zwecklos, sich bei den Eltern über einen Lehrer zu beschweren.

Steffen saß eine geringe Zeit auf der ersten Bank Mittelreihe. Der Geschichtslehrer erzählte äußerst spannend von Napoleon auf Elba und der Flucht. Der Lehrer war so theatralisch beim Erzählen, dass Flöckchen von Spucke aus ihm kamen. Diskret überging Steffen den leichten Feuchtregen, denn die Geschichte war so spannend und endete zu einer Unterrichtsstunde wie folgt. Napoleon schlich in der Dämmerung mit seinem Gefolge durch die Häusergassen. Es sprach sich herum, dass wahrscheinlich der Kaiser wieder im Lande ist. Und dann, auf einem kleinen Platz der Stadt, einiges Volk hatte sich schon gesammelt, rief Napoleon „kennt ihr euren Kaiser nicht", und das Volk jubelte ihm zu. Bei dieser Lautstärke und Vortragsweise glaubte Steffen den Kaiser zu sehen.

Zwei Schüler jeder Schule in der Großstadt durften ihre Fahrräder schmücken und mit den Rädern, 10 km im Konvoi, die Strecke vom Norden der Stadt über das Zentrum in das Bruno- Plache- Stadion fahren. Dort im Stadioninneren auf dem Rasen haben sie die Friedensfahrer am Etappenziel erwartet. Das jährliche Topereignis des Radsportes war die Friedensfahrt und begeistert die Menschen analog der Tour de France, die es auch schon damals gab, aber im Bewusstsein der DDR- Kinder und Jugendlichen keine Rolle spielte. Geschmückt wurden die Räder vor dem Wohnhaus des fantastischen Geschichtslehrers und Steffen wahr natürlich stolz, bei den Radlern dabei zu sein.

Drei Jahre zurück in der 4.Klasse hatte Steffen für einige Monate den jüngeren Bruder dieses Geschichtslehrers als Klassenlehrer. Es gab wieder einmal absoluten Kohlenmangel und Steffens Schule wurde geschlossen. So gab es täglich 4 Stunden Nachmittagsunterricht in einer anderen Schule. So schlecht nun auch wieder nicht, man konnte ja früh länger schlafen und schon vormittags rodeln gehen.

Stalin starb am 05.März und während des Nachmittagsunterrichtes wies der Lehrer an, „Hände falten, Köpfe senken, eine Minute an Stalin denken". Der gleiche Lehrer verkündete auch stolz und mit einem rollendem „R", dass die Universität der Stadt ab sofort Karl- Marx- Universität, der größte Platz jetzt Karl-Marx- Platz und Chemnitz jetzt Karl-Marx- Stadt heißt und erklärte gleichzeitig, dass er zur „Kasernierten Volkspolizei" *(KVP)* geht. Viel später haben die damals noch Kleinen die Vorgänge begriffen und durften zum Tag der offenen Tür die Kasernen der Nationalen Volksarmee, der Nachfolgeorganisation der KVP besuchen.

Mutter hatte zu dieser Zeit eine Arbeit im Dreischichtsystem als Paketkontrolleurin bei der Post aufgenommen. Jedes Paket aus dem Ausland und der Bundesrepublik wurde geöffnet. Als die ersten Soldaten den Dienst in der KVP beendeten, wurde Mutter entlassen, da man zu diesem Zweck nur verlässliche Parteigenossen brauchte und die gab es mehrheitlich bei diesen sozialistischen Jungenthusiasten.

Mutter war mit Sicherheit auch korrekt und zuverlässig. Sie war schon zur Kontrolleurin der Paketkontroller aufgestiegen und wurde trotzdem auf die Straße gesetzt, da sie keine Parteigenossin war. Sie hat nie wieder eine vergleichbar gut bezahlte Arbeit gefunden.

Eine frühere Freundin des Vaters schickte aus Dänemark für Steffens weitere Genesung regelmäßig kleine rote Pillen, gefüllt mit Lebertran und anderes Nützliche. Mutter wusste also schon vor der offiziellen Paketzustellung, was für begehrenswerte Dinge zu erwarten waren. Sie konnte auch schon vorher abschätzen, welche Zollgebühren zu entrichten sind. Zwei Wochen später konnte sie das Paket beim Zollamt abholen.

Kurze Zeit war Steffen auch in der Arbeitsgemeinschaft Zoologie der Schule und hatte sich leichtfertig für die Fütterung der Fische in den 6 großen Aquarien, die in einer Nische auf dem Schulflur standen, gemeldet. Wenn die anderen ihre große Pause hatten, lief er in das Sekretariat und holte 30 Pfennige. Problematisch wurde es fast immer, wenn Steffen das Schulgelände verlassen musste. Der aufsichtführende Lehrer verlangte eine ausführliche Erklärung, und Steffen hatte es immer eilig, zum Aquariengeschäft zu laufen. Sehr oft gab es noch keine Wasserflöhe und die nächste große Pause, die Essenspause, war noch kürzer. Diesen lehrreichen Ärger galt es so schnell wie möglich hinter sich zu lassen. Dazu war der Austritt aus der Arbeitsgemeinschaft notwendig und die Pausen konnten wieder in Ruhe verbracht werden. Die Liebe zu den Fischen blieb und seit über 30 Jahren füttert er auch wieder, aber privat.

Jeder Schüler musste ein Schülertagebuch mit Eintragungen zum Tages- und Stundenplan führen. Die unteren Zeilen je Seite waren für Notizen der Lehrer für sogenannte Einträge vorgesehen. Fast alle Einträge bezogen sich auf Informationen für die Eltern zu Fehlverhalten, wie Schwatzen im Unterricht, fehlendes Unterrichtsmaterial, vorlautes Benehmen, nicht erledigte Hausaufgaben u.v.a.m. Über die Jahre sammelt auch Steffen einige Einträge in das Schülertagebuch. Mutter forderte die Kinder an jedem Sonntag auf, die Tagebücher dem Vater vorzulegen. Drei Wochen gelang es Steffen, Vater durch Auflegen des Löschblattes auf die Eintragungen zu täuschen und Eile gebietend unterschrieb er. Nach 4 Wochen las Vater alles nach. Die Strafe, zwei Wochen Stubenarrest, folgte prompt. Über das Thema Stubenarrest wird noch wiederholt zu berichten sein. Wie viel besser hatte es da Steffens Freund Peter. Fast jede Woche waren die Zeilen in seinem Schülertagebuch mit Eintragungen, meist wegen undiszipliniertem Verhalten, verschiedenartig bunt, meist rot, voll beschrieben. Kurz vor Schulbesuch „zwischen Tür und Angel" ließ er seine Mutti unterschreiben. Diese erhob mahnend den Zeigefinger und bat um Besserung. Kein Schimpfen und die Sache war abgehakt. Neidvoll dachte Steffen, könnte man ohne Angst vor Zusatzstrafen, für ihn war ein Eintrag Strafe genug, das Problem erledigen.

An jedem Schuljahresende musste Vater seinen Geiz für die kleinen Dinge des Lebens überwinden und seine Versprechungen, für jede Zeugnisnote 1 jeweils 50 Pfennige und für die 2 je 30 Pfennige zahlen. Bruder Konrad erhielt einige Mark der DDR. Damals gab es 1,-Mark noch als Geldschein. Steffen dagegen für seine nicht so tolle Jahresausbeute vielleicht nur knapp 2 Mark.

Es war ein ungeschriebenes Gesetz, die Hausaufgaben unverzüglich zu machen, was durch die berufstätigen Eltern meist nicht kontrolliert werden konnte. Steffen versuchte zumindest, die schriftlichen Aufgaben so schnell wie möglich abzuarbeiten. Die Vorgaben der Lehrer mündlich etwas nachzuarbeiten, blieben meist auf der Strecke. Gedichte und Lieder schnell zu erlernen, war für Steffen kein Problem. Sie sind noch heute, über das Langzeitgedächtnis gespeichert, teilweise oder vollständig abrufbar. Gegen abstrakte Formeln in Fach Chemie und Vokabeln im Fach Russisch entwickelte Steffen eine innere Opposition. Entsprechend war in diesen Fächern auch der Aufwand, wenigstens am Jahresende die Note 3, die 5 war damals die schlechteste, zu erreichen. Diese falsche innere Einstellung sollte im späteren Leben ein reumütiges Nachdenken und einige Portionen Lernmehraufwand bewirken. Die Eltern konnten fachlich die zwei Jungen nicht bei der

Erledigung der Hausaufgaben unterstützen. Dazu reichte deren Schulbildung nicht mehr aus.

Einige Jahre spielte Steffen in dem von seinem Klassenlehrer geleiteten Schulorchester mit. Die verschiedensten Instrumente wie Flöte, Mandoline, Akkordeon bis Kontrabass waren vereint und das Orchester erreichte bei einem großen Wettbewerb einen achtbaren dritten Platz. Steffen, über dessen musikalische Erziehung noch gesondert geschrieben wird, spielte die Mandola (*Bassmandoline*).

Die Eltern, Vater war inzwischen Lehrausbilder für Schlosser bei den Energie Stadtwerken und Mutter im Dreischichtsystem montierte Lautsprecher und später Kabelbäume für die Telekommunikation.

Auch wenn es Steffen an kontinuierlichem Fleiß in all den Jahren fehlte, so wurden doch die mündlichen und schriftlichen Prüfungen zum Abschluss der Grundschule geschafft. Ein, wenn auch nicht überragendes, aber gutes Zeugnis wurde erreicht. In einem Prüfungsteil im Fach Deutsch musste er den Text der Nationalhymne der DDR, der auch den Abschnitt, *... lass uns dir zum Guten dienen, Deutschland einig Vaterland.* beinhaltet, aufsagen. Den Text zu singen, wurde Jahre später verboten, um die Ideologie von 2 deutschen Staaten zu untermauern. Die richtige Mauer, die die Teilung Deutschlands „zementierte", sollte Jahre später folgen. Die Leistungen nach den ersten 8 Jahren der Grundschule reichten, um in die Mittelschule aufgenommen zu werden. Nur die zwei oder drei Besten jeder Klasse wurden zur vierjährigen Oberschule, die nach 12 Schuljahren zum Abitur führte, aufgenommen. Zwölf Kinder der Klasse konnten bis zur 10. Klasse gehen und die Mittlere Reife, was gleichzeitig eine Zugangserlaubnis zur Aufnahmeprüfung für eine Fachschule war, erlangen.

Im letzten Schuljahr besuchte Steffen auch die Veranstaltungen zur Jugendweihe. Die Angebote waren altersgemäß und auch sehr interessant. Höhepunkt vor der Jugendweihfeier war eine Mehrtagesreise nach Thüringen an große Talsperren und in das riesige Stahlwerk in Unterwellenborn. Die Jugendweihfeier fand, im nach der Kriegszerstörung wieder ausgebauten Schauspielhaus der Stadt, noch vor dessen offizieller Eröffnung, statt. Als Gelöbnis wurde gesprochen, *... stets für ein einheitliches, demokratisches und friedliebendes Deutschland einzutreten...* Wenn auch viele Jahre in weite Ferne gerückt, Steffen hat immer daran gedacht und im Freundeskreis zitiert.

Alle Kinder hofften, von Verwandten und Freunden viel Geld zur Jugendweihe zu bekommen. Mit Abstand die schlechteste Ausbeute nach Umfrage bei seinen Freunden hatte Steffen mit 15,-Mark. Dafür aber 2 Hemden, Söckchen und Unterhosen, die aber die anderen extra zu ihren teilweise 120.- Mark hatten. Darüber entstand bei Steffen schon ein mehr als leicht neidvolles, unbehagliches Gefühl in der Magengegend.

Versorgungsprobleme, aber kein Hunger mehr

Steffen lag noch einige Jahre nach der Entlassung aus der Klinik Humanitas weiter in den Nächten in Rückenlage angeschnallt in seinem Gipsschalenbett. Einziger Vorteil war, dass er nachts nicht aufstehen musste und in die „Ente", eine entsprechend für Kranke angepasste Glasflasche, pinkeln durfte. Mit dem Bruder schlief er in einem Doppelbett. Zwei baugleiche Betten waren zusammen gestellt. So konnte der Bruder Steffen auch bitten, „reich mir mal die Flasche rüber".

Erste Handlung am Morgen noch vor dem Erheben in den Stand war, die Beinprothese anlegen. Steffen hätte sich auch in Abwesenheit der Eltern weiterhin nicht getraut, ohne diesen Apparat nur einige Schritte zu laufen, obwohl dies körperlich möglich gewesen wäre. Die Angst vor der Reaktion der Eltern und dass er die Vorgaben der Ärzte einzuhalten hatte, waren prägend. Wie noch später zu erfahren, hatten in diesem Fall die autoritären Erziehungsmaßnahmen auch einen hoch zu lobenden Vorteil.

Wie zu wiederholen, zu dieser Zeit lief im Familienhaushalt alles „nach Schema F" ab. Nach und nach mit zunehmendem Alter und in Abhängigkeit von der Arbeitsschicht der Mutter wurden mehr Haushaltaufgaben an die Söhne übertragen. Kleine Einkäufe übernahm der Bruder, da man in den Geschäften meist in einer Warteschlange anstehen musste. Er war auch der Ältere und der Umgang mit Geld in seinen Händen sicherer. Für Steffen in einer Schlange zu stehen, war offen gesagt eine Tortur und ist es bis heute geblieben. Täglich musste Milch geholt werden. Für jedes Kind bis 14 Jahre gab es täglich einen ¼ Liter Magermilch und für Steffen zusätzlich einen ¼ Liter Vollmilch als Tbc Zuschlag. Die Milch wurde in einem privat geführten Geschäft beim Milchmann Schnelle geholt. Der Verkäufer schöpfte mit einem am langen Stil befindlichen Messbecher aus Aluminium die Milch aus einer großen Aluminiummilchkanne. Der Messbecher hätte bis zum Umfüllen in den Milchkrug voll bleiben müssen. Aber geschickt stieß der Verkäufer jedes Mal beim Hochziehen des Messbechers nochmals an den breiten und hohen Kannenrand. Bei jedem Schöpfvorgang schwappte etwas Milch zurück. Steter Rückwärtstropfen erhöhte also den Umsatz des Milchmannes. Mutter konnte sich darüber richtig erzürnen und auch beschweren. Beschweren tat sie sich auch, wenn im Fleischkonsum die Verkäuferin das damals noch stärkere Verpackungspapier auf die Waage legte und dann erst die Wurst. Also nur die Wurst auf die Waageplatte legen und dann einpacken, so die Forderung der Mutter. In dieser Zeit, der angespannten Mangelversorgung, ging es um jedes Gramm. Mutter wusste bei Scheibenwurst genau wieviel Scheiben es bei 100 Gramm einer bestimmten Wurstsorte sein mussten. Einmal auf dem Nachhauseweg ein Stück Wurst naschen, hätte bestimmt eine Woche Stubenarrest für einen Sohn eingebracht. Vor den Feiertagen wie Ostern, Pfingsten und Weihnachten wurde an drei verschiedenen Konsumgeschäften angestanden. Anstehen bedeutete damals mindestens 2-3 Stunden. Am Milchkonsum, wo es Milchprodukte allgemeiner Art, Eier und später auch Flaschenmilch gab, stellte sich Mutter an, da es meist dort am schnellsten ging. Ein Sohn stand am Lebensmittelkonsum, wo es wenige Sorten Gemüse, Brot und sonstige nützliche Haushaltdinge gab und vor dem Fleischkonsum mit der größten Schlange stand Steffen. Wenn die Zeit kam und sich der Verkaufstresen näherte, sehnte man dem Kommen der Mutter entgegen, denn sie hatte das Geld und wollte selbst den Großeinkauf erledigen. Sie hatte auch das wichtigste Utensil für den Einkauf, die Lebensmittelmarken. Der Verkauf von allen wichtigen Lebensmitteln, wie Brot, Mehl, Fleisch und Wurstwaren, Eier, Butter, Fett, Zucker u. a. erfolgte nur bei Abgabe von entsprechenden Lebensmittelkartenabschnitten. Später als Steffen 14 Jahre alt war gab es keine Lebensmittelkarten mehr. Lebensmittelmarken waren fast wichtiger als Geld, denn es gab bei Verlust keinen Ersatz und ein Einkauf war nicht mehr möglich. Wenn es um das Essen ging, war sich jeder selbst der nächste.

Ging man die Tante oder Oma besuchen, wurden meist die Schnitten für das Abendbrot mitgenommen. Je nach Berufsgruppe bzw. in welchem Industriezweig die Erwachsenen arbeiteten und wie alt die Kinder waren, gab es unterschiedliche Lebensmittelkarten und damit einen mehr oder weniger großen Anspruch, etwas zu kaufen. Für Steffen gab es ein Zusatz- Tbc- Kontingent.

Für die Stadtbevölkerung, so auch für Steffen, war der Umgang mit den Lebensmittelmarken etwas Selbstverständliches. Wenn in den Ferien im gewerkschaftseigenen Heimen oder in Vertragsgaststätten die Versorgung erfolgte, mussten die äquivalenten Lebensmittelkartenabschnitte abgegeben werden. Die Bauern bekamen keine Lebensmittelkarten. Je nach Größe des Hofes hatten sie, für alle landwirtschaftlichen Erzeugnisse, ein staatlich vorgegebenes Soll als Mindestmaß an die Versorgungswirtschaft abzugeben. Was sie darüber hinaus als freie Spitzen erwirtschafteten, konnten sie zur Eigenversorgung nutzen. Für Milch, welche sie über das Soll abgaben, erhielten die Bauern Quark, Butter und Stangenkäse als Rücklieferung. Für abgelieferte Zuckerrüben gab es Marken für den möglichen Zuckereinkauf.

Schlachten war offiziell nur gestattet, wenn ein Schlachtschein genehmigt war. Viele Bauern gründeten eine Fleischereigenossenschaft, um ein genehmigtes Schlachten zu dokumentieren. All diese Problematik, für die in der Landwirtschaft arbeitenden Menschen, erzählte die Frau von Steffens Freund. Deren Eltern hatten einen Dreiseitenhof und 12 ha Land. Wenn sie als Kind an einer Klassenfahrt teilnahm, musste sie statt Lebensmittelmarken Naturalien mitnehmen, um ihre Versorgung zu sichern.

Steffens Tbc berechtigte auch die Eltern monatlich sogenanntes Freibankfleisch, Fleisch von Notschlachtungen, zu kaufen. Der Schlachthof und die Freibankfiliale waren nur 100 m vom Wohnhaus entfernt. Gut in Erinnerung sind leckere Rouladen aus Pferdefleisch, aber auch die einmal wöchentlich lange Menschenschlange vor der Freibank Verkaufsstelle. Öfter stand auch ein junger Mann in der Schlange. Er hieß Günter und war ein Mensch mit Lernbehinderung, aber schon mehr in Richtung geistig behindert. Günter erzählte den Jungens immer von seinen fantasievollen sexuellen Erlebnissen und was er diesbezüglich alles mit den Mädels angestellt hat. Neugierig, aber unwissend, stellten sich die Jungen im Kreis um Günter und separierten ihn aus der Menschenansammlung. Gespürt hat sicher jeder, auch Steffen, dass das etwas war, was die anderen Erwachsenen nicht hören sollten. Die Jungens spitzten die Ohren und beim nächsten Mal hieß es wieder, Günter erzähle einmal. Bald stand Günter nicht mehr nach Freibankfleisch an, jemand hatte sicher die kinder- und jugendgefährdenden Gespräche unterbunden. Nicht unterbinden konnte man die allgegenwärtigen, pubertär bedingten, mit normaler Schulkreide an Hauswänden und auf Straßenpflaster gezeichneten Rhombussymbole. Diese Vorläufer von Graffiti sollten die Vagina darstellen. Der Regen oder die Feuchtigkeit löschte schnell die Krakeleien, die Jahre später automatisch aus dem Straßenbild verschwanden.

Zwischenzeitlich wurde in der DDR die Handelsorganisation HO gegründet. Wer ausreichend Geld hatte, konnte dort verschiedene Lebensmittel für einen Mehrpreis auch frei, ohne Lebensmittelmarken abzugeben, einkaufen. Steffens Eltern haben niemals dort gekauft. Die Kinder haben damals im sächsischen Dialekt gesungen: *„Tschia, tschia, tschia tscho, Käse gibt es im HO, lange, lange muss mo stehn, aber Käse, Käse, Käse griechd mo geehn, denn e halbes Pfund grischd Grothewohl (war Ministerpräsident), e fertel Pfund grischd Pieck (war erster Präsident der DDR) und was davon noch übrig bleibt, ist für die Republik.“*

Als Ergänzung kam später hinzu: *"Denn Spitzbart (Ulbricht als Staatschef), Bauch (Pieck) und Brille (Grothewohl)sind nicht des Volkes Wille".*

Es gab in diesen Jahren noch viele Tante- Emma- Läden und die ersten Supermärkte wurden erst Jahre später in den USA eröffnet. Warum die Familie fast alle Waren im Konsum kaufte, hatte einen ganz praktisch finanziellen Grund. Für jeden Einkauf gab es im äquivalenten Wert Konsummarken mit Aufdrucken von 1,-Mark grün, 5,-blau, 10,-grau und 50,-rot, wenn die Erinnerung nicht täuscht. Diese Marken wurden fein säuberlich in entsprechende Sammelhefte geklebt. Im November jeden Jahres wurde bei Rückgabe dieser Sammelhefte die „Konsumvergütung" fällig. Mutter sprach immer vom Weihnachtsstollenbackgeld. Es war Geld im Bereich von 90-110 Mark der DDR. Es lohnt sich sicher, den Aufwand und den Kult um das damalige Stollenbacken einmal zu beschreiben.

Die Zutaten für die Stollenbäckerei, wie Schmelzbutter, Rosinen, Rum, bittere und süße Mandeln, Zitronat u. a. zu bekommen war sehr aufwendig, vor allem wenn man keine „Westpakete" *(aus der Bundesrepublik)* bekam. Anfang oder Mitte Dezember war es dann soweit. Im Berliner Ofen *(sehr hoch, bestehend aus Schamottesteinen und gebrannten Kachelfliesen)* im Wohnzimmer wurde kräftig, schon in der Nacht eingeheizt. In einer großen Schüssel, die neben dem Ofen stand, wurde das Hefestück, analog einem Hefeteigkuchen, angesetzt. Später, nachdem das Hefestück „aufgegangen" war, wurden die anderen Zutaten hinzugegeben. Vater knetete, nur mit einem Unterhemd und Sporthose bekleidet, die über 20 kg schwere, feuchte Teigmasse. Ein Handtuch um seinen Hals verhinderte, dass Schweißperlen in den Teig tropften. In einer großen Schüssel wurde dann die Teigmasse zum Bäcker Perduß über den Hof in die Backstube getragen. Der Bäcker portionierte und formte dann meist 8 Stollen a 4 Pfund *(Gewicht nach dem Backen)*, steckte ein mitgebrachtes Kennzeichen des Eigentümers ein und schob sie in den Ofen. Meist blieb etwas Teig übrig und dieser wurde in eine kleine Backform gegeben. Nach noch nicht vollständiger Abkühlung wurden die Stollen stolz nach Hause getragen und mit warmer flüssiger Butter überpinselt. Für ein 4 Pfund Stollen reichte ein halbes Stück Butter. Schnell wurde jeder Stollen noch mit Puderzucker, mittels eines Feinsiebes, bestäubt. So konnte ein Teil des Zuckers von der Butter noch aufgesogen werden. Die Stollen wurden dann in spezielle Tüten verpackt, nochmals in Papier eingeschlagen und dann in einer abgedeckten Holzwanne, im etwas feuchten Keller gelagert. Über Wochen und Monate gelagert, „zieht der Stollen durch" und schmeckt immer besser. Leider wurde der erste Stollen erst am Heiligen Abend angeschnitten, ein in vielen Familien gepflegtes Ritual. Steffen getraute sich nicht die Empfehlung eines älteren netten Herrn im

Haus in die Tat umzusetzen und aus dem Stollen in der Mitte ein Stück heraus zu schneiden, und das Backwerk wieder zusammen zu schieben. Die Angst erwischt zu werden, war viel zu groß. Kontrollgänge in den Keller, dass nicht Mäuse oder Ratten die Backware erschnuppern und die Holzwanne annagen, ergaben nie Negativmeldungen.

Der Gang in den Keller, von der ersten Etage der Wohnung erfolgte täglich mehrmals und Steffen fiel jedes Mal der Vers ein: „ *im Keller ist`s finster, warum muss es finster sein, da scheint weder Sonne noch Mond herein.* " Im Keller standen auch aufgereiht die Gläser mit von der Mutter eingekochtem Obst und Gemüse. Vater brachte kontinuierlich aus dem Garten oder vom angemieteten Grabeland *(kleine Beete)* die reife Ware mit.

Als Steffen 11 Jahre alt war, ging Mutter wieder zur Arbeit und das im 3-Schichtsystem. Trotzdem schaffte sie neben der normalen Hausarbeit, des noch zu beschreibenden Prozedere der Großen Wäsche, dem täglichen Kochen, auch noch den Jahresvorrat in Rillengläsern im großen Eiweckapparat einzukochen. Birnen, Äpfel, Pflaumen, Kirschen, Erbsen, Bohnen, Möhren und anderes waren mit einer Jahreszahl gekennzeichnet. Steffen war aus Angst niemals der Verlockung erlegen, einmal heimlich ein Glas mit den leckeren Birnen zu öffnen. Der nach dem Krieg einige Jahre produzierte Rübensirup wurde noch nach Jahrzehnten verspeist. Auf dem Küchenbuffet und manchmal noch auf einem Hocker war ständig der vom Vater angesetzte Obstwein in 5 und 10 Liter Weinballons aus Glas präsent. Ständig drückten die beim Gärprozess entstehenden Gase durch die mit Wasser gefüllten, ähnlich einem Notenschlüssel, geformten Glasröhrchen. Es klang wie das Auftreffen großer Wassertropfen. Vater legte Wert darauf, dass der Wein vor dem Verzehr goldgelb oder purpurrot völlig ausgegoren in Flaschen gefüllt wurde. Diese eigentliche Normalität, war aber trotzdem zum Thema geworden. Es war, weil Steffens Lieblingsonkel bei jedem Zwischenumfüllschritt *(Weinabziehen genannt)* seines Weines, doch nicht von seinem Halbgegorenem ablassen konnte. Der Onkel war danach natürlich schnell beschwipst. Seine Weinballons wurden beim monatelangen Gärprozess immer leerer. Für Vater ein Unding, dass jemand sich nicht beherrschen kann. Er konnte sich trefflich darüber aufregen. Der Onkel war aber glücklich. Seelig waren auch zwei Onkel, ein weiterer Herr und Vater nachdem sie beim Lieblingsonkel 13 Flaschen des Hausweines gelehrt hatten. Auf der Heimfahrt mit der Straßenbahn zeigte sich Vater den Söhnen auf eine bis dahin nicht gekannte amüsante Art. Für die Kinder war dieser Wein natürlich nicht gedacht, da die alkoholische Wirkung schon nach einem Glas deutlich spürbar war. Stolz war Vater immer auf seinen Hagebuttenwein, der wie Speiseöl aus der Flasche und in die Kehlen floss. Die Brüder mussten im Herbst die Hagebutten (*rote Frucht der Wildrose*) mit sammeln gehen.

Der Onkel hatte als Offizier im Russlandfeldzug ein Bein verloren. Er hat Steffen, bemerkenswert, bis damals als einziger, schonungslos auch von Plünderungen, Brandschatzungen deutscher Soldaten und anderen Ereignissen im Krieg erzählt.

Reste in den Töpfen und schnell verderbliche Waren wurden immer in den Keller zur Kühlung geschafft. Elektrische Haushaltkühlschränke gab es noch nicht. Einige Familien hatten Eisschränke, die die Waren frisch hielten. Diese bestanden aus einem Holzschrank mit blechernem Innenbehälter, unterteilt in oberes einseitiges Eisfach und unteres größeres Aufbewahrungsfach. Wöchentlich einmal kam der Eismann mit seinem Pferdefuhrwerk, später mit dem Lastauto zu den Kunden. Mit einem auf- und abschwellendem Trillerpfeifensignal kündete er lautstark zusätzlich mit dem Ruf, der Eismann ist da, seine Anwesenheit an. Auf der geschlossenen Ladefläche lag ein Stapel von einige Meter langen vierkantigen glasklaren Eisblöcken, vielleicht 20x20 cm stark. Mit einem Eispickel schlug er die gewünschten Längen von der Eisstange ab und trug sie in den Eisschrank der Käufer. Bekleidet war der Eismann mit einem blaugestreiften Hemd und einer dicken Lederschürze. Die wöchentliche Lieferung des Eises kostete 30 Pfennige. Nachdem die ersten elektrischen Kühlschränke im DDR-Handel erhältlich waren, hatte Steffens Familie auch eine solche Haushalthilfe. Er kann sich nicht erinnern, ob die Bezeichnung „Kristall 63" sich auf das erste Herstellungsjahr oder den Rauminhalt des Gerätes bezog.

Jedes Wochenende bereitete Mutter einen Blechkuchen. Das Backblech mit dem fertig präparierten Kuchen wurde zum Bäcker geschafft und dort für 30 Pfennige gebacken. An der Hauswand der Bäckerei gab es klappbare Regalstäbe worauf der Bäcker täglich seine Kuchen und die Kuchen der Kunden kühlte. Die Kinder schauten öfter durch die Tür zur Backstube und fragten nach Kuchenrändern. Der Hunger war in vielen Familien noch gegenwärtig. Diese Probleme hatten vor allem Mütter mit Kindern, deren Väter nicht aus dem Krieg zurückkehrten. Obwohl die duftenden Kuchenstapel frei zugänglich waren, gab es niemals einen Diebstahl dieser Leckereien. Bei der Rückgabe des gebackenen Kuchens, stand auf dem Nummernschild der Text, „Bäckst du deinen Kuchen hier, kaufe auch dein Brot bei mir". Mutter blieb aber bei ihrer Meinung, dass das Konsumbrot besser schmeckt und es gab ja auch die Umsatzmarken. Tatsächlich war es auch so, dass das 1,5 kg

Misch- Konsumbrot bis zum Ende der DDR 78 Pfennige kostete und nicht so schnell den Begriff „altbacken" erfüllte. Kuchen wurde nicht beim Bäcker gekauft, die Familie hatte ja später den eigenen Backofen oder die runde elektrische Backform wurde genutzt. Die Brötchen vom Bäcker schmeckten und kosteten bis zum Ende der DDR 5 Pfennige das Stück. Vom Balkon der Wohnung konnte man den Eingang zur Backstube sehen. Steffen bewunderte immer den kleinen untersetzten Bäckermeister, wenn er, die sicher über einen Zentner schweren Mehlsäcke von der Straße durch das große Hoftor in die Bäckerei schleppte. Später übernahm der Bäckerssohn Lothar diesen Transport.

Steffens Eltern kauften einen der ersten im Angebot erhältlichen, über 100 kg schweren Gasherde mit eingebauter Backröhre. Das große Gewicht addierte sich aus der dreiflammigen Kochstelle, der metallischen Backröhre und den aus massiven keramischen Ofenkacheln bestehenden Seitenwänden und Füßen.

Der ältere Sohn der Bäckersfamilie war ein begeisterter und bekannter Motorradrennfahrer. Er fuhr als sogenannter Schmiermaxe im Seitenwagen der Rennmaschine. Wenn wieder einmal Renntag am Stadtkurs „Scheibenholz" war und 100000 Menschen mit Hockern und Leitern an die Rennstrecke zogen, kam Tage zuvor auch der Rennpartner von Edgar, Herr Stachel aus dem Westen mit seiner BMW- Seitenwagenmaschine. Die Rennmaschine war auf einem offenen PKW- Anhänger verladen. Vor der Garage der Bäckerei wurde dann stundenlang an den Maschinen gewerkelt und die Jungen standen, natürlich im gebührend, nicht störenden Abstand herum. Hauptattraktion war, wenn die Maschine auf der Straße kurz Probe fuhr. Steffen mit seinem Hüftapparat ist nur einmal zur 3 Km entfernten Rennstrecke gelaufen. Die Erkenntnis war, dass er kaum etwas durch die Menschenketten sah und er sich trotz seines „Humpelbeins" auch nicht vordrängen konnte.

Nach dem Krieg und auch mit der Erkenntnis zu Steffens Heilungsprozess, dass fettiges Essen wichtig ist, bereitete Mutter immer sogenanntes gehaltvolles Essen. Margarine auf das Brot gab es in der Familie nie. Es war auch verpönt, außerhalb der Mahlzeiten zu essen. Andere Kinder liefen schnell einmal vom Hof in die Wohnung und holten sich eine Bemme (*sächsische Mundart für Brotscheibe*).

Manche riefen auch ihre Mutter oder Oma ans Fenster und sagten, „schmeiß mir mal bitte eine Butter- Zucker- Bemme in der Tüte runter". Steffen fühlte schon damals, dass ihm solch oder ähnlich lockereres Verhalten in der Familie fehlte. Er war nicht mäkelig, wenn es um das Essen ging.

46

Bei mariniertem Hering mit Kartoffeln, musste er mit sich kämpfen, um der Doktrin, alles was auf den Tisch kommt wird gegessen, gerecht zu werden. Einzig bei kochfertiger Erbsenwurstsuppe, ein Tütengericht, konnte er auch diese Vorgabe nicht erfüllen. Noch vor Jahren in der Humanitasklinik, hatte, sicher gut gemeint, die Volkssolidarität ein Sonderessen, eine Bockwurst in Erbsenwurstsuppe, ausgegeben. Die Bockwurst, mit großen Senfkörnern darin, schaffte Steffen noch, aber nach einem Löffel dieser Suppe quoll die Sache über. 25 Jahre später, eine Gaststätte lieferte an einem Montag aus Kapazitätsgründen eine solche kochfertige Suppe in den Betrieb. Schon eine Etage vor dem Speiseraum drehte sich Steffen, vom Geruch angewidert, um 180 Grad weg.

Besser war da schon das Ritual mit der Weihnachtsgans. Jedes Jahr wurde darauf geachtet, dass es eine stattliche Gans von mindestens 6-7 kg war. Es gab natürlich damals nur frische Gänse mit Hals und Kopf und allen Innereien. Mutter nahm das Tier aus, immer mit dem Kommentar, dass die Galle nicht beschädigt werden darf. Vom mehrere Meter langen Darm des Tieres wurden fein säuberlich die Fettreste abgeschabt. Hervorragend waren der Eintopf, selbstgemachte Nudeln mit Gänseklein, die Geflügelleberknödelsuppe und dann an zwei Weihnachtsfeiertagen der Gänsebraten mit Thüringer Klößen. Ins Jugendalter kommend, lagen dann Bruder und Steffen mit angezogenen Beinen rücklings auf dem Sofa oder Fußboden, weil sie sich „überfressen" hatten. Der Fleisch- und Soßenrest wurde am nächsten Tag zur Kohlrübensuppe verarbeitet. Essen hatte damals in den Familien einen großen Stellenwert. Argwöhnisch schaute Steffen, wenn er als Jüngster das kleinste Schnitzel oder die kleinste Roulade erhielt. Er hätte sich aber niemals gewagt, einen Kommentar dazu abzugeben.

Auch einmal Eis essen zum Preis für einen Groschen gab es nicht. Vater ließ immer durchblicken, dass dies „Geldschneiderei", also nicht notwendig war.

Das liebe Geld, und die Diskussion um das sogenannte Kostgeld war immer ein unangenehmes Thema. Vater gab Mutter jede Woche 50,-Mark Kostgeld und das sollte reichen. Mutter schimpfte immer, dass sie damit nicht auskommt und von ihrem verdienten Geld „zuschustern" (zuzahlen) muss.

Eines Tages lagen wieder 50,- Mark Kostgeld auf dem Küchenbuffet. Mutter hatte Frühschicht und auch Vater war schon zur Arbeit gefahren. Steffen spielte gegenüber seinem Bruder einen reichen Mann und steckte das Geld lose in seine Trainingshosentasche. Leichtsinnig vergaß er, durch etwas abgelenkt, das Geld wieder auf den Schrank zu legen. Noch in der Schule, tauchte Mutter und Bruder plötzlich auf. Ein Glück, das Geld war noch in der Hosentasche. Das Unglück kam am Abend. Steffen saß mit der Mandola (*große Bassmandoline*) am Küchentisch beim Üben. Er merkte, dass Vater vor Wut zuschlagen wollte und dachte daran, das wertvolle Instrument fallen zu lassen, um die Schutzhände gegen den Schlag nach oben zu bringen. Vater musste wohl Gedanken gelesen haben und sagte, wehe, wenn du das Ding fallen lässt und schlug ins Gesicht. Der mindestens einwöchige Stubenarrest war zu solchen Anlässen obligatorisch.

Außer in den ersten Nachkriegsjahren gab es in der Familie keinen Hunger trotz „Kampf" um das tägliche Brot, um alles wirklich zur Verfügung zu haben. Nach seiner Entlassung aus dem Humanitas- Heim musste Steffen und sein Bruder nicht mehr hungern. Gegessen wurden fast täglich Gerichte mit Kartoffeln. Der bescheidene Anteil von Obst und Gemüse wurde von der Ernte im Schrebergarten und der Beete vom Grabeland ergänzt. Es gab sehr oft Gemüseeintopf. Für die Brühe wurden sogenannten Markknochen ausgekocht. Sogar das Knochenmark wurde von Mutter herausgekratzt. In der Küche roch es entsprechend deftig unangenehm nach den sächsisch sprichwörtlichen „Marxknochen", wie man es einfacherweise nannte. Die Gerichte waren echt lecker. Selten wurden Makkaroni oder Nudeln gegessen. Reis gab es nur als Eintopf, den Steffen lieber ausgelassen hätte. Dicker Reis gemischt mit Gemüse oder getrennt von Fleisch und Gemüse, wie heute oft üblich, war nicht im Speisenangebot. Abends gab es oft Brotschnitten. In den meisten Familien „zugeklappt", also als Doppelschnitte. In Steffens Familie immer einzeln mit Butter und Wurst oder Käse, oder Tomate mit Zwiebel oder Gurke. Fettschnitte mit sauren Gurken, natürlich von Mutter selbst eingelegt, waren bei den Jungs sehr beliebt. Mutter war der Meinung, dass eine warme Mahlzeit, also auch am Abend, billiger ist als belegte Brote. Außer Suppentütenportionen gab es zu dieser Zeit ohnedies keine vorgefertigten Schnellgerichte.

In vielen Familien, so auch in der von Steffen, wurden die Teller fast immer abgeleckt, um auch den letzten Rest noch in den Magen zu bekommen. Diese „Anstandslosigkeit" verlor sich aber Ende der 50-iger Jahre.

Einmal jährlich fand die Aktion" Einkellerungskartoffeln" statt. Glaubte Vater und Mutter die richtige Qualität im Konsum erblickt zu haben, wurden sofort 12 Zentner gekauft. Ein festgewebter Leinensack fasste 1 Zentner (*50kg*). Nach dem Handwagentransport von jeweils 4 Zentner wurden diese auf das Hofpflaster unter den Balkon geschüttet. Balkone gab es in diesem

Wohnhaus erst ab der ersten Etage und so konnten die Kartoffeln vor Regen geschützt noch viel Oberflächen-Feuchtigkeit verlieren. Alle Familien kellerten damals als Wintervorrat Kartoffeln ein. Nur mit 12 Zentnern war Steffens Familie der absolute Spitzenreiter. Familien vergleichbarer Größe kauften höchstens 6 Zentner. Jede Kartoffel wurde in die Hand genommen. Angefaulte Kartoffeln, die noch verwertbar waren, wurden alsbald verbraucht. „Angehackte" Erdäpfel, also bei der Ernte beschädigte, wurden separat in eine Kiste gepackt. Eimerweise wurden die Kartoffeln in den Keller getragen und in einer Kartoffelhorde gelagert. Die Kartoffelhorde war eine aus Latten bestehende große Kiste, die konstruktiv aufgestockt werden konnte. Vorn unten war ein Schlitz, ähnlich einer Stallfutterrinne in die die Kartoffeln nachrutschten. Als Steffen 12 Jahre war, wurde erstmalig zwischen die Kartoffeln Keimstopppulver gestreut, um eine längere Haltbarkeit zu erzielen. Trotzdem wurden im Frühjahr des Folgejahres nochmals alle Kartoffeln nachgelesen (*überprüft*). Die Kartoffeln reichten meist vom Oktober bis Juli.

Jeden Tag wurde eine warme Mahlzeit bereitet und fast immer waren in irgendeiner Form Kartoffeln dabei. Steffens Lieblingsessen waren und sind Kartoffelpuffer. Er musste auch fast täglich Kartoffeln schälen. Einmal hat er in der Schule bei einem Spielewettbewerb das Preiskartoffelschälen gewonnen und Süßigkeiten dafür erhalten. Wichtig war für Mutter, dass die Schalen dünn waren, also nicht so viel Fruchtfleisch verloren ging. Sparen mit jedem Gramm war also angesagt.

Ein weiterer ganz wichtiger Tag war, wenn Kohlen angeliefert wurden oder geliefert werden sollten. In manchen Familien musste dazu ein Erwachsener einen Tag von den nur 12 möglichen Tagen Urlaub nehmen. Den vereinbarten Termin konnte der Kohlenmann oft nicht einhalten, da er zu wenig Kohle vorrätig hatte. Da Mutter in 3 Schichten arbeitete, war zwar der Ärger auch nach dem vergeblichen Warten da, aber der Tag nicht ganz für umsonst und nicht als Urlaubstag geopfert. Die Braunkohlenbriketts wurden von einem Kohlenmann mit einer Kohlengabel in eine Blechschütte, die am Haken einer Gewichtsbalkenwaage hing geschaufelt. Alles lag oder stand auf der Pferdefuhrwerks- oder Lkw-Plattform oder dem Hänger. Senkte sich die Messzunge der Waage war ein Zentner erreicht. Schnell nahm der Kohlenmann 2 oder 3 Brikett zurück und schüttete die Kohlen in eine Kiepe auf den Rücken eines anderen Mannes. Dieser trug die Last in den Keller oder schüttete sie durch eine Rutsche durch das Kellerfenster. Zwei oder drei Briketts je Zentner gespart, brachte dem Kohlenmann einen satten Zugewinn. Für Steffens Familie wurden die Kohlen vor das Kellerfenster unter den Balkon geschüttet. Die Jungen reichten dem Vater die Kohlen durch das Fenster und er stapelte sie, um Platz zu sparen. Die gebrochenen Briketts trug man in Eimern in den Keller. Manchmal waren die Kohlen zentnerweise in Säcken vor der Lieferung abgepackt. Vater und Mutter wussten wieviel Stück Brikett durchschnittlich zu einem Zentner gehörten. Meist fehlten bei den Stichproben 3 Briketts. Dies war natürlich im Nachhinein juristisch nicht verwertbar und man wollte sich mit dem Kohlenmann nicht anlegen, um für die nächste Lieferung nicht negativ vorgemerkt zu werden. Zunächst wurden die Kohlen entsprechend der Kohlenmarken, die jeder Bürger zugeteilt bekommen hatte, ausgeliefert. Später konnten man noch frei Kohlen dazu kaufen. Da Vater bei den Energiebetrieben der Stadt arbeitete, hatte er Anspruch auf ein Zusatzdeputat preiswertere Brikettkohle.

Familienleben und Wandel des Behindertenstatus

In kurzer Zeit nach seiner Entlassung aus dem Krankenhaus musste sich Steffen nicht nur zum zweiten Mal auf neue Klassenkameraden und Lehrer einstellen. Auch im privaten Umfeld wurde er als „Exot" mit seiner schweren Beinschiene von den anderen wahrgenommen.

Das Haus, in dem die Familie wohnte, hatte mit weiteren 14 Mietshäusern einen gemeinsamen sehr großen Hof. Diese Häuser mit je 4 Etagen waren in einem Straßenviereck angeordnet und hatten je Etage meist 2, manche auch 3 Wohnungen. In den Wohnungen lebten auch sehr viele Kinder, die vor oder während des Krieges geboren wurden. Zwei Häuser waren Trümmerruinen, bei denen die gesamte Trümmerlast auf dem stabilen, „begehbaren" Kellergeschoß lag. Der Zugang zu diesen Kellern war nur durch die Öffnungen der Kellerfenster möglich. Was konnte man dort alles entdecken. Ein alter Kanonenofen funktionierte noch. Ein Rest Kohlen war auch noch vorhanden und alte Töpfe, Geschirr und sonstige Haushaltgegenstände lagerten in Regalen. Eine weitere Ruine war ausgebrannt. Das Dachgeschoss fehlte, aber man konnte noch mit etwas Geschick bis zur 4 Etage gelangen. Im weiteren Umfeld gab es noch viele weitere Trümmergrundstücke. Im Hof war ein großer Wäschetrockenplatz, ein Spielplatz mit Sandkasten und es standen 4 Bänke ohne Lehne. Ein satter Lindenbaumbestand und Wiesen gaben dem Ganzen einen parkähnlichen Charakter. Vor den Hofeingängen der Häuser war der breite Weg und kleinere Plätze durchgängig mit gelben Ziegelsteinen gepflastert. In den Bereichen der Ecken des Hofes stand je eine Klopfstange und die Aschekübel. Die Aschegruben waren schon bald verfüllt und eingeebnet. Dafür gab es eine größere Anzahl der verzinkten Aschkübel und der Service für eine regelmäßige Entsorgung hatte sich auch stark verbessert. Der Hof hatte zwei große Tore, die direkt den Zugang zur Straße zuließen.

Herr Geuthen, der sehr fleißige Hausmeister, war für die Ordnung und Sauberkeit des Hofes und der straßenseitigen Gehwege verantwortlich. Sein Verantwortungsbereich umfasste noch einen weiteren gleichartigen Wohnblock. Jede Woche einmal wurde von ihm der gepflasterte Bereich der Höfe und alle Gehwege vor den Häusern zur Straßenseite, also mehrere hundert Meter gekehrt. Abends 20 Uhr verschloss er alle Haustüren, die zum Hof führten, und die Hoftore. Sonntags zog er 13 Uhr mit seinem großen Schlüsselbund die Straße entlang und verschloss die Haustüren. Ordnung und Stille mussten sonntags sein. Er war auch sehr kinderfreundlich. Trotz akuter Materialprobleme organisierte er Stahlträger, Rohr und Zement und baute den Kindern ein Reck. Leider war die Hausmeisterfamilie eines Tages nicht mehr da. Wie andere Familien auch, ging die Reise gen West. Wie es im Volksmund hieß, abgehauen. Solch Fleiß und Ordnung haben die Bewohner nicht wieder erlebt.

Das Umfeld war für die Kinder mehr als ideal. Die meisten Kinder waren „Hofkinder", die nach der Schule und sonstigen Pflichten an die frische Luft wollten. Das Nahziel war Ranzen in die Ecke und runter oder raus. Runter war es für die, die ab 1.Etage aufwärts wohnten, raus galt für im Parterre wohnende. Es gab auch Kinder, die sich nur gelegentlich der Mehrheit anschlossen, aber auch sehr wenige, die man nie auf dem Hof sah. Manchmal waren bis zu 30 Kinder auf den Hof und sammelten sich in der sonnigsten Ecke. Die Ersten saßen auf der Klopfstange und warteten auf die anderen bis ausreichend Kinder da waren und die Spiele begannen. Die Mädchen sangen damals noch und tanzten oder machten andere Kreisspiele oder „Himmelhuppe". Zwei Jungen saßen die Beine gespreizt sich gegenüber auf den Bänken, zwei andere an der Seite auf Ziegelsteinen, die es ja ausreichend gab. Dann wurde meist mit den Karten Doppelkopf oder 66 gespielt. Gemeinsame Spiele waren Verfolgung, Verbannung, Ballvertreiben, Murmeln u.a. Rollerrennen gab es zunächst nur mit Holzrollern. Luftroller kamen erst später. Wer einen Luftroller besaß, der aus einen Stahlrahmen und kugelgelagerten, luftbereiften Rädern bestand, war ein sehr begehrter Partner. Alle wollten einmal mit dem Luftroller statt mit dem Holzroller fahren. Fußball wurde auf der Straße gespielt, denn Probleme mit dem kaum vorhandenen Verkehr gab es nicht. Ein Ballspiel war „Rausschmeißer". Eine hohe dichte Bretterwand, die im Abstand von 2,5 m von Betonpfosten gehalten wurde, diente als nebeneinanderliegende Fußballtore. In jedem Tor stand ein Junge und es gab einen Schützen. Raus war der, der den Ball nicht abgewehrt hat. Der zuletzt Rausgeworfene war neuer Schütze. Fußballspiele gab es doch relativ selten, da kaum jemand einmal einen so großen Ball mitbrachte. Nur einmal gab es einen richtigen Lederfußball. Die sonst vorhandenen Bälle waren aus Igelit, einem Lederersatz aus Weich PVC. Igelit war ein in der DDR angemeldeter Handelsname. Die Anfangsbuchstaben I und G stehen für IG Farben, einem Chemiekonzern, den es unter diesen Namen nicht mehr gab. Daraus wurden nach dem Krieg viele Artikel, vor allem massenhaft Schuhe gefertigt, in denen im Sommer die Füße „schwammen" und im Winter vor Kälte erstarrten. Die Bälle erfüllten ihren Zweck seltener als einen Tag, dann war ein Riss oder Loch darin und die Luft raus. Alle freuten sich, wenn jemand eine „Bille" (*nutzbarer Ball*) mitbrachte. Er musste dann diese Bille als „Nille" (*defekter Ball*) mit traurigem Gesicht entsorgen. Im Winter wurde manchmal Hockey mit Spazierstöcken und einem kleinen Ball auf dem Trockenplatz gespielt. Die „Schläger" trafen nicht nur den Ball, sondern sehr oft die Stahlrohrstützen. Der Lärm der Kinder, der täglich allgegenwärtig war, störte nur selten die Erwachsenen. Aber zusätzlich der helle, laute Klang der Stockschläge auf Metall führte doch zu mehr Beschwerden.

Die älteren Jungen hatten, einem Modetrend entsprechend, Kämme mit langem Stil in ihren Gesäßtaschen und kämmten sich sehr oft, ob im Sitzen oder beim Laufen, die Haare. Die „alten Damen" mokierten sich, die heutige Jugend, haben die nichts weiter zu tun, als sich durch die Haare "zu fahren". Alt und Jung hatten also damals schon ihre Probleme. Die Modeerscheinung mit dem Stielkamm endete mit der Änderung der Haarschnitte. Die am Hinterkopf exakt beidseitig zur Mitte gekämmten Haare, der sogenannten Ente, wurden zum Auslaufmodell.

Auf dem Platz vor dem am Wochenende geschlossenen Tor des Zulieferbereiches zum Schlachthof wurde oft mit Kreide ein kleines Tennisfeld gezeichnet. Nach den Regeln von Tennis auf den Großfeldern spielten die Jungen Handtennis mit einem normalen Tennisball. Solche Felder gab es auch zu dieser Zeit auch auf glatten Betonflächen in Freibädern.

Einen großen Teil ihrer Spielzeit verbrachten die Jungen erlebnisreich in den Trümmern. Man war nicht mehr im Blickfeld der Erwachsenen. Diese hatten sich daran gewöhnt, dass ihre Kinder irgendwo im Gelände waren. Sicher war es auch etwas gefährlich dort zu spielen. Es ist aber über die vielen Jahre nur ein Junge in Steffens Wohnbereich verunfallt, als er vom 2 Stock durch eine Decke gebrochen ist und sich schwer verletzte. Jedes Trümmergrundstück hatte einen Namen oder eine Nummer, zur Verständigung wo man sich trifft. Die Trümmergrundstücke hatten bizarre Formen. An einem Haus standen nur noch die rückwärtigen Außenwände und teilweise noch die Zwischenwände. Eine Zwischenwand, man sah noch einige Zimmertürdurchbrüche, hatte unten eine Breite von vielleicht 1m, reichte nach oben bis zum 4. Stock und wurde immer breiter. Die Meute der Jungen kratzte unten eine Schicht Ziegelsteine heraus. Von den letzten zwei Ziegelsteinen wurde vorsichtig ein Großteil des Mörtels aus den Fugen entfernt. Danach schleuderten die „jungen Baumeister" aus respektabler Entfernung große Ziegelsteine gegen die zwei verbliebenen. Sieger war, wer den letzten Stein herauswarf und die Mauer und einen Teil der tragenden Wand zum Einsturz brachte. Ohrenbetäubender Lärm und eine riesige Staubwolke veranlassten die Akteure zur schnellen Flucht, bevor es zum Anwohnerauflauf kam. Gut, dass keine Trümmer auf die Straße gefallen waren, sondern nur auf den ohnedies schon vorhandenen Trümmerberg.

Steffen hat in Erinnerung, dass er mit 14 Jahren in einem Trümmerkeller seinen ersten Versuch startete, eine Zigarette zu rauchen. Es war eine von der Marke „Muck" und war kürzer als Standardzigaretten. Sie kostete 6 Pfennige. Die gängigsten Zigarettensorten waren Turf, Karo und Casino. 8 oder 10 Pfennig kostete das Stück aus den grün weißen, grauen und rot weißen aus dünner Pappe bestehenden „Geschenkpackungen", wie sie im Volksmund genannt wurden. 100 leere Schachteln, die Steffen aus Papierkörben sammelte, schickte er an die Herstellerfirma und erhielt dafür einen Satz, 100 schwarz weiße Olympiabilder. Filterzigaretten waren später im Angebot und auch schon damals teuer. Das Versteck im Keller eines Trümmergrundstückes war ein sicherer Ort, nicht von den Erwachsenen beim Rauchen entdeckt zu werden. Ein beliebter „Schabernack" war auch, ein altes Portemonnaie an einer kaum sichtbaren Anglerschnur zu befestigen und auf den Fußweg zu legen. Die Schnur führte in den Trümmerkeller. Wenn sich dann ein Bürger nach der Geldbörse bückte, zogen es die Jungen blitzartig weg und freuten sich über das Schimpfen des Passanten. Die Späße hatten dann ein Ende, als ein Mann erst auf das Portemonnaie trat bevor er sich bückte und die Schnur riss und der Herr höhnisch lachte.

Von 1946, also nur 1 Jahr nach Kriegsende wurde mit der Enttrümmerung der Innenstadt begonnen. In den angrenzenden Straßen wurden Schienen verlegt und kleine Dampflokomotiven zogen die Kipploren, auf die der Trümmerschutt mit kleinen Baggern oder von Hand auf Schaufeln gegeben wurde, zu den Schuttbergen der Stadt. Trümmerfrauen entfernten von einem Großteil der Ziegelsteine den Putz und Verbindungsmörtel. Die Steine wurden zur weiteren Bauverwendung gestapelt. In Massen wurde der Trümmerschutt zu den darauf zu errichtenden Zuschauertraversen des 103000 Menschen fassenden Zentralstadions gebracht. Ein anderer Berg entstand, der noch heute ein Aussichtspunkt über die Stadt ist. Das Netz der Trümmerbahnen wurde ständig erweitert und reichte auch bald in die Nähe der für Steffen und Kameraden zum Spielen so interessanten Bauwerksruinen. Nur gut, dass 1955 in diesem unmittelbaren Bereich keine weitere Verlegung von Trümmerbahnschienen erfolgte und es diese Ruinen noch weitere Jahre gab.

Auf dem Schulweg gab es aber ein Schienennetz mit Weichen und Pufferstrecken in Nähe der großen roten Kirchenruine „St. Andreas". Außerhalb der Bahnbetriebszeiten wurden von den Jungen ausgiebig die Möglichkeit genutzt, „Lore zu fahren". Eine ganz leichte Neigung des Straßenverlaufs reichte aus, um die in Bereitschaft geschobene Lore in Schwung zu bringen, aufzuspringen und den Absprung, kurz vor dem Aufprall auf stehende Kipploren zu vollziehen. Steffen fuhr nur einmal mit. Mit seiner Prothese am Bein stellte er sich auf eine Lore, ein Kamerad schob sie an und das Fahrvergnügen begann. Oh je, er konnte ja nicht abspringen. Der Aufprall war hefig und brachte blaue Flecke und vorübergehendes Bauchweh und den Entschluss zu keinen weiteren Experimenten. Im Keller der Kirchruine entdeckten die Buben noch einen Stahlhelm, aber keiner von Steffens Kumpeln traute sich ihn zu holen. In Kirchennähe gab es auch einmal einen schweren Verkehrsunfall zwischen einer Trümmerbahn und einen mit Werbeplakaten bestückten Straßenbahntriebwagen.

Jahre später wurden die Trümmer in Steffens Spielumfeld durch Bagger beräumt und mit LKW abtransportiert. Noch während des Krieges 1944 begann der Abtransport der Trümmer mit den Trümmerbahnen und dauerte fast 12 Jahre. Die Hälfte der über 50000 Gebäude von Steffens Heimatstadt waren stark beschädigt, die meisten aber total niedergebrannt. Die Schätzungen liegen zwischen 5 und 7 Millionen Kubikmeter Trümmerschutt, die beseitigt werden mussten. Die letzte echte Trümmerruine, hat Steffen noch in den 80-iger Jahren in einer Straße im zentrumsnahen Norden der Stadt gesehen. Auch seine Kinder berichteten, dass es für sie eine mystische Wohlfühloase war.

Steffen mit seinem „Humpelbein" konnte natürlich nicht so schnell einen Trümmerberg erklimmen oder durch ein Kellerfenster einsteigen. Er versuchte aber immer Anschluss zu halten. Auch an Spielen, bei denen gerannt werden musste, konnte er sich nicht beteiligen. Trotzdem hatte er nicht das Gefühl, bei seinen Hofkameraden ausgegrenzt zu werden.

Nur ein Beispiel gab es, was ihn beim Nachdenken darüber noch lange beschäftigte. Auf dem Schulweg traf er öfter auf einen vielleicht zwei Jahre jüngeren, flinken, blonden Jungen, der ihn ständig hänselte und mit Steinchen bewarf. Eines Tages bekam ihn Steffen zu fassen, drehte ihn die Arme nach hinten und stieß ihn wutentbrannt mit Wucht nach vorn zu Boden. Der Blonde bekam die Arme gerade noch nach vorn. Trotzdem waren Unterarme und die Nase stark lädiert. Steffen hatte dann vor ihm Ruhe, dachte aber, was hätte er ihn noch stärker verletzen können.

Der Bein- Hüftapparat musste auch hin und wieder zur Reparatur oder in der Länge angepasst werden. An diesen Tagen fiel zwar die Schule für Steffen aus, aber die Fahrt mit der Straßenbahn war doch recht angenehm. Unangenehm war das Wartezimmer, ein relativ großer Raum, in dem es nur runde Oberlichtfenster gab, die so hoch eingebaut waren, dass kein Blick nach außen möglich war. An den Wänden hingen große Schautafeln vom menschlichen Skelett, den Adern des Menschen, die Lymphsysteme und für Steffen furchterregend die tiefrote Ganzkörper- Muskeldarstellung mit dem fratzenhaften Gesicht. Auch heute gibt es noch solch interessantes Anschauungsmaterial in Krankenhäusern, Arzt- und Physiotherapiepraxen. Damals aber mit 9 und 10 Jahren allein, bis zu 6 Stunden in einem solch mystisch empfundenen Raum, war es wahrlich kein Kindervergnügen. Aber hart im Nehmen hat sich Steffen darüber nicht beklagt. Weiteres langes Warten erlebte Steffen, wenn er zur halbjährlichen Röntgendurchleuchtungskontrolle musste. Hier wurde mit einem Röntgengerät der Oberkörper, speziell die Lunge minutenlang bestrahlt. Damals natürlich ohne eine Strahlenschutzschürze am Unterleib. Der Doktor hatte eine Strahlenschutzschürze vom Kinn bis zu den Füßen und schaute durch eine Schutzscheibe. Diese Kontrollen waren noch ein „Nachschlag" zur Lungen-Tbc viele Jahre zurück lag.

Auch bei den Nachkontrollen im Krankenhaus wurde immer der gesamte Hüft- und Beckenbereich ohne Strahlenschutzmaßnahmen geröntgt. Wer glaubte damals schon an Strahlungsschäden bei den Patienten? So könnte Steffen sicher bis zu tausend Röntgenaufnahmen in seinem bisherigen Leben zählen. In den Ambulanzpraxen der Humanitasklinik waren für Nachuntersuchungen der Normalfall 5-6 Stunden Wartezeit und das anfänglich monatlich bis später halbjährlich.

Warten, warten, warten ist bei ihm noch heute auf dem Flughafen oder den Supermarkt an der Kasse emotional sehr negativ besetzt.

Zwei Jahre vergingen nach der Entlassung aus der Klinik, da wuchs die Vorfreude, endlich den Bein-Hüftapparat los zu werden und die Nachtfessel, das Gipsbett zu entsorgen. Aber so schnell ging das nicht. Begonnen wurde an 2 Tagen pro Woche, 5 Minuten in Begleitung der Mutter ohne Schiene zu laufen. Steffen hat seinen Spielkameraden vom ersten Versuch berichtet. Abends, es war schon fast dunkel, nahm Mutter ein Windlicht. Das Windlicht war ein brauner Emailteller mit Kerzenhalter und einem kleinen Ring für den Fingereingriff. Als Mutter und Sohn aus der Hoftür trat, stand schon eine Eskorte Kinder, um Steffen freudig auf den ersten 5 Minuten Hofmarsch zu begleiten. Exakt nach 5 Minuten war Schluss mit lustig und auch das folgende Trainingsprogramm über Monate wurde, dank der Korrektheit der Mutter, exakt eingehalten.

Bis dann der Tag kam, als Steffen nicht mehr für andere sichtbar behindert war.

Die Klassenkameraden wurden noch bis zum Abschluss der 8.Klasse daran erinnert, da Steffen nicht beim Sport mitmachen durfte. Ach die Hoffreunde vergaßen nicht so schnell, dass Steffen weiterhin gehandikapt war. Er war ja auch ohne den Apparat nicht so schnell.

Trotzdem, in der öffentlichen Wahrnehmung war Steffen oft der faule Dicke, der sich nur mehr bewegen müsste. Sicher, man kann auch von der Umwelt in der Regel nicht mehr erwarten. Ertragen musste es der jetzt unsichtbar Behinderte.

Nach der ersten Eingewöhnungszeit ohne die schwere Hüft-Beinprothese wurde den Eltern empfohlen, dass der Sohn viel schwimmen soll und auch mit dem Rad fahren sollte. Es wurde notwendig, Muskeln aufzubauen und die Beweglichkeit zu verbessern. Beide Bewegungsarten schonen hauptsächlich das Hüftgelenk. Die Eltern, der Vater selbst hat immer Sport getrieben, ließen bei einem Fahrradhändler zwei Räder, eins für Bruder Konrad und eins für Steffen bauen. Neue Fahrräder waren auch 10 Jahre nach Kriegsende nicht in den Geschäften erhältlich. Auf dem Rahmen und der Plakette am Rahmen stand das französische Wort Desir, was der Wunsch oder das Begehren bedeutet. Den Wunsch haben die Eltern damals für 240,-Mark dem Sohn erfüllt. Das Nettoeinkommen des Vaters lag zu dieser Zeit bei unter 400,-Mark, das der Mutter bei vielleicht 250,-Mark. Steffen musste als erstes mit Hilfe des Vaters und dann am Bordstein das Aufsteigen lernen. Dies war schon ein „Kraftakt". Vater hat dann den Sohn gehalten und ist mehrere Male kilometerweit hinterher gelaufen. Selbst das Radfahren lernen ist für einen Jungen, der sich über viele Jahre nicht ganzkörperlich bewegt hat, eine echte Herausforderung. In der 6. Klasse gab es einmal in der Woche Schwimmunterricht, also passend zur Arztvorgabe. Nur das Schwimmen lernen wollte nicht gelingen. Mutter meldete Steffen zum medizinischen Schwimmkurs im Stadtbad an und nach wenigen Wochen hat der Junge sein Freischwimmerzeugnis, 15 Minuten schwimmen ohne Halt, absolviert. Zwei Klassenkameraden beim Schulschwimmen mokierten sich darüber, dass so etwas bei Steffen nicht möglich sein kann. Er genoss seinen Erfolg und schwamm die Prüfung nochmals aus freien Willen ohne Probleme beim Schulschwimmen.

Ein großes Problem für Steffen war, dass er auf Weisung der Eltern noch lange, die kackbraunen, relativ grob gewebten, langen Makostrümpfe tragen musste. Dazu war auch noch das Brustleibchen mit 4 langen Strumpfhaltern notwendig. Für einen 11 bis 12-jährigen schon damals ein Horror. Es hat aber niemand die makostrumpftragenden Jungen, es waren noch 4 oder 5 andere in der Klasse, gehänselt. Viele Mütter, mit einem oder mehreren Kindern, waren Kriegswitwen und konnten trotz Arbeit kaum das Notwendigste für „das Stopfen der Mäuler" ihrer Kinder erwirtschaften. Trotzdem, andere Kinder hatten schon weiße lange Unterhosen an, was als modern galt. Bei etwas toleranterer Denkweise der Eltern wäre das für Steffen auch möglich gewesen. Die langen Strümpfe wurden anfänglich bei kühlem Wetter unter kurzen Hosen getragen. An den Oberschenkeln am Strumpfende war es doch manchmal ziemlich kalt. Bei Frostwetter trug man doch noch lange Hosen über den Makostrümpfen oder den langen Unterhosen. Jedes Jahr im Herbst kauften die Eltern einen Trainingsanzug aus Baumwolle. Die Hosen, oben und unten mit Gummizug, sahen aus wie Pluderhosen aus dem Orient. Die Trainingsjacke hatte einen Rollkragen. Steffen trug also, wenn es kein Frostwetter gab, täglich diesen Trainingsanzug ohne Makostrümpfe und zusätzlicher Jacke. Der neue Anzug war gerade eine Woche alt und schon hatte Steffen einen kleinen Dreiangel in der Hose. Zur Strafe musste er wieder kurze Hose und lange Makostrümpfe tragen. Gerade in diesen Zeitraum fiel, dass der Klassenlehrer und auch andere Fachlehrer krank waren. Die Schüler der Klasse wurden in die anderen Jahrgangsklassen aufgeteilt. Oh je, oh kraus, Steffen musste in eine reine Mädchenklasse und das mit 12 Jahren und mit langen Strümpfen, kurzen Hosen und Leibchen. Er hat auch in den Pausen, wenn möglich seinen Platz in der Schulbank nicht verlassen. Das Schamgefühl wich nach einer Woche, nachdem Mutter die Hose genäht hatte und die Strafe abgesessen war. Das Nähen dauerte sicher nur 5 Minuten.

Ostern wurde von allen Jungen sehnsüchtig erwartet. Das war im Allgemeinen der Start im Jahr, dass Kniestrümpfe und die kurze Lederhose angezogen wurden. Die Lederhosen wurden auf Zuwachs gekauft und konnten so über Jahre getragen werden. Die ersten Jahre hingen sie förmlich an den Hosenträgern und schaukelten um den Körper. Es waren halt noch Wackelhosen.

Nachdem Steffen nun auch besser mit dem Rad fahren konnte, hat Mutter mit einer Frau aus der Nachbarschaft gesprochen, dass Steffen nicht gern allein fährt und auch für Schlechtwettertage einen Kameraden brauche. Der gleichaltrige Peter war kein Hofkind. Er ging in eine Parallelklasse in der Schule. Die Familie hatte Westbeziehungen und Peter alle moderne Technik, wie Gangschaltung, Felgenbremsen und Vorbaulenker am Fahrrad. Er bastelte und goss Bleifiguren. Er hatte ein Zimmer für sich und konnte darin „frei schalten und walten". Die Kinder durften bei ihm auch mit der speckigen Lederhose auf dem Bett sitzen. Peter und Steffen wurden echte Freunde und das bis zum Krebstod des Freundes mit 60 Jahren. Am Wochenende standen meist längere Radtouren an. Peter hatte immer gute Ideen. Er pflegte auch den kleinen Schrebergarten seiner Eltern und betreute seine Schildkröten. Leider war diese Freundschaft und andere Kameradschaften eine sehr einseitige Angelegenheit, denn Steffen war es untersagt, andere Kinder mit in die Wohnung zu bringen. Schon damals hat er es als ungerecht empfunden, immer nur bei anderen sein zu dürfen und selbst nichts geben zu können.

Bruder Konrad und er durften nicht, auch nur die geringste Kleinigkeit im elterlichen Haushalt verändern. Einmal ein kleines Bild an die Tür zu kleben oder ein eigenes Bild aufzuhängen, war ein Ding der Unmöglichkeit. Mit einer Lederhose oder einer anderen Tageshose auf dem Bettrand zu sitzen, die Söhne haben sich das nicht erlaubt. So war auch der Tagesablauf in der Familie exakt geregelt. Nach Regeln und Normen im Leben zu handeln, ist ja grundsätzlich nichts Verwerfliches, besonders wenn es den zwischenmenschlichen Bereich betrifft. Bis zu einem gewissen Grad war das sicher auch berechtigt, da Mutter im 3- Schichtsystem arbeitete. Im Sommerhalbjahr war 19 Uhr „Schluss mit Lustig" auf Straße oder Hof. 19 Uhr war Abendessen angesagt. Danach Waschen und spätestens 20 Uhr Bettruhe. Ruhe und nicht vielleicht noch etwas lesen. Für die Abendwäsche wurde im Pfeifwasserkessel das Wasser auf dem Gasherd erwärmt und in eine Schüssel, die auf einem Hocker stand, gegeben. Das reichte für die Ganzkörperwäsche.

Wie gern wäre Steffen im Sommer noch etwas länger mit den Kameraden abends „um die Wohnblöcke gezogen"! Im Winterhalbjahr war die Regel noch viel härter für den Jungen. Wenn es gerade dunkel wurde, hieß es, hoch in die Wohnung. Andere tobten noch spielend draußen herum.

Am Wochenende war Wäsche wechseln angesagt. Dazu ging Vater mit den Söhnen zum Duschen und Schwimmen in das Stadtbad. Frische Unterwäsche, ein Oberhemd und Strümpfe wurden mitgenommen. Diese Sachen wurden dann eine Woche getragen. Es scheint ein Phänomen zu sein, wie schon einmal beschrieben, dass trotz der langen Tragezeit der Wäsche, niemand das Gefühl hatte einen unangenehmen Körpergeruch auszustrahlen.

Ein unvergessliches, negativ besetztes Prozedere für Steffen ist, die Waschhausaktion „Große Wäsche" im Abstand von ungefähr 6 Wochen.

Mutter schrieb die Termine in verschiedene Bücher, an welchen Tagen sie das Waschhaus, einige Felder des Trockenplatzes und die Wäscherolle nutzen will. Aus dem Keller wurden die Holzbottich- Wannen durch den Hausflur, über den Hof in das Waschhaus, was wiederum im Kellergeschoss war, getragen. Die Wannen wurden mit Wasser gefüllt, damit die Fassdauben quellen und danach kein Wasser mehr ausläuft. Für verheiratete Frauen und Mütter die zur Arbeit gingen, gab es pro Monat einen bezahlten Haushalttag. Den nutzte auch Mutter für die Große Wäsche. Der Ofen mit einem eingemauerten Waschhauskessel wurde angeheizt. Die vorher in Seifenwasser eingeweichte Wäsche wurde „vorgekocht", dann auf einem Riffelwaschbrett mit der Hand gewaschen und dann nochmals „klargekocht". Anschließend erfolgte die Mehrfachspülung von Hand in den Holzwannen oder Zinkwannen. Stark verschmutzte Wäsche, wie Vaters Schlosseranzug musste in einem kleineren Holzfass mit einem Wäschestampfer, bearbeitet werden. Ein bildlich gesehen mittelgroßer „Kochtopf" mit vielen Löchern war wie eine Glocke an einem Holzstiel befestigt. Durch Stampfen von Hand in heißem Seifenwasser wurde die Wäsche besonders stark gewalkt. Vater forderte, dass kein, auch nur kleinster Fleck im Schlosseranzug war. Pingeliger ging es wohl kaum, aber Mutter erzwang diese Reinlichkeit und Steffen musste stampfen. Die gewaschene Wäsche wurde dann durch die Wringmaschine gedreht. Die Wäsche wurde zwischen zwei gegenläufige helle Gummiwalzen mittels Handkurbel gerollt. Eine Walze drückte verstellbar über Federkraft gegen die andere. Wäsche mit großen Knöpfen musste von Hand ausgewrungen werden. In Wäschekörben trug man oder rollte man auf einem kleinen Deichselwagen die Wäsche zum Trockenplatz. Das fachgerechte Aufhängen der Wäsche war eine „Wissenschaft", die nur Mutter beherrschte. Bei regnerischem Wetter, mussten die Körbe auf den Dachboden im 5. Stockwerk des Hauses getragen werden. Dazu gab es extra einen Trockenbodenbereich, wo man Wäscheleinen ziehen konnte. Die Nutzung musste natürlich rechtzeitig angezeigt und notiert werden. Außerdem war es notwendig, den Trockenbodenbereich zu reinigen. Durch die Dachziegel pfiff der Wind und der Rußstaub aus den Schornsteinen und die sonstigen Luftverschmutzungspartikel verunreinigten schnell den Boden. Nachdem die Wäsche getrocknet war, wurde die Bettwäsche im Wohnzimmer von 2 Personen „gelegt". Das Bettzeug wurde von Mutter und Steffen über die Ecken gezogen, längsseitig zusammen gerafft, wieder gestreckt und dann rollfertig zusammengelegt. Nach diesem „Akt" fuhr man die „Rollwäsche", dazu gehörten auch die Unterwäsche, die Handtücher und die Bettwäsche zur elektrischen Wäscherolle. Die Wäsche wurde auf sogenannte meist graue Rolltücher gelegt und dann auf eine 10 cm dicke und vielleicht 1m breite Holzwalze gewickelt. Ein mächtiger mit Steinen gefüllter Holzkasten fuhr elektrisch getrieben dann hin und her über die untergelegten Walzen. Elektrisch betrieben, war die Maschine für technisch interessierte Jungen, wozu auch Steffen gehörte, sehr interessant. Oft kam mitten im Rollvorgang aber die Stromsperre. Mit einer großen Handkurbel musste dann die nicht leichte Aufgabe beendet werden. Erleichtert trug Mutter mit einer familiären Hilfskraft, meist Steffen, die saubere Wäsche nach Hause. Nach Beendigung des Reinigungsvorganges der Wäsche im Waschhaus mussten die Brüder noch in der großen Zinkwanne im Waschhaus baden. Obwohl duschen und baden im Stadtbad gewohnt, hatte dabei Steffen immer ein unangenehmes Gefühl des beobachtet werden. Tatsächlich hat es niemanden interessiert. Die Holzbottiche mussten am nächsten regenfreien Tag auf dem Hof, geschützt unter dem Balkon, noch trocknen. Erwähnenswert ist, dass die Familie sich als eine der ersten eine elektrische Waschmaschine und Schleuder, eine „Perex" anschaffte. Dieses zentnerschwere Gerät musste auch in das Waschhaus getragen werden. Trotz Waschmaschine wurden alle bisher im Wäschereinigungsprozess zu vollbringenden Takte, außer am Waschbrett und Wringmaschine, beibehalten.

Warum eigentlich der Wäscheprozess bei Steffen so nachhaltigen Eindruck hinterlassen hat, ist die Tatsache, dass Mutter, die mit ihren 1,57m Körpergröße gerade über den Rand der Waschhaustreppe schauen konnte, immer gerade im für ihn falschen Augenblick, lauthals mit gepresst, hallender Stimme „Steffen" rief. Mitten aus dem schönsten Spiel mit anderen, sofort gehorchend, aber doch voll Wut im Bauch, ging es zum Wannentragen, Wäschestampfen, Ringmaschine drehen, zum Trockenplatz oder „auf die Rolle". Glück, wenn er wieder einmal irgendwo außer Hörreichweite war. Meist war aber mit Vorankündigung bestimmt, in nächster Zeit den Hof nicht zu verlassen. Das ganze „Waschhausprojekt" war nach ca. 5 Tagen beendet, wenn die Holzwannen luftgetrocknet wieder im Keller waren.

Grundsätzlich wurde eingefordert, dass Steffen beim ersten Ruf in Hörweite reagieren und sofort „antanzen" (kommen) musste. Eine laute rufende Rückfrage „warum" war verboten. Bruder Konrad tangierte diese Regel nicht, denn er war niemals in Hörweite auf dem Hof. Nicht gehorchen nach einmal Rufen und schon wäre wieder eine Woche Stubenarrest fällig gewesen.

Sobald es das Wetter zuließ, blieben Balkontür und Balkonfenster geöffnet. Im größten Bereich des Innenhofes konnte jeder verstehen, was in der Küche von Steffens Familie gesprochen wurde. Mutter und Vater pflegten einen sehr lauten Umgangston und so wurde von den Kindern öfter die Frage gestellt, warum „die" sich so oft streiten. Fakt aber war, dass Steffen bei aller gehassten Lautstärke nie ein beleidigendes Wort der Eltern untereinander hörte. Trotzdem, noch heute mag er es überhaupt nicht, wenn Menschen sich mit überlauter Stimme artikulieren oder streiten.

Am Wochenende immer das gleich Ritual beim Putzen der Wohnung. Steffen musste die Bettumrandung (*3 Teppiche*) aus dem elterlichen Schlafzimmer, die Bettvorleger aus dem Kinderzimmer, den Läufer vom Korridor und meist auch den großen Wohnzimmerteppich auf den Hof zur Klopfstange tragen und mit Ausklopfer und Bürste bearbeiten. Nach dem Ausrollen des großen Teppichs wurden die Franzen an den Teppichenden ordentlich ausgerichtet. Zum Wochenendritual gehörte für Steffen auch das Putzen und Polieren der Türklinken aus Messing und des Namensschildes an der Tür. Später hat Steffen immer wieder dieses absolutistische Reglement wie folgt wörtlich beschrieben: „Immer zur gleichen Zeit am Wochenende rief Mutter zum Vater, dass die Stubenuhr (*Uhr im Wohnzimmer*) aufgezogen werden muss und das Knarren des Aufzugsgeräusches für Uhr- und Läutwerk war zu hören". Nichts aber auch gar nichts wich von den Normabläufen ab. Schuhe mussten selbstverständlich jeden Tag geputzt werden. Täglich wurde man aber mit dem „Treppenkult" konfrontiert. Im Treppenhaus musste der Abschnitt von der ersten Etage zum Parterre täglich gekehrt werden. Mittwoch und Sonnabend wurde der Treppenfußboden gewischt. Am Sonnabend wurden die gedrechselten Stäbe des Treppengeländers und das Treppenfenster geputzt. Dieser ganze meist übertriebene Aufwand war in allen Mietshäusern Pflicht. Das Treppenhaus unten war natürlich wetterabhängig schmutziger. Zu den oberen Stockwerken gingen meist nur die Mieter und zwei Mal pro Wochentag der Postbote, um die Morgenost und Zeitung zu bringen. Nachmittags wurde nochmals die Post zugestellt. Hausbriefkästen gab es nicht und der Postbote musste täglich treppauf treppab zweimal bis zum 4 Stockwerk laufen.

Einmal hat Steffen gemuckt (*widersprochen*), weil er die Treppe nicht machen (*reinigen*) wollte. Sofort kam die Reaktion der Mutter, „du machst die Treppe und bleibst noch 1 Woche oben (*Stubenarrest*), um dir deine Meckerei zu überlegen". Kinder hatten den Erwachsenen zu gehorchen und zu funktionieren, denn diese hatten immer recht. Also waren wieder 7 Tage

Verbleib in der Wohnung ohne die geliebten Straßen-Hof- oder Trümmerspiele angesagt.

Für Bruder Konrad und Steffen hatte Vater eine spezielle Aufgabe, die sich über mehrere Wochen hinzog. Den ca. 18 m langen Mittelweg vom Eingang bis zur Laube im 300 m² großen Schrebergarten hatte Vater ca. 40 cm tief ausgehoben. Die Brüder mussten den restlichen Putz von Ziegelsteinen, die ja massenweise in den Trümmern lagen, mit dem Hammer abschlagen. Die gereinigten Ziegelsteine wurden auf dem Handwagen bis in den Garten gezogen. Fast eine Stunde dauerte der Transport. Nicht die Arbeit als solche war belastend, aber die Zeit ging von den vergnüglicheren Dingen mit anderen Kindern verloren. Die Ziegel wurden dann zerschlagen und als unteres Packlager für den Gartenweg genutzt. Sinn der Aktion war, dass keine Pfützen nach dem Regen auf dem Gartenweg stehen sollten. Diese Lösung war wohl die einzige in der sehr großen Schrebergartenanlage. Wenige Jahre danach mussten die Gärten der Anlage Wohnungsneubauten weichen. Der Wert der Gärten wurde geschätzt und eine Entschädigung gezahlt. Der trockene Gartenweg wurde nicht wertsteigernd berücksichtigt.

An weniger Wochenenden im Winterhalbjahr, sonntags Nachmittag spielten die Eltern selten mit Steffen Brettspiele oder „Flohhüpfen". Beim Hüpfspiel müssen kleine bunte Plastikscheiben mit einer größeren Scheibe in einen kleinen Becher geschnipst werden. In den Kinderjahren war Steffen 2 Mal mit den Eltern sonntags im Nachmittagskino. Das war für ihn so ein Ereignis, dass er die Filmtitel „Der Ochse von Kulm" und „Das Bad auf der Tenne" nicht vergessen wird. Gern wäre Steffen auch mit den anderen Jungen in die Nachmittagsvorstellung öfter ins Kino gegangen, aber die 30 Pfennige hätte er aus eigenem Flaschensammelgeld zahlen müssen und die Eltern haben es auch verboten. Wenn wochentags Zeit war und schlechtes Wetter lief Steffen deshalb mehr als eine Stunde in das Pionierhaus (*Kulturhaus für Kinder*), um sich die gratis gezeigten Filme anzuschauen. Körperlich nicht sehr fit, waren insgesamt zweieinhalb Stunden Fußmarsch auf dem Straßenpflaster der Stadt doch recht anstrengend.

Fast täglich hatten die Söhne die Aufgabe, das Geschirr abzuwaschen. Aus dem großen Küchentisch wurde das Unterteil mit den zwei großen Aufwaschschüsseln herausgezogen. Das Wasser musste wieder auf dem Gasherd erhitzt werden. Das Geschirr gespülte meist Steffen und der Bruder trockne es. Die Schüssel- und Tischreinigung erfolgte nach dem Abtrocknen im Wechsel, da dies die nicht geliebte Teilaufgabe war.

Außer der angenehmen schon beschriebenen Nutzung der Urinflasche, "Ente" des nachts, während der Gipsbettära, musste die Toilette eine halbe Geschosstreppe tiefer im Zwischengeschoss genutzt werden. Bei Kälte war es eine unangenehme Sitzgelegenheit. Bei Starkfrost diente eine 60 Watt Glühlampe, um den kleinen Raum eventuell frostfrei zu halten. Bei Starkfrost keine Chance und das Wasser wurde, wegen Einfrierungs- und Verstopfungsgefahr, abgestellt. Lauwarmes Wasser aus der Wohnung im Eimer mitgenommen diente zur Reinigung des größeren „Geschäftes". Es musste unbedingt darauf geachtet werden, dass das Wasser nicht zu warm war, um ein Platzen der Keramik zu vermeiden. Wenn die Eltern nicht im Haus waren nutzten die Jungen, die verbotene Gelegenheit in den Ausguss zu pinkeln. Diese gusseiserne Halbschale mit darüber befindlichem Wasserhahn diente ohnedies zur Entsorgung allen Schmutzwassers. Anfänglich reichte für Steffen noch nicht die Körpergröße, um direkt über den Ausgussrand direkt das Werk zu vollbringen. Die volle Ente, die auch früher schon nicht extra zur Toilette auf halber Etage nach unten transportiert wurde, diente wieder als Zwischenpuffer.

Zur gesamten Wohnung gehörte nur ein 6 A Stromkreis. Dies erforderte einen kontrollierten Umgang mit allen elektrischen Verbrauchern.

Heftigen Streit der Brüder gab es nur äußerst selten und so sind nur zwei Erinnerungen, bei denen es schlagkräftig und laut zuging in Erinnerung. Mutter und Vater waren nicht zu Hause, um die Schlägereien zu verhindern. Es versammelten sich einige Hausbewohner hinter der Wohnungstür. Sie wollten durch Rufen die lautstark geführte Auseinandersetzung beenden. Steffen, der Jüngere, war seinem Bruder im kindlichen Kampfgeschehen ebenbürtig. Als der Ältere in die Pubertät kam, änderte sich das Bild. Ein Faust- Hakenschlag des Sechszehnjährigen, ließ Steffen zukünftige körperliche Attacken absolut vermeiden. Die Eltern haben nichts von den Schlägereien erfahren. Selbst als der Jüngere dem Älteren mit der Hosenträgerschnalle ein Loch in den Kopf schlug, wurde eine andere Geschichte erzählt. Wie unter Brüdern nicht unüblich kam es zu verbalen Streitigkeiten, auch im Beisein der Eltern. Nach mehreren Vorwarnungen, stellte der Vater den „Tröster" (*Ausklopfer*) schon einmal bereit. Es war die Warnung, damit „Ruhe wird". Zweimal geschah es, dass Bruder Konrad die ersten Schläge bezog. Beim ersten Schlag gegen Steffen traf der Ausklopfer eine große Tasse und der Henkel war ab. Beim zweiten Vorgang, der analog ablief, flog das vorgestreckte Bein einer ca. 15 cm hohen tanzenden Porzellanfigur mit dem ersten Schlag durch das Zimmer. Beide Male beendete Mutter den Spuk und brachte Vater zur Ruhe und Steffen um die einschlaffördernden „Schmerz lass nach Schläge". Bei der Porzellanfigur, mit dem wieder angeklebten Bein, „bedankt" sich Steffen noch nach Jahrzehnten, wenn er sie anschaut. Sie wurde zum Erbstück.

Bruder Konrad erzählt, dass er bis ca. 1950 ständig körperliche Attacken vom Vater ertragen musste. Steffen war ja in diesen Jahren im Krankenhaus. Erst mit dem Einsatz des Vaters zum Lehrausbilder wurde diese Bestrafung bis auf die geschilderten Einzelereignisse unüblich. Steffen hat über die Jahre verteilt wenig körperliche Gewalt erfahren und musste keinen Hunger leiden. Das Leiden unter der autoritären Elternherrschaft war ihm damals noch nicht bewusst, sollte aber für den späteren Erkenntnis- und Verhaltensprozess eine wesentliche Rolle spielen.

Mit den Eltern gab es im Jugend- und Erwachsenenalter mit Steffen aber niemals Streit. Selbst die absolute Strenge in der Erziehung hatte auch ein positives Ergebnis. Viele Jahre später wurde Steffen im Zusammenhang einer Forschungsaufgabe in die Orthopädische Klinik gebeten. Unfassbar für einen Doktoranten, der selbst sichtbar körperbehindert war, dass Steffen keine auffällig sichtbaren körperlichen Einschränkung hatte. Nach seiner Aussage müsste das linke Bein, nach den früheren Röntgenaufnahmen, wesentlich kürzer und dünner sein. Er war auch irritiert, dass Steffen nicht in seine bisherige Ergebnislinie einzuordnen war. Er meinte letztendlich nur „sie sind ein Exot".

Erwähnenswert und verschwunden

Nicht mehr im Alltag anzutreffendes, wenn aus Kinder Erwachsene werden, gibt es in jeder Generation. Verstreut in Fachmuseen kann man vieles aus vergangenen Jahren entdecken. Die Kriegs- und Nachkriegsgeneration des 2. Weltkrieges hat dankenswerter Weise bis zum heutigen Tag, mehr als 70 Jahre, keine direkte heiße kriegerische Auseinandersetzung erlebt. Sie hat aber über die Eltern direkt oder indirekt die Nachwirkungen eines solchen brutalen Ereignisses noch zu spüren bekommen. Sie weiß, diese friedliche Tatsache besonders zu schätzen. Von der Zeit nach dem 2. Weltkrieg bis 40 Jahre danach spricht man von der Ära des „Kalten Krieges". Als Kind haben Steffen die politischen, wirtschaftlichen und militärischen Probleme zwischen den kapitalistischen und den sozialistischen Staaten nicht ernsthaft berührt. In den Kinderjahren spielen solche überbordenden Dinge dankenswert keine Rolle.

In den ersten 30 Jahren nach dem Krieg vollzog sich der Wandel zur industriellen Landwirtschaft. Heute sieht man keine Getreidepuppen mehr auf den Feldern und die Kartoffelvollerntemaschinen haben das Kartoffellesen in Körbe abgelöst. Auch Steffen kennt noch die Plage beim Bücken nach den Kartoffeln. Als Schüler fuhr er mit der Klasse aufs Land. Jeder Schüler erhielt einen Behnert *(Flechtkorb)* und eine Kartoffelzeile auf dem Feld zugeteilt. Die von der Kartoffelschleudermaschine aus dem Boden geworfenen Knollen wurden aufgelesen. Den vollen Korb schaffte man zum Pferdefuhrwerk- oder Traktoranhänger. Die Pausenversorgung als Belohnung für den unentgeltlichen Einsatz war immer zeitgemäß, sehr schmackhaft und großzügig. Frisches Brot mit Hausmacherwurst oder große Rindsrouladen waren damals noch etwas Besonderes für die Stadtkinder.

In der Kindheit von Steffen standen die Fahrer von Straßenbahnen noch hinter ihren Fahrkurbelschaltern. Interessant war es schon, dem Fahrer bei seiner Arbeit zuzuschauen. Der Triebwagen und die meist zwei Anhänger waren noch mit Schaffnern besetzt. Die kontrollierten das Ein- und Aussteigen, konnten aber die auf den Trittbrettern stehenden Fahrgäste nicht abweisen, da die Bahnen oft überfüllt waren. Durch die Fahrgastmassen drängten die Schaffnerinnen oder Schaffner, um die Fahrscheine ungültig zu knipsen *(entwerten)* oder das Geld zu kassieren. Für Kinder betrug der Fahrpreis 10 Pfennige. An jeder Haltestelle schauten die Kontrolleure, wenn möglich, aus den Waggons. Danach zogen sie an einer, durch den ganzen Wagen in Griffhöhe des gestreckten Armes erreichbar, verlegten Lederleine. Die Bereitschaft zur Abfahrt war damit signalisiert. Begonnen wurde im letzten Wagen. Wenn alle Schaffner das Abfahrtssignal gegeben hatten, ertönte das Abfahrsignal des Fahrers. Er löste mit einer Kurbel die Bremse und betätigte mit einer anderen die elektrischen Fahrwiderstände, um die Bahn zu beschleunigen oder die Fahrgeschwindigkeit zu verringern. Interessant war es auch im Winter, wenn die Schienen vereist waren. Im Fahrerraum gab es einen Behälter mit Sand. Kam die Bahn nicht rechtzeitig zum Stehen streute der Fahrer über einen gut erreichbaren Trichter Sand auf die Schiene. Dieser Sand diente auch bei Notbremsungen. Unter dem Bug der Straßenbahn hing über die gesamte Breite auch ein flacher Fangkorb. Sollte ein Bürger vor die fahrende Bahn laufen, konnte der Fahrer den Korb sofort nach vorn unten abklappen und somit den Verunfallten wie auf eine breite Schaufel nehmen. Straßenbahnen mit offenen Fahrerkabinen gab es für den Personentransport nicht mehr. Solche Technik war aber noch bei den grün gestrichenen Gütertransportbahnen zu sehen. Meist wurden Obst und Gemüse von der Großmarkthalle in die Stadtbezirke oder Betriebsküchen gefahren. Die Arbeitsbedingungen für die Fahrer wurden stetig über Jahre verbessert. Zunächst erhielten sie einen Stehsitz (*Stütze mit sehr großem Fahrradsattel*), mussten aber weiterhin an den großen schweren Kurbeln drehen. Danach wurde ein dicker Vorhang hinter den Fahrern gespannt, um sie vor den ständig wechselnden Temperatureinflüssen an den Haltestellen zu schützen. An die klimatisierten Fahrerkabinen der Neuzeit und die kleinen Bedienschalter und Hebel war noch lange nicht zu denken.

Die Schaffner waren im Volksmund die „Oberleutnants", da sie nach oben fassen mussten, um das Bereitschaftssignal zu betätigen. Nach und nach fuhren die Straßenbahnen ohne Schaffner. In die Waggons wurden mechanische Zahlboxen eingebaut. Man warf sichtbar das Geld in einen in 6 Felder unterteilten Drehteller und zog an einen Hebel, um einen Fahrkartenabschnitt zu erhalten.

Die Eltern vom Freund Peter hatten eine kleine Gewürzmühle und einen kleinen Volkswagenbus. Nach seiner Taxifahrt im Vollgips mit 5 Jahren, war es für Steffen ein Großereignis, einmal mit dem Auto, in einen Ort, der 20 km von der Stadt entfernt war, mitfahren zu dürfen. Dies war die einzige Autofahrt mit einem PKW in vielen Jahren, heute unvorstellbar, also ein Topereignis.

Für Vaters Beete auf dem Feld und im Schrebergarten waren alle Familienmitglieder angehalten Pferdeäpfel zu sammeln. Pferdefuhrwerke gab es zu dieser Zeit noch recht viele. Eine Ladung „Äpfel" entdeckt, die die Pferde abgegeben hatte, bewirkte den schnellen Lauf in den Keller. Eimer mit Deckel, Schaufel und Besen standen dort bereit. Den begehrten Dünger aufnehmen, bevor ihn andere wegschnappten, war ein kleines Erfolgserlebnis. Die Scharen von Sperlingen hatten meist schon einige warme Körner aus den Pferdeäpfeln gepickt. Sperlinge waren damals in Massen überall zu sehen. Ärgerlich, wenn ein anderer bei diese „Apfelernte" schneller war.

Interessant waren die Pferdefuhrwerke der Bierbrauereien. Die bekanntesten in der Stadt waren „Ulrich" und „Riebeck" mit meist 2 Vollblutpferden und großen Wagen. Auf denen lagerten die Bierfässer und an den Seiten hingen aufgereiht weitere. Analoges gibt es, noch heute in Bayern zu sehen. Vor den Wirtshäusern ließ man die Fässer auf ein mit Heu, Lumpen oder Stroh gefüllten Sack von den Wagen fallen. Anschließend rollte man die Fässer in die Schankkeller. Auf dem Schulweg von Steffen gab es die Bier und Gosebrauerei „Wurzler", die hauptsächlich in den Kellern eines großen Trümmergrundstückes produzierte. Gose ist in Steffens Heimatstadt ein beliebtes obergäriges Bier mit Zusatz von Salz und Koriander. Sein Geschmacksempfinden berührt es nicht positiv. Der Bierkutscher dieser Firma hatten schon einen Kollegen LKW Fahrer.

Zwei oder drei Jahre bis 1953 zog am Rosenmontag noch der festlich geschmückte Umzug durch die südliche Hauptstraße der Stadt bis zum Zentrum. Steffen staunte über die große Bierkutsche mit den vielen geschmückten Fässern, gezogen von 4 Biergäulern (*kräftige Pferde*). Der Bierkutscher, mit einem Bauch so dick wie ein Bierfass, leitete das Bier aus einem gefüllten Fass direkt über einen Schlauch in seinen Mund. Ob er noch die Kutschfahrt munter überstanden hat? Die Faschingsumzüge schaffte die Stadtverwaltung ab, denn die werktätigen Massen sollten lieber montags arbeiten und nicht feiern. Laut dieser Forderung nach immer mehr Arbeit kam es auch zu den Ereignissen des 17. Juni. In der alten Bundesrepublik widmete man diesem Ereignis sogar einen jährlichen bezahlten Feiertag. Für die Akteure in der DDR aber brachte ihr Aufbegehren nur wenig. Schon damals, die Ostler haben Kopf und Kragen riskiert, die Wessis jahrelang gefeiert. Den Tag des 17.Juni 1953 erlebte Steffen als 10 jähriger nur so, dass man die Aufregung der Erwachsenen spürte, wenige Schüsse in der Ferne hörte und die älteren Jungen in Richtung Innenstadt liefen. Sie wollten vom Tumult etwas zur Erinnerung aufnehmen. Von der Wohnung seines Musiklehrers sah Steffen die großen zertrümmerten Fensterscheiben, Menschenmassen und schwarze Brandspuren am großen Gewerkschaftshaus.

Viele Diskussionen führte Steffen, mit doch erstaunlich kindlichem Engagement mit seinem Klassenkameraden Herbert über die politischen Systeme. Steffen, dessen Vater zu der Zeit schon Parteigenosse und Lehrausbilder war, vertrat natürlich weitgehend das DDR- System. Herberts Eltern besaßen eine kleine Quarkfabrik. Sie wohnten in einer herrschaftlichen Wohnung und hatten eine Haushälterin, gerufen „Marga", die auch zugleich Kindermädchen war. Trotz der Streitgespräche, Herbert lobte den Kapitalismus, verstanden sich die Jungen ganz gut und es gab echte Demokratie. Steffen durfte Herbert in der Quarkfabrik beim Aufladen von Pappkartons auf einen großen zweirädrigen Leiterwagen helfen. Die Fuhre ging zum Altstoffhandel. Herbert schmuggelte immer einen großen schweren Stein unter das Papier. Die Differenz zwischen dem Einfahrtgewicht auf der großen Bodenwaage, auf der auch Lastwagen gewogen werden konnten, und der Ausfahrtwägung brachte gutes Geld für die zwei.

Mit dem Geld hatte Steffen immer seine Probleme, da die Eltern keinerlei Taschengeld oder auch nur einen Groschen für eine vielleicht kleine Freude übrig hatten. Die Papieraktionen waren auch nicht sehr alltäglich. Zur alltäglichen Beschäftigung von Steffen über viele Jahre war ein morgendlicher Rundgang, noch vor den Weg in die Schule, über die erreichbaren Höfe zu den Müllplätzen.

Dort stellten die Leute wenige Flaschen und Gläser neben die Aschekübel oder warfen sie hinein. Manchmal vollbrachte er am frühen Abend nochmals die gleiche Sammelrunde. Für eine große Flasche erhielt er 10 Pfennige und für ein Einweckglas 8 Pfennige beim Altstoffhandel. Papier wurde nicht gesammelt, da es auch zum Anfeuern in den Öfen und als wiederverwendetes Verpackungsmaterial diente. Haushaltverpackung gab es nur sehr wenig. Beim Altstoffhandel wurden auch die Knochen der Tiere vom benachbarten Schlachthof zwischengelagert. Danach, so wurde allgemein gesprochen, erfolgte der Transport in eine Seifenfabrik. In den Sommermonaten stank es oft in der Umgebung penetrant nach Knochenabfällen.

Als erstes kaufte sich Steffen vom ersparten Geld einen Fotoapparat „Perfekta" für 25,- Mark. Die Filme, die Filmentwicklung und die Schwarzweißbilder mussten auch noch finanziert werden. Großzügig dumm zeigte sich Steffen, als Mutter ein Geschenk zum Geburtstag für einen Cousin kaufen wollte. Mutter haderte mit dem Preis für den kleinen Mantel, der auch Steffen als Geschenk gefiel und er gab von seinem Flaschengeld 15,-Mark dazu. Er dachte sicher dabei auch an gute Zeiten bei der Familie seiner Lieblingstante.

Jahre, bevor Steffen seine Sammelaktionen startete, zogen Lumpenmänner durch Straßen und Höfe und riefen laut nach Lumpen, Knochen, Flaschen und Altpapier. Mit einer an Ketten hängenden Waage, die sie mit der Hand hoben, wurde der Wert der Waren ermittelt. Mit einem Handwagen oder zweirädrigen Plattformwagen zogen die Lumpenmänner weiter.

Die Stadtbeleuchtung in Steffens Wohngebiet bestand aus wunderschönen Gas- Schinkel-Leuchten. In der Dämmerung kam täglich mit einer langen Leiter auf seinem Fahrrad der Laternenmann. Er zündete mit einer langen Lunte das Gas in den Laternen an und brachte so die Gas-Glühstrümpfe, die fast so groß wie Tischtennisbälle waren zum Leuchten. Im Bedarfsfall musste er mit der Leiter hochsteigen. Später wurden die Laternen durch Fernzündung zum Leuchten gebracht und der Laternenmann kontrollierte, ob die Zündung erfolgreich war und half auch mit der Lunte nach. Tagsüber war der Laternenmann auch für das Putzen der Gas- Schinkel-Leuchten und Kandelaber und Wandarme verantwortlich. Es war schon etwas anheimelnd, wenn abends die Laternen die Straßen mit gedämpftem Licht beleuchteten. Diese wunderbaren Straßenlampen wurden später zu Hauf abgebaut. Nach nicht offiziellen Informationen verkaufte man sie gegen Valutawährung in das kapitalistische Ausland. Mitarbeiter der Stadtbeleuchtung, zur Schweigepflicht angehalten, konnten auch solche Lampen kaufen. Über einen erweiterten Bekanntenkreis hat Steffen 1978 zwei solcher Gaslaternen erhalten. Die Verpflichtung war aber, dass diese nicht in der Heimatstadt sichtbar sein dürfen. Er hat sie auf Elektrobetrieb umgerüstet und auf dem Wochenendgrundstück aufgestellt.

Ein weiterer Service wurde von dem durch lautes Rufen sich ankündigenden Scherenschleifer, der durch die Straßen zog, angeboten. Der Schleifstein drehte sich mit einer Handkurbel betrieben. An der Unterseite lief er durch ein Wasserbad. Geschickt mit der anderen Hand schärfte der Fachmann Scheren und Messer für eine kleine Gebühr.

Weitere durch die Straßen ziehende Gesellen waren die Leierkastenmänner. Mit ihrem Drehorgelspiel erhofften sie, dass die Bürger ihre Fenster öffneten und einen kleinen Obolus direkt herunter warfen. Ihre bunten Leierkästen lockten natürlich viele Kinder an. Diese zogen dann ein Stück des Weges mit dem Leierkastenmann weiter. Im Zentrum der Stadt gab es einen Leierkastenmann, der auch einen angeketteten kleinen Lippenbär als Tanzbär immer dabei hatte.

Im Abstand von vielen Jahrzehnten verdienen auch die Briefträger, meist waren es Frauen, noch gewürdigt zu werden. Täglich mussten sie die vielen

Stufen zweimal treppauf und treppab durch die Mietshäuser laufen. Am frühen Morgen galt es den Bürgern die Zeitungen und die Morgenpost, durch die Schlitze mit Deckel an jeder Wohnungstür zu werfen. Nachmittags waren nochmals die Briefe und kleine Flachpäckchen auszutragen. Aber nicht nur Briefe, Postkarten, kleine Päckchen und die Zeitung, auch Barauszahlungen, Wertpäckchen, die Altersrente und Zustellurkunden von Behörden musste an Mann oder Frau gebracht werden. Was muss die Briefträgerin gedacht haben, wenn sie nachmittags vielleicht wegen eines Briefes bis zur fünften Etage laufen musste? In ihrem Zustellbereich war es auch anfänglich Aufgabe, die damals noch zahlreicher vorhandenen gelben Postkästen zu leeren und den Inhalt zum Postamt zu bringen.

Die Zugreisen in das Kinderferienlager oder die Urlaubsreisen mit den Eltern begannen immer auf dem imposanten größten Kopfbahnhof Europas. Sechsundzwanzig in der riesigen Halle überdachte Bahnsteige und außerhalb der Halle befindliche zehn Außenbahnsteige, konnten nicht von jedermann betreten werden. Vor den Bahnsteigen riegelten, in fester Reihe aufgestellten Bahnsteigwärterhäuschen, den Zugang ab. In jedem dieser Kabinen saß ein Kontrolleur und überprüfte die gültige Fahrkarte für den Zug. Wer Freunde, Kollegen oder Partner zum Zug begleiten wollte musste eine Bahnsteigkarte anfänglich für 10 Pfennige, später zu 20 Pfennige erwerben. Am Ende der sechziger bis 1974 Jahre verschwanden die Bahnsteigsperren.

Viele Jahre war Jürgen der Banknachbar von Steffen in der Schule. Die Jungen hatten ein gutes freundschaftliches Verhältnis. Nach aktuellen Definitionen war er hochintelligent. Außer im Sport hatte er nur die Note Eins auf den Zeugnissen. Seine Familie bewohnte, eine für Steffen unvorstellbar große Wohnung. Jürgen lud Steffen mehrmals zur Kindergeburtstagsfeier ein. Steffen hatte ihm aber gleich gesagt, dass eine Gegeneinladung auf Grund der elterlichen Anweisung, dass kein anderes Kind in die Wohnung darf, nicht möglich ist. Diese Feiern waren mit Spiel und Spaß recht annehmlich gestaltet. Einmal hat Steffen bei solch einem Spiel eine Zündplättchen-Pistole gewonnen und stolz nach Hause getragen. Als Vater die Spielzeugpistole entdeckte, kam der „Befehl", sofort das Ding zurück oder ich werfe es weg. Ein anderes Mal gewann Steffen drei sogenannte Wildwest-Groschenhefte und es kam wie es kommen musste. Vater entdeckte die Hefte und erneut erging der gleiche Befehl. Ein Heft mit dem Titel „Larry, Larry, Tod und Teufel" hatte Steffen trotzdem noch gelesen. Weihnachten danach schenkten die Eltern ihm das Buch „Im Tal des zornigen Baches", ein „DDR Gutwestern". Steffen konnte keinen wesentlichen inhaltlichen Unterschied zum Westernheft entdecken. Aber diese Hefte galten in der DDR als „Schmutz- und Schundliteratur". Vater war damals noch in seiner Gedankenwelt verfangen, das Kriegsspielzeug und „Gewaltliteratur" verboten bleiben müssten. Später musste er im Wandel der Zeit sogar die Wehrertüchtigungslager *(zur vormilitärischen Ausbildung)* seiner Lehrlinge unterstützen.

Ferienzeiten, schöne Zeiten

Jeder Mitarbeiter in einem Volkseigenen Betrieb konnte sich für einen von der zentral geführten Gewerkschaft angebotenen Ferienplatz bewerben. Teilweise wurden in den Ferienheimen nur die Mahlzeiten angeboten und die Urlauber haben in vertraglich gebundenen Privatquartieren gewohnt. Später wurden in Großbetrieben weitere Ferienplätze in betriebseigenen Ferienobjekten angeboten.

Im Folgejahr nachdem Steffen aus der Klinik entlassen war, bekam Vater einen Ferienplatz der Gewerkschaft zugesprochen. Für einen äußerst geringen Preis konnte die Familie den 14 tägigen Aufenthalt in einer ehemaligen herrschaftlichen Villa in der Lausitz genießen. An Wandern war mit dem behinderten Sohn nicht zu denken und es blieb bei kleinen Spaziergängen, meistens zu einem in der Nähe liegenden Anwesen mit Kleintierhaltung und einer Ziege. Täglich kostete es Steffen Überwindung, ein Glas frischer Ziegenmilch zu trinken. Die Eltern wiederholten täglich die Aussage, dass gerade Ziegenmilch für die weitere Gesundung wichtig sei und solch ein Angebot in dieser schweren Zeit etwas Besonderes ist. Also, anfänglich Nase zu und durch! Angenehmer war es dann schon, wenn Vater den Sohn nach dem Abschnallen der Prothese ins flache Wasser auf einer glatten Granitplatte eines Steinbruches setzte und er das Bad genießen konnte.

Sicher mit der Begründung, dass es einen behinderten Sohn in der Familie gab, erhielt Vater im darauf folgenden Jahr wieder einen Ferienplatz, diesmal nach Friedrichroda in Thüringen.

Täglich musste man zum Frühstück, Mittag und Abendbrot den kurzen Weg vom Privatquartier zur Verpflegungsgaststätte laufen. Für die Verpflegung mussten natürlich Lebensmittelmarken für diese Zeit abgegeben werden. Da Steffen nicht mit wandern konnte, blieb er tageweise, bei der netten älteren grauhaarigen Quartierwirtin, Frau Wukasch. Ein allabendliches Glockengeläut erklang, wenn die Kühe von der Weide zurück kamen und die einzelnen Tiere der Reihe nach durch ihre angestammten heimatlichen Tore marschierten. Jede Kuh hatte eine unterschiedlich große und im Klang verschiedene Glocke um den Hals hängen, was Steffen besonders beindruckte.

Es begann auch für Steffen die wunderbare Zeit der Betriebskinderferienlager. Drei Wochen wurden die Kinder erlebnisreich betreut und in „diesen mageren Jahren" zeitgemäß mit mehr als ausreichend Essen versorgt. Manchmal blieb kaum etwas für die erwachsenen Betreuer übrig, wenn die Kinder Wettessen veranstalteten. Die Frauen, meist Angestellte aus den Betriebsküchen, ließen keinen Zweifel an ihren Kochkünsten und Engagements. Die Eltern mussten lediglich 15,-Mark für 3 Wochen Ferienlager in der DDR bezahlen. Schwerer fiel es Steffens Eltern die 3,- Mark Ferienlager Taschengeld dem Sohn mitzugeben. Es war keine Pflicht, aber allgemein üblich, um Postkarten zu kaufen oder mit den anderen Kindern der Gruppe eine 21 Pfennige teure Brauselimonade zu trinken. Eine Gratisbrause erhielt jedes Kind der Gruppe, nachdem die Jungen ein am Landstraßenrand gefundenes leeres Bierfass fast 4 km zur Brauerei in Stadtroda Thüringen gerollt hatten.

Die Ferienlager zu organisieren war eine finanzielle Herausforderung und eine logistische Meisterleistung für die Betriebe. Schon ein Jahr zuvor mussten alle Versorgungsgüter und Materialien geplant werden. Bei der bestehenden Mangelwirtschaft auf fast allen Gebieten musste alles Material und Lebensmittel, man sprach von Bilanzierung, vorab angemeldet werden. Alle Mittel-und Großbetriebe hatten Handwerker der verschiedensten Gewerke fest angestellt. Diese wurden als Vorkommando zu den Schulen und Gasthöfen in den Ferienorten geschickt, um dort das Kommen der Kinder vorzubereiten. Dazu gehörte auch, große Gruben auszuheben und darüber die Kabinen der Latrinen zu errichten. Eine Zwischenwand trennte den Mädchen- und Jungenteil. Es plätscherte und plumpste ausgiebig, wenn die 6-10 Lochsitze genutzt wurden. Die Doppelstockbetten mit den Strohsäcken mussten in den Zimmern oder der Saalempore der Gasthöfe montiert werden. Die Gruppenwaschanlage mit nur kaltem fließendem Wasser wurde installiert und überdacht und auch alles was mit Küche und Speiseraum zu tun hatte, musste herangeschafft werden. Die Betreuer für die Kinder waren immer sympathische Mitarbeiter aus den Betrieben, Pädagogen aus den Berufsausbildungsstätten und junge Studentinnen und Studenten.

Nach einigen Jahren gab es mehr und mehr stationäre Ferienobjekte der Betriebe, die sowohl als Kinderferienlager als auch für den Ferienaufenthalt der Mitarbeiter genutzt wurden. Die Versorgungswaren mussten trotzdem bei den örtlichen Behörden für das ganze Jahr angemeldet und bilanziert (*staatlich bestätigt*) werden.

Steffen, noch mit seiner Prothese am Bein, durfte erstmalig mit in ein Kinderferienlager in die Schule nach Nassau im Erzgebirge fahren. Mutter hatte sich als Helferin gemeldet und betreute die 6-8 jährigen Kinder. Steffen schlief zwar bei den etwas älteren, war aber am Tag mit den Kleineren zusammen. Ein Ausflug erfolgte zu einem Schaubergwerk. Viel interessanter war aber die Fahrt mit einem Holzgaslaster. Die Kinder saßen auf der LKW-

Plattform auf Holzbänken direkt neben dem Holzschwelofen. Das entstehende Gas beim Schwelvorgang wurde zum Motor geleitet. Nicht nur, dass es aus den Ofen stank, auch kam es mehrmals zum Zwangshalt, weil zu wenig Gas gebildet wurde. Der Motor streikte auch öfter wegen zu starken Rußablagerungen. Damals gab es also schon Verbrennungsmotor mit erneuerbarer Energieversorgung.

Ein Jahr später wurde die sommerliche Ferienlageraktion gestrichen. Eine Ruhrepidemie hatte die Republik überzogen und der Schutz vor der Krankheit hatte Vorrang. Der Betrieb, in dem Vater beschäftigt war, organisierte aber ein zeitlich verkürztes Ferienlager in den Herbstschulferien in der Sächsischen Schweiz.

Da die Großbetriebe auch mehrere Ferienobjekte betrieben, stand immer der Wunsch nach einem Ferienlager an der Ostsee an erster Stelle. Hurra, Steffen durfte mit nach Born auf die Halbinsel Darß.

Die von einer Dampflok gezogenen Sonderzüge mussten dem Güterverkehr Vorrang einräumen und so dauerte eine 400 km lange Fahrt schon 10 Stunden und länger. So eine Dampflok hat auch noch heute etwas Faszinierendes. Die Kinder schauten während der Fahrt oft aus den leicht zu öffnenden schmalen Schiebefenstern, die es in jedem Zugabteil der 3. Klasse (*Holzklasse*) gab. Die Lokomotive war bei leichter Kurvenschienenführung besonders gut zu sehen. Der Dampf zog entlang des Zuges auch in die Nasen der Kinder und bewirkte einen Geruch wie verfaulte Eier.

Leider war die Freude in diesem Ferienlager für Steffen nur von kurzer Dauer. Nach drei Tagen erwischte ihn eine von sehr hohem Fieber begleitete Mittelohrentzündung. Der Krankentransport nach Stralsund wurde zur Mitternacht in einer Kleinstadt unterbrochen und Steffen lag bei der Familie des Fahrers zwei Stunden auf einem Sofa in der Küche. In seinem Fieberzustand wunderte er sich, dass nach der steilen Treppe zum ersten Stock, die Wohnung sofort in die Küche führte. Es gab also keinen Korridor. Viel mehr Ablenkung in seinem Zustand erfuhr er aber mit der Tatsache, dass die nette Frau zwei Stühle nebeneinander stellte, um sich zu setzen. So einen dicken Menschen hatte er noch nie gesehen. Am nächsten Tag im Krankenhaus musste Steffen seine erste Narkose über sich ergehen lassen. Vorweg genommen sei erwähnt, dass über 40 weitere Narkosen in seinem Leben damals noch nicht zu erwarten waren. Er hat die gesamte positive Entwicklung der Narkosemedizin von über 60 Jahren kennen gelernt. Die ersten Narkosen waren entsetzliche Erlebnisse, denn der eingeatmete Äther brachte neben den Ohrenschmerzen auch furchtbare Kopf- und Magenprobleme. Probleme mit dem Ohr begleiteten ihn durch alle Phasen seines Daseins bis zur späteren Ertaubung. Auch wenn es Jahrzehnte nur eine vergleichbare unsichtbare Behinderung war, stellte sie im täglichen Leben, wie Schwimmen, Windeinfluss, bei Erkältung und auch beim späteren Segelfliegen eine immer zu beachtende aber trotzdem oftmals schmerzhafte Tatsache dar.

Mutter holte den Jungen mit ärztlichem Einverständnis und entsprechenden Verhaltensregeln vorzeitig aus der Klinik ab und fuhr mit ihm weiter zu einem Ostseeurlaub nach Heringsdorf, wo ihn Vater und Bruder eigentlich noch nicht erwarteten. Nur mit ölgetränkter Watte im Ohr und einer festsitzenden Gummibademütze durfte er ohne zu tauchen in das Wasser gehen.

Auch im Jahr als die Hüft-Beinprothese aus Steffens Leben verschwand, verbrachte er die Vorweihnachtszeit mit anderen Kindern zur Erholung im Betriebsferienheim des Paketpostamtes, in dem Mutter arbeitete. Irgendwie überkam ihn eine gewisse Disziplinopposition. Für gute Taten wie Tischdecken, Kehren u.a. wurden positive rote Punkte vergeben. Für Verweigerungen und schlechte Worte negativ blaue Punkte. Die nette aber konsequente Leiterin bat Steffen zu einem Disziplinargespräch. Er war einsichtig und sammelte nur noch rote Punkte, um am Ende des Aufenthaltes als Anerkennung für vorbildliches Verhalten ein vorweihnachtliches Geschenk zu bekommen. Es war die erste bewusst erlebte Tatsache, dass man nur über Leistung, Anstand und Disziplin auch echte Anerkennung erreichen kann und nicht durch ein undiszipliniertes Auftreten.

In einem Ferienlager, Steffen war 13 Jahre alt, wollte er sich in der Gruppe etwas in den Mittelpunkt rücken. Als körperlich noch eigeschränkt, unsportlicher und dicker Junge wurde er sehr schnell von den anderen mit angedrohter „Mannschaftskeile" in die Schranken gewiesen. Eine zweite Lehre für das ganze Leben, dass es mit einem zu vollmundigen Auftreten im kollektiven Verhalten nichts zu gewinnen gibt. So blieb dieser Ferienlageraufenthalt für Steffen noch in sehr guter Erinnerung mit vielen schönen Erlebnissen. In diesem Ferienlager waren auch 2 Jungen und 4 Mädchen aus der alten Bundesrepublik. Die Eltern waren Mitglied in der Kommunistischen Partei. Mit den Mädchen verstand sich Steffen sehr gut. Sie sangen oft in der DDR nicht bekannte Lieder und borgten ihm ihre schönen Kleider zum Sommerfasching.

Zu dieser Zeit als Kind hat man die großen Weltprobleme der Geschichte zwar vermittelt bekommen, aber eine geistig exaktere Verwertung blieb noch aus. So war es auch, als die Gruppe zu einem Berg in der Nähe von Kahla Thüringen wanderte. Auf dem Bergkamm gab es eine Start- und Landebahn für Flugzeuge. Diese war allerdings in regelmäßigen Abständen durch große Sprenglöcher zerstört. Seitlich am Berg gab es noch zu den Eingängen zerstörte Aufzüge zu einer unterirdischen Fabrik. Man erklärte den Kindern, dass die Flugzeugteile unterirdisch gebaut wurden, zur Startbahn hochgezogen und oben zum Kriegsflugzeug montiert wurden. Gern wären die Jungen in die alten Räume vorgedrungen, aber es war verboten. Die echten Hintergründe, warum die Fabriken betrieben wurden und wer darin in der Kriegszeit arbeiten musste, haben die Leute offiziell erst nach 1989 glaubwürdig und nachvollziehbar erfahren.

Nochmals durfte Steffen in das Ferienlager nach Born an die Ostsee fahren. Meist wanderten die Gruppen eine Stunde zum wilden Weststrand auf dem Darß. Dieser Strand war nicht bewacht und es gab auch nicht zu sehr einschränkende Verhaltensregeln nach der Ferienlagerordnung. Bei etwas mehr Wellengang durften max. 4 Kinder aus Sicherheitsgründen natürlich nur mit einem Helfer ins Wasser. Eine Gruppe war an diesen Strandtagen vormittags mit dem Schmieren der Brote und deren Verpackung verantwortlich. Auf einem Handwagen wurde die Last, zu der auch noch 2 große Teegetränkekübel gehörten, über die sandigen Waldwege zum Strand für die hungrigen vielleicht 80 „Mäuler" gekarrt. Sollte der Tee nicht ausreichen konnten die Kinder süßen Limonadensirup mit Leitungswasser trinken, welches in einem Essenskübel mitgeführt wurde. Solch aktive Ferienerlebnisse sind unersetzlich wertvolle Erinnerungen.

Mutter hatte wieder einmal eine Kur, Steffen war 13 Jahre alt, organisiert. Es war eine Solebadkur in Bad Sülze, einen kleinen beschaulichen Ort, wenige Kilometer von der Ostsee entfernt. Zwei voll im Betrieb befindliche Windmühlen standen auf einer kleinen Anhöhe. An der steilsten Stelle des Hanges, war die Grasnarbe weg und der sandige Hang wurde bei einer Gruppenwanderung zum Spielplatz der Kinder. Einige Jungen schürften viereckige Löcher in den Sand und setzten sich hinein. Steffen hatte sich schon vor dem Aufruf zum Abmarsch die Schuhe wieder angezogen und er setzte sich, bevor die ganze Gruppe Abmarschbereitschaft erklärte, in eine solche Kleinhöhle. Sekunden danach kam ein Großteil des Sandhanges ins Rutschen und Steffen wurde regelrecht verschüttet. Zunächst wollte er sich nach Außen drücken. Er merkte aber schnell, dass der Sand nur nachfloss und die Luftblase vor seinem gehockten Körper dadurch kleiner wurde. Schon kamen Gedanken, wie lange das bisschen Luft wohl noch reichen wird. Der Sandberg drückte schmerzhaft auf Kopf, Nacken und den gebeugten Rücken. Den rechten Arm hatte er nach Außen gestreckt und spürte an den nun winkenden Fingerspitzen frische Luft. Plötzlich wurde er etwas vom Sand befreit und ein kräftigerer Junge zog Steffen ans Tageslicht. Die Löcher im Nackenbereich von seinem Lieblings- Frotteehemd aus Dänemark, die beim Herausziehen entstanden waren, spielten keine Rolle, er war ja gerettet. Die nette Schwester, die schon durch ihre hell weiße Schürze als Betreuerin erkennbar war, weinte, als ihr Steffen in die Augen sah. Schnell hatte sie bemerkt, dass Steffen in der Gruppe fehlte und verschüttet war. Sie befahl, alle Kindern sich am gerutschten Bereich des Hangs zu verteilen und mit den Händen zu suchen. Damals konnte Steffen das Weinen und die Verantwortung für Schutzbefohlene noch nicht nachvollziehen. Nach 3 Tagen Bettruhe und warmen Solebädern konnte Steffen das Gruppenkurleben wieder mitmachen. Er glaubt nicht, dass der Sandhang an den Windmühlen jemals wieder das Ziel einer Kurgruppenwanderung war.

In einem Ferienlager in Wermsdorf am Horstsee schliefen Jungen und Mädchen auf der Galerie des Saales im Dorfgasthof. Der große Saal war Speise und Spielraum. Meist waren die Jungen jedoch in einer zum Hof gehörenden Scheune, die voll von Heu war. Erkennbar wurde das Heu zu ca. 10 cm dicken langen Wendelschlangen verarbeitet. Die weitere Nutzung diese Heu-Wendelschlangen ist nicht bekannt. Da aber Ferienzeit war, ruhte der Betrieb. Nicht ruhten die Jungen, die auf die Balken der Scheunendachkonstruktion kletterten und dann in das lockere Heu sprangen. Kurz vor Ferienlagerende entdeckte man das Treiben und das stark verklumpte Heu. Alle beteiligten Kinder mussten 30 Pfennige Strafe zahlen, da das Heu für die Verarbeitung an den Drehspindeln erst wieder aufgelockert werden musste. Dieser Spaß hatte leider ein Ende, das Unrechtsbewusstsein war aber aktiviert.

Die Juli-/August- Ferienzeit reichte meist nicht aus, um die Ferienangebote von zwei Ferienlagern und einmal zwei Wochen reisen mit den Eltern oder mehrere Wochen Kuraufenthalt abzusichern. Die Wäsche musste zwischenzeitlich auch gewaschen werden, denn für acht Wochen gab es nichts Frisches anzuziehen. Die Lederhose hielt aber weiterhin viele Jahre und einige Tage genehmigter früherer Urlausbeginn ohne Schule waren auch sehr akzeptabel.

Als Steffen 14 Jahre alt war und immer noch der „Moppel" (*übergewichtiger Junge*), welchen auch einige Kinder als Spitzname verwendeten, wünschte er zu einer Entfettungskur zu fahren. Neben den Anwendungen für sein Knochen- und Muskelgerüst gab es in Bad Gottleuba in den geplanten sechs Wochen zweimal wöchentlich nur Früh, Mittag und am Abend ein

Glas Obstsaft und an den anderen Tagen viel rohes Gemüse. Erfolgreich verliefen die ersten vier Wochen, bis dann hohes Fieber und Unterleibschmerzen auftraten. Der Arzt drückte ganz vorsichtig langsam auf den Bauch und ließ plötzlich los. Nach dem der teuflisch stechende Schmerz vorbei war, ging es sofort auf den OP- Tisch der Kurklinik und der Blinddarm, es war höchste Zeit, wurde entfernt. Unvergesslich die Äthernarkose, bei der Steffen, nachdem er das schon beschriebene Prozedere mit dem Mühlenrad und dem Teufel ohne Angst durchlebt hatte, später im Alptraum mit der Nase gegen einen Brückenpfeile gedrückt wurde und kurzzeitig aufwachte. Die Nachwirkungen der Narkose kannte er ja schon, sie waren entsetzlich. Zwei Tage vor dem Zwangswechsel zum Krankenhaus tobten erlebnisreiche Gewitter über dem Osterzgebirge. Vergleichbare anhaltende Wetterereignisse hat Steffen nie wieder erlebt. Am Tag nach der OP wurde das Gebiet weiter von anhaltenden Unwettern heimgesucht und alle Kurgäste wurden evakuiert. Einzig das Krankenhaus blieb weiter geöffnet. Nach zehn Tagen im Krankenhaus hat Steffen und weitere zwei Kinder noch zwei Wochen auf dem 26 ha großen Klinikgelände verbracht, bevor es dann, die Schule hatte schon wieder begonnen, nach Hause ging.

Das es Mutter trotz Einreisesperre in das Überschwemmungsgebiet zu einen Besuch ins Krankenhaus geschafft hat, ist sicher ihrer Hartnäckigkeit und der mütterlichen Sorge um den Sohn zuzuschreiben.

In den Ferien mit den Eltern in den Gewerkschaftsheimen hat Vater sogar die kleine Freude gestattet, nachmittags ein Stück Kuchen, meist ein Schweinsohr zu kaufen. Bei rein privaten Urlauben ging es mittags während den Wanderungen immer in eine Gaststätte zum Essen und er löste etwas seine Geizhaltung in Bezug auf die kleineren Dinge des Lebens auf. Aber eben nur im Urlaub.

Viele schöne Urlaubserinnerungen, ob in den Ferienlagern, zu Kuren oder mit den Eltern unterwegs, ließen bis zu den letzten Ferientagen keine Gedanken an die Schule aufkommen.

Erste Sportstunde, Mittelschule und Schülerarbeit

Ein Jahr bevor Steffen die 8 Klassen Grundschule beendete, wurde es möglich, auch eine Mittelschule bis zur 10-ten Klasse zu besuchen. Maximal 10% der Schüler wurden zur Oberschule, die bis zur 12 Klasse zum Abitur führte, zugelassen. In Steffens Jahrgang konnten ca.30% der Schüler zur Mittelschule gehen.

Das Schulgebäude, der Goethe-Mittelschule war ein Jahrgang vorher nach der Kriegszerstörung wieder in Betreib genommen. Selbst in diesem Alter war es damals noch keine Normalität, dass Mädchen und Jungen gemischt saßen.

Schüler, deren Weg länger als ca. 4km von der Wohnung zur Schule war, konnten eine Genehmigung erhalten, ihr Fahrrad in einem Raum abzustellen. Steffen musste auch um die Genehmigung ringen, da der Weg gerade knapp unter 4 km betrug. Der Besitz eines Fahrrades hatte zu dieser Zeit noch einen hohen Stellenwert und es sollte nicht bei nassem Wetter länger im Freien stehen. Langes Stehen und längeres Laufen mit der schweren Schulmappe waren für Steffen, der außer Radfahren und Schwimmen keine Aktivitäten zur körperlichen Ertüchtigung hatte, immer eine Unannehmlichkeit. Deshalb war für ihn die Fahrradgenehmigung der Schule, eine aktiv zu erkämpfende Angelegenheit.

Alle Schüler nun mit 15 Jahren hatten noch kein richtiges Gespür, wie man sich zu Mädchen verhält, die mit ihrem Äußeren an die pubertäre Pforte anklopften. Ein scheinbar guter Kontaktweg war das Necken ohne persönliche Ansprache. Also war fast täglich in den Pausen eine größere oder kleinere Schwammschlacht im Gange. Die Schwämme waren kreide- und wassergetränkt. Bald waren die weißen Wände und die Zimmerdecke des renovierten Klassenzimmers, vergleichbar mit Urinflecken in einem Bettlaken, mehr als unansehnlich. Nach Abschluss der 9. Klasse entschied die Schulleitung, dass das Zimmer in den Schulferien renoviert wird und jede Schülerin und Schüler 3,80 MDN (*Mark der Deutschen Notenbank*) zu zahlen hat. Ohne Diskussion, ein normales Unrechtsbewusstsein war zu dieser Zeit anerzogen, zahlte jeder seinen Obolus. Selbst Steffens Vater diskutierte nicht über diese Angelegenheit.

Die Zeit war auch reif, dass Steffen auf ärztlichen Rat nun aktiv am Sportunterricht teilnehmen konnte. Mutter war am ersten Sportunterrichtstag beim Sportlehrer, Herrn Hoffmann, um mit ihm zu klären, was nach und nach gesteigert möglich wäre. Eine Sporthalle in der Schule gab es nicht. Die Sportstunde fand in einem normalen Klassenraum statt. Stundenprogramm waren Hochsprungübungen über ein in 80 cm Höhe gespanntes Seil und einer Matte als Landefläche. Der Lehrer erklärte die damals noch relativ neue Sprungtechnik, den Rollsprung, auch Wälzer oder Straddle genannt. Im Sportunterricht waren Mädchen und Jungen noch immer getrennt. Nach der Aufstellung in Stirnreihe der 12 Jungen, stand Steffen, der zu den kleineren Schülern gehörte an 9. Stelle. Mutig überquerte er erstmalig das Seil und landete auf dem Unterarm. Nach einem doch vernehmlichen Knall war erkennbar, dass der Unterarm in der Mitte gebrochen war.

Die Heilung, Elle und Speiche waren durchtrennt, erforderte drei Narkosen. Erstere zum Versuch, den Bruch zu sichten und zu richten. In einem großen Hörsaal, der Arm lag auf einem transportablen Röntgengerät und wenige Studenten konnten einen messerscharfen Bruch beider Knochen sehen. Ein normales Fixieren der Bruchstellen war nicht möglich. Am nächsten Tag wurden über Handgelenk und Ellenbogengelenk Stabilisierungsstäbe in die Knochen geschoben und der Arm eingegipst. Drei Tage fast zum Wahnsinn führende Schmerzen, vergleichbar mit nach Jahren erlebten Nierenkoliken, mussten ertragen werden. Nach überlangem Heilungsprozess wurde der Gips entfernt und das Ellenbogengelenk war scheinbar in Takt. Nach weiteren Wochen die nächste Narkose. Die Metallstäbe wurden wieder entfernt. Der Metallstab aus der Elle wurde über eine Bohrung am Ellenbogengelenk heraus gezogen. Mit Sicherheit hat es dabei einen sogenannten Ärztepfusch gegeben, denn trotz aller Bemühungen konnte das Ellenbogengelenk niemals wieder vollständig gestreckt werden und auch eine vollständige Beugung wurde nicht wieder erreicht.

Diese für die anderen nicht sichtbare Behinderung ist bis heute für Steffen eine arge Belastung. Nachts in rechter Seitenlage, also jede Nacht, und es ist auch die Einschlafposition, muss er den Unterarm mit einem Kissen unterstützen. Ohne dieses Hilfsmittel hängt der Unterarm in der Luft und als dauernder Hebelarm belastet er das Ellenbogengelenk schmerzhaft. Eine Wand rechts neben dem Bett kann auch ein Hilfsmittel zur Anlehnung des Unterarmes sein. Ein nicht Betroffener glaubt nicht, welche Verkrampfungen und Schmerzen man beim längeren telefonieren haben kann, um den Telefonhörer mit eingeschränkter Beugefunktion des rechten Ellenbogengelenkes am Ohr zuhalten. Die oftmalige Sofortreaktion anderer darauf ist, nimm doch den linken Arm und das linke Ohr. Das war natürlich dem Linkshänder problemlos möglich, bis das linke Ohr Jahrzehnte später ertaubte. Diese Behinderung wird aber noch später in einem Extrakapitel eine Rolle spielen.

Erwähnenswert auch die unvergessenen Erlebnisse während des jeweiligen Narkosebeginns. Nachdem die Atemmaske aufgelegt war und das Narkosegas strömte, erlebte Steffen analog der früheren Ohren- OP, wie er von dem Wasserstrom vor einem riesigen oberschlächtigen Wasserrad einer Wassermühle erfasst wird und durch das Rad gedreht wurde und als kleiner Däumling unten vom Teufel empfangen wurde. Der Teufel steckt den kleinen Steffendäumling in ein Loch in seiner Wade und flog mit ihm im Wohnzimmer der Wohnung, in der Steffen, mit den drei Jahren Unterbrechung im

Humanitas- Krankenhaus, gelebt hatte. Dieses Traumerlebnis löste natürlich kurzzeitig wahnsinnige Angstgefühle aus, die aber mit vollständiger Wirkung der Narkose beendet waren. Steffen bat bei allen weiteren über 30 Narkosen in seinem Leben immer um eine stärkere Dosis Narkosemittel gebeten, um schneller durch den Anlaufprozess zu kommen. Die am folgenden Tag zur Arm-OP eingeleitete Narkose brachte den analogen Traumprozess, nur schon mit weniger Angstgefühlen. Als nach mehr als 10 Wochen die Stabilisierungsdrähte aus Elle und Speiche entfernt wurden hat Steffen schon auf den Traum gewartet und war auf den Flug mit dem Teufel durch das Zimmer vorbereitet.

Der vom Links- zum überwiegend Rechtshänder umerzogene Steffen konnte natürlich wochenlang mit dem eingegipsten rechten Arm und teilweise der Hand nicht schreiben. Kein Problem für ihn! Nach kurzer Übung schrieb er wieder mit der linken Hand in brauchbarer Geschwindigkeit und leserlicher Schrift.

Die Krankenstation war ein großer Saal, ein Anbau am Hauptgebäude dem Jugendstil angepasst. Steffen lag als jüngster Patient mit weiteren 21 Männern aller Altersgruppen zusammen. Ein Bettnachbar weigerte sich über 2 Tage, mit dem Pflegepersonal und Ärzten zu sprechen. Zunächst für den 15 Jährigen Steffen nicht nachvollziehbar, bis ihm klar wurde, dass der Mann wegen einer Alkoholvergiftung auskuriert wurde. Ein anderer Bettnachbar war ein 19 jähriger junger Mann, der aus einem fahrenden Zug gesprungen war. Er war zu zeitig gesprungen und statt über ein Brückengeländer zu fliegen auf dem schrägen Bahndamm gelandet. Die herzlich resolute Reinigungskraft, eine mütterliche etwas stabil gebaute Frau mittleren Alters, immer mit blauer Schürze bekleidet, „nahm sich den jungen Patienten zur Brust" und ging ihn beherzt verbal an. Sinngemäß so: Du dusseliger hübscher junger Kerl, warst du denn ganz von Sinnen. Es gibt doch genug hübsche Weiber, die nur auf so einen wie dich warten. Wegen so einer „Liese" nimmt man sich doch nicht das Leben. Wenn du Sorgen hast kommst du zu mir, ich helfe! Sie bot ihm sogar glaubwürdig an, dass er sie zu Hause besuchen kann. Auch die Gespräche der jungen Männer, fesselten mit ihren Stories Steffen, wenn es um die Themen Frauen und Motorrad ging. Einige lagen mit Knochenbrüchen nach Motorradunfällen mit ihrer JAVA (*tschechische Marke*) auf der Station. Die JAVA, war zu dieser Zeit ein echtes Kultobjekt für die jungen Männer. Leider hatte das Fahrzeug einen relativ hohen Schwerpunkt und die Kerle „küssten" bei nasser Fahrbahn oder beherzter Kurvenfahrt schnell das Straßenpflaster.

Der Musiklehrer der Mittelschule, ein kleiner untersetzter Mann, hatte Steffen für die Mitgliedschaft im Schuljugendchor geworben. Damals wie heute eine Domäne der Weiblichkeit. Im Chor gab es nur drei Jungen. Zur abendlichen Feier der Elternbeiratswahl *(Elternvertreter)* sollte der Chor singen und traf sich im Chemieklassenzimmer. Steffen stand allein an einem Steingutwaschbecken, neben dem langen Versuchs- und Experimentiertisch. Plötzlich streifte ein vorbeifliegender Schwamm den Ärmel seines Jugendweihanzuges. Im Waschbecken lag ein Schwamm, den er postwendend in die Gegenrichtung, wo eine große schwatzhafte Mädchengruppe stand, beförderte. Plötzlich ein Kommando: „Die Tür bleibt zu, wer war das?" Aus dem Mädchenpulk schälte sich der kleine Musiklehrer heraus, den Steffen zwischen den größeren jungen Damen gar nicht bemerkt hatte. O je! Dem kleinen Mann hatte, wie sich heraus stellte, der mit Tinte getränkte Schwamm direkt auf sein Anzugrevers getroffen. Am nächsten Tag war Steffen der Gang, gefühlt wie zur Hinrichtung, zur Schuldirektion auferlegt. Die Tintenspuren auf dem Anzug waren das Beweismittel. Die Erklärung zum Geschehen und eine Entschuldigung gelang ihm nur unter Tränen. Die Strafe war, dass Steffen auch dem Vater seine Untat beichten musste, um die 3,50 MDN für die Reinigung der Anzugjacke zu begleichen. Die Scham über seine Unglückstat saß so tief, dass Steffen auch keinen anderen Schüler davon erzählte. Vermutlich würde sich heute mancher für die coole Tat, "dem Dicken eine vor den Latz geknallt zu haben", noch feiern lassen.

In der zehnten Klasse während des Unterrichts, lehnte sich Steffen einmal mit den Ellenbogen und das Kinn auf die Hände gestützt auf die Tischplatte. Der Kommentar der Lehrerin, wir sind hier nicht in der Kneipe und das müsste auch Steffen wissen, war wie ein Befehl, sofort eine ordentliche Sitzhaltung einzunehmen. Das hat gesessen und blieb für immer, ob in Schule, Studium oder Versammlungen ein beachteter Erziehungshinweis.

Die Abschlussprüfungen nahten. Außer im Fach Russisch gab es keine ersthaften Probleme. Mit der Wissenslosigkeit in diesem Fach war der sonst gute Abschluss mit Sicherheit total verdorben. Vater sprach mit der Russischlehrerin und vereinbarte mit ihr Zusatzunterricht. Zu welchem Preis, Steffen glaubt sogar unentgeltlich, ist aber nicht nachvollziehbar. Trotzdem, das Prüfungsergebnis, für eine Übersetzung vom Russischen ins Deutsche war mit 27 Fehlern das schlechteste Ergebnis aller ca. 100 Absolventen und natürlich mit Note 5 bewertet. Zur mündlichen Prüfung sagte ihm ein schon geprüfter guter Schüler, der aus dem Prüfungszimmer kam, du musst den Zettel mit den Schmutzflecken darauf ziehen und das Hauptthema ist Substantive auf die Endung „mja". Wir übten noch einige Minuten nach seinen Vorgaben, der beschriebene Themenzettel war in Steffens Hand und es wurde eine ansprechende mündliche Prüfung, sicher auch zum Erstaunen der Lehrerin. Auf dem Zeugnis steht die Note 3.

In den Ferien der Mittelschulzeit hat Steffen immer eine Arbeit gesucht, um etwas Geld zur Erfüllung eigener Wünsche zu verdienen. Der erste Arbeitstag in den Herbstferien der 9. Klasse war beim Kommissions- und Großbuchhandel. Steffen saß oder stand am ersten Tag in einem tristen Büro und musste Kateikarten sortieren. Die Stapel nahmen kein Ende und erste innere Fragen kamen auf, ob das die Arbeitswelt sein kann und wie das ein Mensch jahrelang überstehen kann. Aber er ließ im Fleiß nicht nach und am zweiten Tag wurde die Beschäftigung schon etwas abwechslungsreicher. Die nächsten Tage begleitete er eine junge nette Kollegin, die mit ihm Bücher im Zentrallager für Einzelkunden kommissionierte und auf einem Wagen zur Packerei fuhr. Auf dem Rückweg durch die langen Gänge saß Steffen auf dem Wagen. In diesem Betrieb gab es einen Paternoster. Vier Jungen, die auch dort als Schüleraushilfen angestellt waren, nutzten ihre Freizeit oft zur Paternosterhasche, bis, ja bis jemand das Treiben aus Sicherheitsgründen verbot. Die Entlohnung für die Arbeit im Buchversand lag bei ca. 80 Pfennige je Stunde.

Eine weitere Möglichkeit zur Ferienarbeit für Schüler hatte Freund Peter ausfindig gemacht. Neben dem noch heute bestehenden Focke-Trümmer-Schuttberg war ein Betrieb errichtet, der die aus den Trümmern geborgenen Ziegelsteine zermahlte. Die Arbeiter, meist Frauen, nahmen mühsam in gebückter Haltung vom Rand des Berges die Trümmerziegelsteine auf und warfen sie auf einen Gurtbandförderer (*Förderband*). Das Ziegelgranulat wurde mit Zement versetzt zu Großblocksteinen gepresst und zum Hausbau eingesetzt. Auch für Steffen war es eine mehr als anstrengende achtstündige Tätigkeit, die den Tag lang werden ließ und mit 96 Pfennige pro Stunde entlohnt wurde.

Nach der neunten Klasse, an einem sonnigen Morgen setzte sich Steffen auf sein Fahrrad und fragte bei allen am Weg liegenden Betrieben, wie ein bettelnder Tagelöhner, ob sie für einige Wochen Arbeit für ihn hätten. Wie ein Bursche auf Wanderschaft hatte er nach einigen Vorsprachen Glück bei einer Metallzerspanungsfabrik und konnte als Spänekehrer an den Dreh-, Hobel- und Fräsmaschinen für Ordnung sorgen. Am ersten Tag rief ihn der Vorarbeiter und Steffen rannte zu ihm. Doch Stopp! Der Herr schnappte ihn am Kragen und belehrte mit dem Worten „merke dir für das ganze Leben, bei der Arbeit wird niemals gerannt." Steffen weiß heute, dass diese Belehrung nicht nur dem Arbeitsschutz galt. Nicht nur Späne fahren, bald durfte der Hilfsarbeiter auch andere etwas anspruchsvollere Arbeiten erledigen. Er musste sich aber als Mittelschüler auch den verbal geführten Attacken der dortigen Jugendlichen, die nach der achten Klasse Dreher oder Schlosser lernten, stellen. Die Bildungsoffensive, Schulpflicht bis zur 10 Klasse, stecke ja noch in der Anfangsphase.

In den weiteren Ferienzeiten während und nach der 10 Klasse fuhr Steffen viele Wochen für das Telegraphenamt Telegramme aus. Auf dem Stadtplan um das Amt waren Kreise gezogen. Diese markierten die Normbereiche der Zeitvorgaben. Der Beamte für Tourenplanung, Steffen versuchte immer den netten und äußerst sympathischen Herrn Hering zu kontaktieren, stellte für ein bestimmtes Gebiet einen Telegrammstapel zusammen. Herr Hering, der Routenplaner, hatte leider nur noch einen Arm. Er kannte die von Steffen bevorzugte Strecke, die mit dem gelben Postfahrrad zu bewältigen war. Die Zeitzone 11 bestimmte eine Strecke von 3-4 km und entsprach einer Norm von 44 Minuten incl. Rückfahrt plus 2 Minuten für jedes zugestellte Telegramm. In dem meist angesteuerten Stadtteil wohnten schon damals etwas begüterte Bürger, die verhältnismäßig viele Telegramme erhielten. Sonntags, man konnte nur selten ein Auto erblicken, schaffte Steffen mit seinem Fahrrad meist sogar die Norm der Mopedfahrer und der Leistungslohn stieg auf 1,18 MDN statt 1,02 MDN. Sonntags gab es auch hin und wieder ein Trinkgeld, wenn ein Glückwunschtelegramm übergeben wurde. Einige Telegramme, gerichtet an eine berühmte Schlagersängerin, hat er deren immer auffällig geschminkten Mutter überreicht. Die könnte dir auch einen Groschen Trinkgeld geben, waren seine Gedanken und vergeblichen Hoffnungen.

Das Aufbewahren der Schüler- Arbeitsnachweise sollte später noch ein Positivergebnis haben. Sie wurden in die Rentenberechnung einbezogen.

Am Ende der 10. Klasse, es stand nur noch die mündliche Prüfung in Erdkunde an, fuhr Steffen schon im Juni Telegramme aus. Der Juli und August waren immer die Schulferienmonate. Er wollte sich ein Fahrrad kaufen und der Juli wurde noch zum Geldverdienen genutzt. Täglich fragte er beim Fahrradhändler nach, ob ein Diamant- Sportrad da ist. Plötzlich nach Wochen ein ja, und Steffen hatte noch keinen Lohn erhalten. Es hat Überwindung gekostet, den Vater um 336,-MDN zu bitten. Er hat aber sicher die Aktivitäten des Sohnes, wenn auch nicht verbal, anerkannt und so gab es keine Probleme. Ein Finanzierungsproblem gab es dann für die beabsichtigte dreiwöchige Fahrradtour mit Freund Peter nach Berlin, Mecklenburg und in den Spreewald. Für diese Reise gaben die Eltern nach betteln mit Hut 5,- Mark. Sie waren sicher der Meinung, dass der Junge mit noch 80,- Mark verbliebenem Lohn für drei Wochen die Sache meistert. Er bereute, über diesen Wert zu den Eltern eine ehrliche Aussage gemacht zu haben. Wenn Steffen, aus welchen Gründen auch immer zur Lieblingstante zog, zahlten die Eltern 2,50 Mark/Tag. Warum sie für 3 Wochen Abwesenheit ihm nichts zahlten, ist noch heute nicht nachvollziehbar und nur mit dem Wort Geiz zu begründen.

So mussten also 4,-Mark/Tag reichen, um Essen, Trinken, Unterkunft und Fahrgeld in Berlin und den anderen Orten zu bestreiten. Drei Begebenheiten haben sich von dieser Reise eingeprägt.

In Westberlin haben die Jungen eine Tante und Cousine von Steffen besucht. Die Cousine, ein Jahr älter als Steffen war schon eine „richtige Dame". Sie ging mit den Freunden, Steffen hatte nur eine Lederhosen an, ins KA DE WE. Steffen traute sich nicht zu fragen, ob er einen Kugelschreiber vom Wühltisch bekommen kann. Die Sehnsucht nach solch einem Schreibgerät blieb unerfüllt.

Freund Peters Tante hatte ein kleines Heft, A5 Größe mit Seiten aus reinem Blattgold bei einer befreundeten Familie hinterlegt. Peter bemerkte abends auf dem Bett in der Jugendherberge ein Glitzern auf der Bettdecke. Er hatte das Heftchen mit den Blattgoldeinlagen vergessen, aus der Gesäßtasche zu nehmen. Was ist denn das? Du Arsch das Gold! Die Jungen pickten wie die Hühner das Gold, was für einen Grabstein bestimmt war, in eine Büchse. Gold in der DDR zu erhalten,
war für den Normalbürger absolut nicht möglich. Für Trauringe musste Altgold „aufgetrieben" werden. Dies war eine oft genutzte Bezeichnung für die Beschaffung von Dingen in der Mangelgesellschaft. Obwohl die allgemeine Versorgungslage auch in der DDR etwas besser wurde, der Unterschied zum Westen wurde so kommentiert: „Die Westfrau geht einkaufen und die Ostfrau geht das Fressen organisieren".

Das dritte für Steffen erwähnenswerte Ereignis war, das er während eines Spazierganges mit Freund Peter plötzlich erstmalig eine nackte, noch sehr junge Frau erblickte. Sie hatte die Burschen nicht gesehen und auch die verstohlenen Blicke zu ihr, waren viel zu kurz. Steffen glaubt, bis zu diesem Zeitpunkt auch noch kein Foto
mit einer nackten Frau gesehen zu haben.

Musikalische Ausbildung und Konzerte

Steffens Vater spielte Gitarre und Bruder Konrad Mandoline im Zupforchester „Frei Klang", das schon in den 20-iger Jahren, also lange vor dem 2. Weltkrieg gegründet wurde. Es gab ein Erwachsenen- und ein Kinderorchester mit jeweils 30-40 Musikanten. Vater hat oft erzählt, dass er fast im Selbststudium das Gitarrenspiel gelernt hat. Es hat ihm auf seiner einjährigen Wanderschaft während der Weltwirtschaftskrise ein gutes Leben gesichert, wenn er abends in Gaststätten spielte und sang.

Der Orchesterleiter bot einen kostenfreien Unterricht für den sichtbar behinderten 9 jährigen Steffen an. Einzige Bedingung war, dass der Junge das Instrument Mandola spielt. Man kann dieses Instrument auch als größere Bassmandoline bezeichnen. So übte der Junge fleißig und ging zum Musikunterricht. Über das Spielen auf dem Hof mit anderen Kindern vergaß er einmal den Unterricht und es wurde auch vom Lehrer entschuldigend akzeptiert. Bald darauf geschah es ein zweites Mal und der Lehrer sprach mit Vater und verlangte ab sofort das obligatorische Ausbildungsgeld von 2,- später 2,50 Mark je Stunde. Der Betrag musste auch gezahlt werden, wenn der Sohn wieder einmal über das Spielen mit seinen Kumpels den Gang zur Musikstunde versäumte. Erstaunlich, dass Steffen hierfür keine Schelte erhielt. Es war auch ein äußert seltenes Vorkommnis. Nach einiger Zeit konnte Steffen auch im Orchester mitspielen und auch das aufkommende Lampenfieber vor Auftritten und Konzerten spüren.

Zu einem Konzert, Steffen war 12 oder 13 Jahre alt, sang er aus der Operette „Der Vogelhändler" das Lied, "Wie mein Ahnerl 20 Jahr". Nicht ohne Stolz nahm er den Beifall auf und das erste Saatkorn der weiteren, Jahrzehnte später aktivierten, Sängertätigkeit war gelegt. Am interessantesten waren natürlich die Auftritte zu Kinder- und Erwachsenenweihnachtsfeiern in den Betrieben. In allen mittleren und größeren Betrieben gab es diese Feiern im Rahmen der Kampagnen sozialistisch arbeiten, lernen und leben. Sie waren ein beliebter und sinnvoller Abschnitt der sozialen Betreuung. Für jedes mitmusizierende Kind gab es immer einen bunten Teller mit Süßigkeiten, Nüssen und Apfelsinen, manchmal auch kleinere Geschenke. Apfelsinen, Schokolade und Lebkuchen, die die Brüder mit nach Hause brachten, wurden selbstverständlich geteilt, je ein Viertel auch für Vater und Mutter. Die Kinderweihnachtsfeiern waren wie die Kinderferienlager ein ersehnter Jahreshöhepunkt. Eine Ungehörigkeit von Steffen war ein Negativereignis in seinem Orchesterleben. Ein älterer meist lustiger Herr mit Vornamen Theo brachte oft seine Frau zu den Proben mit. Als sie einmal nicht mit war, äußerte er sich zu einen anderen Erwachsenen, dass „meine Olle" heut nicht mitkommen konnte. Das war aber nach der Ausdrucksform liebevoll gemeint. Wochen später kam er wieder allein zur Probe und Steffen fragte ihn „wo hast du denn deine Olle?" Das ein 12 jähriger in diesem Jargon einen Erwachsenen auch noch mit „Du" anspricht?! Vater erfuhr davon und verlangte nach einer gebührenden Schelte, dass sich Steffen dafür direkt entschuldigt. Das war für den Sohn die Höchststrafe. Drei Wochen später überwand Steffen die Schamhürde und der Herr Theo brummelte „schon gut". Die Eltern waren bald der Meinung, dass der Sohn seine Freizeit zu viel mit „draußen rumräubern", hauptsächlich in den Trümmergrundstücken verbringt. So wurde besprochen und beschlossen, dass der Sohn noch Akkordeonspielen lernen soll. Kein Geld war zu schade und ein 80 Bass- Instrument wurde gekauft und der Unterricht begann. Steffen brachte es auch erfolgreich bis zu einem Musikwettbewerb. Er spielte nach Noten. Ihm fehlte aber das freie Improvisationsspiel. Nach dem schon beschriebenen Malheur mit dem Armbruch in der ersten Sportstunde war das Akkordeonspiel nicht mehr möglich. Die eingeschränkte Beugefähigkeit des rechten Armes ließ kein Spielen des oberen, also niedertönigen, Tastenbereiches mehr zu.

Aber schon ein Jahr zuvor waren die Eltern auf eine Ausbildung für den Sohn zum Klavierspiel gekommen und kauften ein Instrument.

Noch einige Jahre tat der Sohn den Eltern den Gefallen und ging regelmäßig, ohne echte innere Überzeugung, zum Unterricht. Das Spiel nach Noten funktionierte für die elterlichen Ohren ganz gut, aber das von Steffen selbst ersehnte freie Spiel war unerreichbar. Beim Klavierspiel muss ja die linke Hand, nach Bassschlüssel notiert, den bildlich gleichen Ton auf einer anderen Taste als die rechte Hand, Violinschlüssel notiert, drücken. Ob Steffens Schwierigkeiten, die er damit hat, auf die strikte Umerziehung des ursprünglichen Linkshänders zu tun hat, bleibt ungeklärt. Fast 60 Jahre später hat er im Fernsehen von einem Musikprofi erfahren, der ein gleiches Problem hatte. Er hat sich die Klaviertastatur umbauen lassen. Etwas neidisch ist Steffen auf jeden guten Klavierspieler geblieben. Es gibt ja viele Eltern, die der Meinung sind, "ihr Kind kann schon im Kindergarten das Abitur bestehen" und der Wunsch bleibt der Vater des Gedankens. Die musikalische Ausbildung sollte aber im späteren Leben noch gute Früchte tragen und der Aufwand war mit Sicherheit nicht gänzlich umsonst.

Über die Mitarbeit im Schulorchester in der Grundschule wurde schon berichtet. Der Orchesterleiter, der auch Steffens Klassenlehrer war, organisierte für die Schüler einen Opernbesuch zu Hoffmanns Erzählungen von J. Offenbach. Das bunte Bühnenbild blieb in ständiger Erinnerung. Anders, als die Eltern mit den jugendlichen Söhnen die Oper Lohengrin von R. Wagner an einem Silvesterabend besuchten. Eine gefühlte Ewigkeit in der mehr als warmen Umgebung im Rang letzte Reihe und bekleidet mit Sakko, einen Hemd aus Dederon (*DDR Kunststofffaser*) und Binder, waren sehr ungemütliche Stunden. Die Tochter eines mit Steffens Eltern befreundeten Ehepaares erinnerte sich viel später noch, dass die Familien auch gemeinsam Theater- und Opernbesuche machten. Sie war ein Jahr jünger als Steffen und es kam auf der Heimfahrt in der Straßenbahn zum gemeinsamen gefühlvollen Händchenhalten. Steffen erinnerte sich mehr an den prickelnden Abschied im Hausflur. Es wurde beinahe geküsst. Sie weiter in der Schule und er in der anstrengenden Lehre, so trennten sich Jahrzehnte die Wege.

Lehrjahre sind keine Herrenjahre und armee-untauglich

Dieser damals noch oft gebrauchte Spruch, dass Lehrjahre keine Herrenjahre sind sollte sich als Wahrheit, aber nicht im negativen Sinn, herausstellen. Ursprünglich hatte Steffen den Berufswunsch zum Rundfunkmechaniker. Die Eltern unterstützten dies, weil davon auszugehen war, dass keine größeren körperlichen Anstrengungen bei der Berufsausübung zu erwarten waren. Vater sprach in verschiedenen Handwerks- und Produktionsfirmen vor, aber leider ohne Erfolg.

Ein Schüler zeigte in der Klasse den Rücklauf einer abgelehnten Bewerbung als Flugzeugbauer von dem Flugzeugwerk (MAB) aus Schkeuditz. Steffen notierte sich die Adresse und schickte sofort seine Bewerbung ab. Schon nach einigen Tagen kam die Einladung zu einem Gespräch. Aufgeregt fuhr Steffen mit Vater zur Lehrwerkstatt und er wurde angenommen. Damals konnte er sich, politisch naiv wie er war, das schnelle Glück nicht erklären. Erst später war ihm klar, dass Vater als Lehrausbilder und Parteimitglied die erwünschte politisch ideologische Basis dazu bildete, dass der Sohn überhaupt für eine solche Ausbildung die Zulassung erhalten konnte. Der Lehrvertrag beinhaltete eine Ausbildungszeit von 2 ½ Jahren mit einer Vergütung von 95,- bis 115,-Mark. Im ersten Jahr gab es 4 Tage praktische Grundlagenausbildung einschließlich Sonnabend und 2 Tage Schule mit fast Fachschulniveau. Die „Arbeitszeit beginnt und endet am Arbeitsplatz", „der Arbeitsplatz wird vor dem ersten Klingelzeichen entsprechend dem Ausbildungsplan vorbereitet", „die Aufräumarbeiten und Reinigung im Lehrkabinett erfolgen nach dem Klingeln zum Arbeitsschluss" waren selbstverständliche Grundregeln.

Es wurde bei allen Teilarbeiten und Zwischenprüfungen auf absolute Qualität orientiert. Die bearbeiteten, entsprechend gekennzeichneten Werkstücke, wurden nicht vom Lehrmeister, sondern durch eine anonyme Qualitätskontrolle beurteilt. Wenn ein Werkbankarbeitsplatz unaufgeräumt aussah, beispielsweise, ein Feilengriff über die Tischkante ragte oder ein Werkstück herunter fiel, wurde es mit schlechter Ordnungsnote und entsprechenden Kommentaren des Lehrmeisters, getadelt. Im Flugzeugbau darf man keinen Lapsus erlauben. Insgesamt war diese Grundausbildung in all ihren Bereichen der Metall- und Blechbearbeitung eine Sache auf höchstem Niveau. Auch der nach einem Jahr beginnende Durchlauf in den verschiedensten Fachbereichen im Produktionsbetrieb war ein unschätzbarer Ausbildungsreichtum. Ob Motorenreparatur, Herstellung der Flugzeugbestuhlung, Produktion von Flugzeugleitwerken, Reparaturen innen und außen am Flugzeug, dem Lernprozess waren keine Grenzen gesetzt. In der Abteilung Motoren hatte Steffen die Aufgabe, sonnabends ca. 1 Stunde die Werkstatt aufzuräumen und zu reinigen. Der Chef fragte ihn, ob er schon einmal einen Reifen am Motorrad gewechselt hat. Die Antwort war nein und der folgende Auftrag lautete „steig durch das Fenster, dort steht der Motorroller, hier ist der Schlauch und in einer halben Stunde komme ich." Wenn es auch eine ausnahmsweise nicht erwartete, nicht ausbildungsbezogene Aufgabe war, Steffen wurde um eine Erfahrung reicher. Zweimal in der Lehrzeit kam es vor, dass ein Handwerkzeug eines Mitarbeiters fehlte. Die Tragfläche eines Flugzeuges wurde an einen Kranhaken gehangen und gedreht. Die Zange kam zum Vorschein und der vergessliche Mitarbeiter hatte sicher nichts mehr zu lachen, da damals sofort Sabotage vermutet wurde. Ein loses Teil in einer Tragfläche während des Fluges, was kann da nicht alles passieren. Am Wochenende musste man kontinuierlich seine täglichen Arbeiten in einem Berichtsheft dokumentieren und einen zusätzlichen frei gewählten Themenbericht schreiben. Als weitere Wochenendtätigkeit, die sonnabends ca. 14 Uhr nach der 42 stündigen Wochenarbeitszeit begann, standen natürlich noch die schulischen Hausaufgaben an. An den Arbeitstagen war frühmorgens 4:15 Aufstehen angesagt, 4:45 Uhr Haus verlassen, 15 Minuten zur Straßenbahn laufen, reine Fahrzeit 1 Stunde plus 10 Minuten Umsteigekarenz, dann 2,5 km Fußmarsch bergauf bis zur Werkhalle, schnell umziehen und Punkt 6:30 Uhr am Arbeitsplatz stehen. In der warmen Werkhalle überkam einem erst einmal das Gefühl der Müdigkeit, denn meist musste man in der Straßenbahn stehen. Älteren erwachsenen Fahrgästen wurde trotz eigener Müdigkeit der Sitzplatz angeboten, wenn nicht freiwillig, wurde der Platz von denen eingefordert und ohne Murren von den Jugendlichen freigegeben. Im Sommer und wenn es das Wetter gerade noch erlaubte, fuhr Steffen und ein Freund mit dem Fahrrad täglich von zu Hause die 18 km zur Arbeit und wieder zurück.

In einer Abteilung wurde die Bestuhlung für die Flugzeuge gebaut. Die Vorarbeiterin erzählte, dass sie keine Eier in den Läden der Kleinstadt bekommt und kein Auto hat, um in die Großstadt zu fahren. Steffen hilfsbereit, versprach 10 Eier aus der Stadt mitzubringen. Wieder ein Malheur, die Tasche fiel auf dem Arbeitsweg aus der Hand und 9 von 10 Eiern waren kaputt. Mit Mühe konnte er als Beweis die Aktentasche mit dem Eierbrei der Frau zeigen. Welche Erleichterung, sie beruhigte ihn und bezahlte die volle Summe.

Steffen hatte sich noch für das Segelfliegen als sogenannte gesellschaftliche Arbeit entschieden. Ein tolles kostenloses Angebot der Gesellschaft für Sport und Technik (*vormilitärische Erziehung*).Die Ausbildung beschränkte sich wirklich nur auf das kostenlose Segelfliegen. Ausnahmen waren zwei Tageseinsätze bei der Kartoffelernte in einer Landwirtschaftlichen Produktionsgenossenschaft (*LPG*). Die Ernteeuphorie, zu der die angeblich hervorragenden Leistungen der in der Landwirtschaft tätigen Werktätigen täglich in allen Massenmedien proklamiert wurde, war ein Beispiel von einer „regelrechten Verarsche" in der DDR. Keine LPG wollte die letzte sein, die ein vollendetes Ernteergebnis an die Kreisverwaltung meldete. Es wurde Vollzug gemeldet, in der Hoffnung das Wetter bleibt stabil und man wird tatsächlich am Wochenende fertig. Kein Kreis wollte der letzte sein bei der Vollzugsmeldung an den Bezirk und so wurde ein vollständiges Ernteergebnis an die Bezirksverwaltung (*in der DDR gab es 14 Bezirke und keine Länder z. B. Sachsen*) vorzeitig gemeldet. Kein Bezirk wollte sich beim Landwirtschaftsministerium und dem ZK (*Zentralkomitee der sozialistischen Einheitspartei*) als Letzter zur Kritik anbieten. So stand in der Zeitung und wurde im Fernsehen und Rundfunk propagiert, das alle Felder mit hervorragenden Ernteergebnissen im sozialistischen Wettbewerb der Werktätigen abgeerntet waren. Fuhr man dann einmal durch die DDR- Lande wogte noch viel Getreide im Wind auf den Feldern.

Schon ab der theoretischen Segelfliegerausbildung im ersten Winterhalbjahr wurden mindestens 12 Baustunden pro Monat in der Segelflugwerkstatt eingefordert, um Anspruch auf spätere Starts zu haben. Also ging es oft nach Arbeitsschluss noch für 2 Stunden in die Segelflugwerkstatt. Die Werkstatt war auch für 6 Wochen in der Berufsausbildung ein interessanter Arbeitsplatz.

Im Sommerhalbjahr war jedes dritte Wochenende Sonnabend und Sonntag für Steffens Gruppe Flugdienst und in den Ferien gab es ein 2 wöchiges Fluglager. Schlafen im Zelt, gute Verpflegung und täglich Flugbetrieb an frischer Luft waren ein tolles Erlebnis. Weniger erfreulich verlief eine Abschlussveranstaltung. Steffen nahm erstmals aktiv am Alkoholkonsum teil. Völlig unerfahren prosteten ihm die Sportfreunde mit Bier, Wein und Schnaps zu. Er muss wohl sehr lustig gewesen sein. Nachts verließ sein Mitbewohner das Zweimannzelt, da er nur noch stark verätzte Luft atmen konnte. Das war dann wohl nicht mehr so lustig. Das beste Hemd hatte Steffen an diesem Abend an. Es hatte aber an einem Drahtzaun einige Risse an dem Ärmel erhalten und Mutter konnte es nur noch zum kurzärmeligen Arbeitshemd schneidern.

Im normalen dreiwöchigen Flugbetrieb erhielten diejenigen mit den meisten Baustunden die ersten, meist waren es sechs, Übungsflüge pro Tag. Auf Grund der langen Fahrwege zur Wohnung und der sonstigen Belastung, konnte Steffen nicht mehr als die 12 Pflichtstunden schaffen. So kam es, dass an einem Wochenende das Wetter zur Einstellung des Flugbetriebes zwang, drei Wochen später wurde der Flugbetrieb abgebrochen, weil sowjetische Militärflugübungen angesagt waren und weitere 3 Wochen später war ein Segelflugzeug in Mecklenburg abgestürzt, was zum Abbruch des Flugbetriebes im gesamten Land führte. Alle Flugzeuge mussten in der Werkstatt auf ihre technische Einsatzfähigkeit überprüft werden. Steffen brachte die Ungerechtigkeit der Startverteilung, er war 12 Wochen nicht geflogen, bei den Verantwortlichen zur Sprache. Da die Reaktion eindeutig gegen seine Ansicht ausfiel, quittierte er die Mitarbeit in der GST.

Leider gab es auch weniger angenehme Erlebnisse während dieser Segel-
flugausbildung. Eine Freundin aus der Fluggruppe setzte, in verkehrter
Landerichtung fliegend, beim dritten Prüfungsfreiflug das Fluggerät aus
größerer Höhe so unsanft auf, dass es Totalschaden gab und nur noch als
Lagerfeuer nützlich war. Eine etwas getrübte abendliche Runde, um das
Feuer auf dem Fluggelände, war aber so schlecht auch nicht. Positiv, Helga
hatte außer einer leichten Verstauchung nichts erlitten, aber erhielt 1 Jahr
Flugverbot.

Wie es das Schicksal will, 1 Jahr später landete sie nach erfolgreicher
Bodenberührung mit dem Flugzeug bei Ausrollen im Kornfeld und eine
dicke Tragflächenstrebe war gebrochen. Es war wieder der entscheidende
dritte Prüfungsflug. Helga war unverletzt, durfte aber nicht mehr fliegen.

Die Fluglehrer machten morgens den ersten Kontrollstart allein. Eine
Fußgängerin mit Schäferhund missachtete das Durchgangsverbot durch die
Einflugschneise. Der Fluglehrer steuerte im Sturzflug auf Frauchen und
Hund zu, um kurz über dem Boden in Kunstflugmanier das Flugzeug abzu-
fangen. Die hübsche Hundeführerin warf sich auf den Hund und beide gin-
gen zu Boden. Für die jugendlichen Flugschüler ein nettes Morgenereignis.

Die Entscheidung, das Segelfliegen zu beenden und die für ihn nicht akzeptable Ungerechtigkeit nicht „ausgesessen" zu haben und eine geliebte
Aktivität deshalb aufzugeben, war prägend beim Durchstehen von analogen
Problemen, die im späteren Leben eine Rolle spielten. Sicher war unterschwellig auch die Tatsache mitwirkend, dass Steffen sich auch den Wunsch
erfüllen wollte, etwas mehr Zeit zu haben, um sich den hübschen jungen
Damen anzunähern. Nach einem kleinen Segelfliegerfest erhöhte sich dann
auch einmal rapid der Pulsschlag von Steffen beim ersten Kuss mit einer
hübschen Brünetten in einem kleinen Stadtpark von Schkeuditz. Er gehörte
nicht mehr zu den kleiner gewachsenen jungen Männern. Er war im ersten
Jahr der Lehrzeit um 10 cm gewachsen. Erinnerungen daran bestehen deshalb, weil die unter seinen Schraubstock in der Lehrwerkstatt ein Block gesetzt werden musste, um die ergometrischen Vorgaben der Schraubstockhö-
he zu erreichen. Mutter musste an die Hosenbeine des Arbeitsanzuges eine
Verlängerung annähen. Vater, der ja bei sich immer auf saubere, für ihn als
elegant eingestufte Kleidung achtete, war nun auch der Meinung, dass der
Sohn einen schicken Anzug brauche. Alle Erwartungen von Steffen über-
treffend, zog Vater mit ihm durch die Geschäfte der Innenstadt. Der Anzug
hatte modern eng geschnittene Hosenbeine, löste bei Steffen innere Jubel-
stürme aus und Vater zahlte 235,- Mark. Modern war damals eine 19 cm

Hosenbeinweite. „Angesagt" bei Jugendlichen war auch ein Schnitt von 17 cm und nur die mit dürren Beinen schafften es, in ein 16 cm Hosenbein zu steigen.

Schuhe sollten es nun auch noch sein. Modern waren die ganz vorn spitzen Schuhe. Hier kam aber wieder die väterlich urgewaltige Ansicht zum Tragen, dass diese Art von Schuhen den Füßen schadet.

Er kaufte dem Sohn vorn breite gute Lederschuhe. Besser als Nichts, bedankte sich Steffen auch noch dafür und schämte sich jeden Tag in Erwartung hässlicher Kommentare seiner Kumpel. Diese blieben aber zur damaligen Zeit vollkommen aus. Steffen nutzte die nächste Gelegenheit und meldete sich an einem Feiertag für die Nachtschicht beim Paketpostamt der Stadt. Mit Stechkarre, von Hand und mittels Elektro- Transportkarre wurden Pakete bis hin zu riesigen Wollballen von Waggon zu Waggon umgeladen. Hohn und Spott erntete Steffen von einem kleinen drahtigen Arbeiter, als der sah, wie Steffen an der Stechkarre „hing" und die Last nicht bewältigte. Kurzer belehrender Anschauungsunterricht und der Neuling war wieder um eine Erfahrung reicher.

Die über Batteriestrom betriebenen Fahrzeuge, Eidechse genannt, wurden durch handbetätigte Widerstandsschalter nach vorn oder rückwärts bewegt und durch eine rechts oder links mit den Füßen gedrückte Plattformwippe in die Kurven gesteuert. Schon damals gab es umweltschonende Elektrofahrzeuge.

Für die Nachtarbeit wurden 50,-Mark incl. Nacht- und Feiertagszuschlag ausgezahlt und Steffen konnte sich für 49,- Mark moderne schwarze jugoslawische Lederschuhe kaufen. Die verhassten, vorn breiten Schuhe, dienten immer seltener nur noch bei der Arbeit.

Mit den Eltern war vereinbart, dass Steffen von seinem Lehrlingsgeld nur 15,- Mark Taschengeld behalten durfte. Die sonstigen Ausgaben wie Fahrgeld, Klavierunterricht und 19 Pfennige Milchgeld (nicht 20!) pro Arbeitstag wurden aufgelistet. Bei einem Wirtshausbesuch mit seinen Lehrlingskollegen hat Steffen als einziger kein Essen bestellen können. In dieser Situation tat das Verzichten schon ein wenig weh. Er hat sich schon damals sehnlichst einen zwar bescheidenen aber etwas lockeren „Umgang mit Geld" gewünscht. Vorweggenommen funktionierte das erst, immer besser werdend, 20 Jahre später.

Im letzten Lehrjahr gelang Steffen so mancher persönlicher erinnerungswürdiger Durchbruch. Irgendwie setzte sich ein bewusstes Lernen, speziell die systematische Erledigung der Hausaufgaben, und nicht wie bisher, alles

„auf dem letzten Drücker" zu tun, bei ihm durch. Die Schulnoten waren nicht schlecht, wurden aber besser. In Sachen des bewussten Lernens war er ein sogenannter Spätstarter.

In einem FDJ-Clubhaus *(Freie Deutsche Jugend; kommunistische Organisation)* in der Stadt wurden Tanzstundenkurse für einen äußerst bescheidenen finanziellen Betrag, aber von absolut professionellen Tanzlehrern gehalten. Diese Lehrgänge hatten nichts mit ideologischer FDJ- Arbeit zu tun, sondern beinhalteten Anstandslehre, korrekte Kleidung, Mittelball und Abschlussball. Steffen hatte eine nette Tanzstundenpartnerin „erwischt". Sie absolvierte eine Verkäuferinnenlehre im HO- Warenhaus *(Handels Organisation der DDR)*. Zum Abschlussball holte er sie nicht mit dem Taxi, sondern straßenbahnfahrend von ihrer Wohnung ab. Zu einem schönen Rosenstrauß hatte es aber gereicht. Es war auch bis zum Ende des Staatsgefüges DDR nicht selbstverständlich, so gleich einmal einen schönen Blumenstrauß kaufen zu können.

Nach der Tanzausbildung nahm Bruder Konrad Steffen erstmalig zu einer öffentlichen Tanzveranstaltung mit. Mit Freunden wurde daraus eine 14 tägige bis dreiwöchige „Pflichtveranstaltung" auf verschiedenen Parkettböden. Nach dem Gedränge am Eingang und Lösen der Eintrittskarte für 2,- Mark + 10 Pfennige Kulturgroschen hatten alle ihren festen Sitzplatz. Später wurden vom Einlassdienst noch so genannte „Beziehungs- oder Kumpelstehplätze" gewährt. Die Veranstaltungen begannen meist 19 Uhr. Die Kapelle spielte immer live auf einer kleinen Bühne jeweils 3 Musikstücke. Es war schon ein immenser Wettbewerb der Herren, so schnell wie möglich nach Ertönen der ersten Takte die Erwählte mit einer leichten Verbeugung und mit dem „darf ich bitten" zum Tanz zu holen. Vorteil der nur 3 Stücke war, dass man beim Spüren, dass die Chemie nicht stimmt, diese Dame nicht wieder beachtete. Was soll man auch mit Einer im Arm die zu groß oder klein ist, die Mundgeruch hat, nur missmutig auf Fragen nicht oder mit kaum zwei Worten antwortet oder trotz aller tänzerischen Führungsversuche stocksteif bleibt. Außer bei einzelnen offiziell nicht erwünschten Rock´n Roll Stücken wurde arm- und körpergeführt getanzt. Bei geglaubter Sympathie hat man die Dame für den nächsten Tanz vorengagiert. Vorsichtig versuchte man zu ergründen, wo das Mädel wohnt, um nicht mit dem Versprechen, sie nach Hause zu bringen eine längere Nachtwanderung zu riskieren. So war es besser für den nächsten Tag ein Treffen zum Tanztee oder einen Kinobesuch, meist im großen Capitol, möglichst Rang, letzte Reihe Nr. 9, die Mittelplätze 34 und 35 zu vereinbaren. Es gab dort keine Beobachtung von hinten, wenn man schüchtern seine Annäherungsversuche startete. Die Tanzveranstaltungen waren nach Mitternacht zu Ende und man konnte gut die erste Straßenbahn oder die nächste, „den Lumpensammler" erreichen. Eintritt, ein Glas Bier und eine halbe Flasche Wein kosteten im Schnitt 11,- Mark bei den Tanzveranstaltungen. Einzelne Freunde konnten es sich leisten, die Dame an die Bar zu führen. Steffen war dies finanziell nicht möglich und er handelte nach dem Prinzip „Ich erobere erst das Herz der Frau, um es dann materiell zu verwöhnen und ich verwöhne sie nicht, um ihr Herz zu erobern". Das hat immer gut funktioniert. Gut, dass die Tanzabende zeitlich nicht die ganze Nachtruhe raubten. Sonntags Vormittag und in den Mittagsstunden galt es, die schulischen Hausaufgaben zu erledigen.

Neben dem großen Flugzeugbaubetrieb gab es ein beheiztes Freibad mit 50m Bahnen. Zum Sportunterricht gehörte auch Schwimmen. Ein Kamerad aus der Lehrlingsklasse war in den davor liegenden Jahren Leistungsschwimmer. Er übte mit Steffen, nach dessen Interessenbekundung, während einer Sportstunde die Stilarten Rücken, Freistil und Schmetterling. Der Bademeister und Trainer sah dies und nahm Steffen in die Schwimmgruppe auf, in der er dann zwei Jahre mit trainierte. Für einen unsportlichen jungen Mann war das eine gute Aktivität, um seinen Oberkörper in eine ansehnlichere Form zu bringen.

Ab und zu musste Steffen natürlich seine Handkasse aufbessern, um speziell die Tanzveranstaltungen zu finanzieren. Also ging es monatlich mindestens einmal nachts zum Paketpostamts- Bahnhof. Lehre und Schule durften bei all diesen Aktivitäten nicht vernachlässigt werden. Die Abschlussprüfungen, zwei in der Praxis und einige in der Schule standen bevor. Eine Praktische Prüfung war das Abbauen, Instandsetzen und der Einbau von Landeklappen am sowjetischen Jagdflugzeug MIG 15 UTI (*ein Schulflugzeug*). Die zweite Prüfungsaufgabe war der komplizierte Einbau einer Haltekonstruktion für Elektrokondensatoren im Innern der Zweipropellermaschine IL14 im Rahmen der Generalreparatur mit Sitzerweiterung von 26 auf 32 Sitze. Schon damals wurde also die großzügige Kniefreiheit der Passagiere etwas eingeengt.

Schon 1961 hatte die DDR Führung beschlossen, den Großflugzeugbau im Jahr 1962 endgültig einzustellen. Nur in Dresden sollten noch Reparaturen ausgeführt werden. So waren die Lehrlinge in Steffens Jahrgangsklasse, diejenigen, die an den letzten Maschinen ihre Facharbeiterprüfung zum Metallflugzeugbauer ablegen konnten. Nicht nur für die letzten Lehrlinge, auch für die gesamte Belegschaft gingen Hoffnungen und Träume zu Ende. Auch das Vorhaben, später Flugzeugbau zu studieren, war dahin. In dem Betrieb sollten zunächst, Steffen glaubt die Zahl 1500 gehört zu haben, Gulaschkanonen für die Armee, gebaut werden. Danach sollte die Fertigung von Lüftungs- und Klimaanlagen erfolgen.

Nach Abschluss der Facharbeiterprüfung in den letzten Wochen der offiziellen Lehrzeit und den ersten zwei Wochen danach schulte Steffen zum Gasschweißer um. In der Produktion setzte er dann an primitiven Kühlschlangen- Wickelmaschinen einige Schweißpunkte. Ihm war sofort klar, dass das keine Arbeit auf Dauer für ihn ist.

Im Zeitraum der Facharbeiterprüfungen stand auch für alle Jugendlichen die Frage, ob sie sich für zwei oder mehr Jahre nach der damals eingeführten Wehrpflicht zur Armee melden. Mit der Ausbildung zum Flugzeugbauer und als Segelflieger war formal die Bereitschaftserklärung für Steffen gegeben, sich für 12 Jahre als Offizierspilot zu melden. Für ihn war klar, dass gar keine Armeetauglichkeit gegeben war. Die Chefs der Berufsschule konnten aber eine weitere Armeebereitschaft vermelden. So fuhr Steffen 2 Tage zur Fliegeruntersuchung nach Königsbrück. Die Ärzte und andere Verantwortliche sahen es aber nicht gerade mit Freude, dass solch ein gehandicapter Kandidat ihre wertvolle Zeit in Anspruch nahm. So steht seit dem ersten Testtag im Wehrpass der Eintrag, „allzeit armeeuntauglich". Von den zwölf mitgereisten Armeekandidaten hat übrigens keiner die Pilotenlaufbahn begonnen.

Berufsverbot

Steffen hatte sich nach Lehrabschluss schon beim Wirtschaftsflug (*Klein-flugzeuge für die Landwirtschaft und Forschung*) beworben. Von 28 zuge-lassenen Bewerbern hatten 6 eine Zusage vom Wirtschaftsflug, mit der Ar-beit beginnen zu können. Zwei Tage vor Ablauf der Kündigungsfrist wurde nochmals die Bestätigung des Arbeitsbeginns von Seiten des Betriebes abge-fragt. Am ersten Tag sollte es per Flugzeug nach Berlin zur Kaderabteilung (*Personalabteilung*) gehen. Steffen sah seine Kollegen in das Flugzeug stei-gen. Einem anderen Mann und ihm wurde erklärt, dass durch den Rat des Bezirkes (*staatl. Verwaltung*) eine Verfügung erlassen wurde, dass kein wei-terer Mitarbeiter, außer die ersten 4, vom ehemaligen Flugzeugbau zum Wirtschaftsflug wechseln darf. Vorrang hat die Produktion zur Landesver-teidigung. Steffen fuhr noch am gleichen Tag zum Rat des Bezirkes und beschwerte sich an entsprechender Stelle. Am Ende des Gespräches mit der parteipolitisch auf Linie liegenden Mitarbeiterin besann er sich, nicht mit seinen Handschuhen auf die zur Verabschiedung von der „Parteitante" ge-reichte Hand zu schlagen. Wut hatte sich während des Gespräches angestaut. Drei sogenannte wirtschaftlich äußerst wichtige Betriebe wurden ihm ge-nannt, zu denen er seine Bewerbung schicken kann. Vorzugsweise sollte er aber weiter nach Schkeuditz fahren und Gulaschkanonen, später dann Lüf-tungsanlagen mit bauen. Naiv und mit vollem Frust im Bauch fuhr Steffen am nächsten Tag auf abenteuerlichem Weg per Anhalter nach Berlin zur Kaderabteilung. Dort erhielt er die Aussage, dass man ihn nicht einstellen darf. Wenn man sich darüber hinweg setzt, müsste er wieder entlassen wer-den und sie müssten 500,- Mark Geldstrafe zahlen. Nach dem Gespräch fuhr er zum Brandenburger Tor und kam noch zu Fuß in die Nähe des Reichsta-ges. Die erste stabile Grenze wurde noch als Steinmauer errichtet. Stachel-drahtrollen versperrten ihm natürlich den Weg. Die später allseits verwende-ten hohen Betonstelen gab es noch nicht.

Schon 4 Tage nach dem erteilten Berufsverbot standen 2 Herren in Le-dermänteln (*Stasileute*) vor der Wohnungstür und erkundigten sich nach dem Stand der Dinge.

Er konnte aber schon sein Bewerbungsschreiben vorweisen.

So begann er schon in der Folgewoche als Werkzeugmacher im Funk-werk, allerdings gleich mit dem Hinweis, dass eine Rachenmandel- OP an-steht. Diese wurde dringend notwendig, da sich Steffen in all den Kinder-

und Jugendjahren 3-4 Mal jährlich ernsthaft mit Entzündungen quälen musste.

Glück im Unglück, so könnte man für Steffen das Berufsverbot bewerten. Nach den folgenden dreieinhalb Jahren als Werkzeugmacher gibt es als Resümee, es waren wenige, sehr schöne, eigentlich die nachhaltigsten Arbeitsjahre.

In diesem Werkzeugbau wurden extrem hochwertige Werkzeuge für die Feingerätetechnik und Rundfunkindustrie gefertigt. Steffen fühlte sich unter den fast ausschließlich jungen Mitarbeitern sehr wohl. Es war auch außerhalb der Arbeit eine ständig aktive Truppe, die Skatturniere, Sportfeste, Schlachtfeste immer mit Musizieren und Gesang organisierte.

Schon nach einem halben Jahr erhielt er eine höhere Lohngruppe und kurze Zeit später für die Arbeit an einem Präzisionsbohrwerk nochmals eine Aufstockung. Der Nettolohn lag nun bei ca. 600,-Mark. Ausgezahlt wurde in bar in der Mitte des Monates der sogenannte Abschlag. Die sogenannte Spitze aus dem Vormonat gab es in der zweiten Woche des Folgemonats. Steffen war einer der wenigen Mitarbeiter, die aus Achtung der Persönlichkeit und fachlichen Kompetenz nicht darauf abzielte, den Meister mit „DU" anzusprechen. Ist es nicht ein besonderer Wertmaßstab deutscher Kultur, ältere Menschen, Fremden und Vorgesetzten mit der sprachlichen „Sie" Regelung eine besondere Achtung zu erweisen. Aber auch zur Distanzierung von Personen, die einem gefühlsbetont nicht zu nahe kommen sollten, ist das „Sie" von großem Wertbestand. Natürlich sollte auch das „DU" den Wertmaßstab zu den anderen Menschen nicht verwässern und dem Leben ob dienstlich oder privat positive Impulse verleihen. Steffen ist mit seinen nicht doktrinären Handlungen zu diesem Thema fast ausschließlich gut zurechtgekommen. Bei der Kontrolle und Nachbesserungen von Arbeitsnormen gingen alle Kollegen bei Bedarf den „Normer" oft frontal und mit „DU" an, um ihre Interessen (*Geld*) durchzusetzen. Um auch besser mit Fritz, so hieß der Normer, verhandeln zu können, überwand sich Steffen und sagte auch einfach „Du" zu dem Herrn. Bald darauf wurden die Lohnscheine in seinem Sinn geändert.

Eifersucht, Aufbaustunden, erstes Studium

Noch kurz vor Beendigung der Lehrzeit hatte sich Steffen von seinen Eltern 135,-Mark geborgt, um sich einen Mantel und Lederhandschuhe zu kaufen. Unterschwellig hatte er gehofft, nach seinen erfolgreichen Lehrabschluss dies als Anerkennung geschenkt zu bekommen. Was hatte er da wohl geträumt!? Es wurde von den Eltern natürlich rein sachlich korrekt verlangt, ab dem ersten Verdienst Wirtschaftsgeld zu zahlen und das vorgeschossene Geld gefordert.

Im Vergleich zu seinen Kumpels war es eine stattliche Summe, die für Kost und Logis von Steffen an die Eltern gingen. Auch in Steffen war nun der Ehrgeiz geweckt, etwas zu sparen und sich etwas zu gönnen. Der Verdienst als Werkzeugmacher lag anfänglich bei ca. 300,-Mark netto.

Das Steffen studieren wollte, war ihm schon kurz nach seiner Facharbeiterprüfung klar. Ein technisches Fachgebiet sollte es sein, nur die Studienform, ob Direktstudium, Abendstudium oder Fernstudium war noch offen. Diese Entscheidung sollte alsbald von der Realität bestimmt werden.

Auf dem Tanzsaal, noch während der Lehrzeit hatte er seine Freundin, die trotz eines getrübten grauen Auges, aber auch durch eine sehr gute Figur und ihre Intelligenz seine Liebe erfuhr, kennengelernt. Dass sie dreieinhalb Jahre älter war und das sichtbare Augenleiden hatte, hat den selbst unsichtbar behinderten Steffen nicht gestört. Der Drang, der Enge der elterlichen Umklammerung zu entfliehen und der Glaube, endlich auch das Leben eigenständig zu gestalten, ließ Steffen völlig unerfahren, einen steinigen Weg einschlagen. Hinzu kam, dass die Freundinnenfamilie gastfreundlich und nicht so eingeigelt wie die von Steffen war. Man bekam immer eine Tasse Kaffee angeboten und befreundeten Personen wurden eingelassen, auch wenn sie unangemeldet kamen. Selbst dies war für Steffen eine nicht gekannte Neuerung. Der Schwiegervater war eine ruhige intelligente Person, vor dem man nur Hochachtung haben konnte. Die Schwiegermutter stammte aus einer großen Bauernfamilie, riss alle Gewalt und auch alle Versorgungsaktivitäten an sich. Steffen wurde in diesem Haushalt gut aufgenommen und versorgt. Damals erkannte er noch nicht, welche Gefahr von der Dominanz der Schwiegermutter ausging, die auch der eigenen Tochter auch nur die geringsten Belastungen abnahm und sie damit im wahrsten Sinne mehr als verwöhnte.

Rein rationell war Steffen klar, was er für die Zukunft tun sollte und müsste. In der DDR war es kaum möglich, ohne verheiratet zu sein, eine

Wohnung oder auch nur ein Zimmer zu erhalten. Selbst verheiratete Personen mussten oft jahrelang Behördenkämpfe austragen, um gemeinsam irgendwo wohnen zu können. Ein Ausweg war, in eine Arbeiter- Wohnungsbau- Genossenschaft (*AWG*) eizutreten. Damals wurden Arbeiter, und ein solcher war Steffen, bevorzugt aufgenommen. Vorausschauend, schon mit 19 Jahren wurde er AWG- Mitglied. Für eine kleine Zweieinhalbzimmer-Wohnung, natürlich damals noch mit Ofenheizung, mussten 450 Aufbaustunden geleistet werden. Trotz einer 45 Stunden Arbeitswoche ging es nach Feierabend, Sonnabend nachmittags und Sonntag vormittags zu den Baustellen. Der erste Einsatz waren schwere Schachtarbeiten mit Hacke, Schaufel und Spaten. Steffen schaffte in 10 Monaten 386 Stunden, denn für das Folgejahr war ab September ein Studienbeginn an einer Fachschule vorgesehen.

Es gab noch keine Pille für die Frauen, das klassische Verhütungsmittel war sehr unbequem und Aids noch unbekannt. So hatte sich der Nachwuchs, damals in der Altersgruppe junger Erwachsener nichts Außergewöhnliches, fast selbstverständlich, angesagt. Innerlich belustig aber auch etwas verletzt war Steffen, als nach der ersten direkten Begegnung mit seine Freundin, diese absolut und mit ungläubigem Nachdruck in Frage stellte, ob es wirklich Steffens erstes Mal war. Was sollte er dieser, eigentlich angenehmen Situation entgegensetzen. Eine innere Genugtuung war, dass es so gut geklappt hat. Das erste Misstrauen und den gezeigten Keimling einer Eifersucht des Weibes ignorierte er in dieser Situation. Woher sollte er auch wissen, welche Krankheit sich dahinter verbirgt, die noch wie ein Vulkan zum Ausbruch kommen sollte. Das zweite Mal etwas hellhörig wurde Steffen, als er von Frau und Schwiegermutter aufgefordert wurde, den Mittagstisch sonntags mit abzuräumen und das nach einer schweren Arbeitswoche, die ihn geschafft hatte, und einer Bauleistung, die er gerade eine Stunde vorher beendet hatte. Diese geringe Wertschätzung war ihm dann doch zu beleidigend und nach seiner Meinungsäußerung und der Damen Widerrede verließ er die Wohnung. Trotz mancher Vorahnung aufkommende Ungereimtheiten und Streit mit der Auserwählten überwog das anerzogene Pflichtbewusstsein und der Glaube, die Partnerin in seinem Sinne beeinflussen zu können. Über zwischenmenschliche, eventuell mögliche Dinge, hatte Steffen sich bis zu diesem Zeitpunkt mit Niemandem ausgetauscht. Auch von den Eltern kamen dazu keinerlei Andeutungen oder wohlgemeinte Hinweise. Wie der Stein in einem Katapult war er bisher unter Spannung gehalten und nun plötzlich losgelassen. Er flog unkontrolliert aber mit Verantwortungsbewusstsein,

Hingabe und Fleiß im Rucksack ins neue Leben. Also weiter auf den langwierigen psychologischen Lernprozess, der noch viele Jahre dauern sollte und einem Meer mit Riesenwellen glich. Kein uneheliches Kind sollte geboren werden und so wurde bald geheiratet. Einem unvergesslichen Polterabend, gestaltet von Steffens Kollegen, die mit vier alten Kinderwagen voll Scherben anrückte und mit viel Musik und Gesang im Programm, folgte am nächsten Tag das Hochzeitsfest. Schwiegermutter meinte, wenn es in den Schleier schneit, wird das Paar einmal reich. Sie hatte natürlich nicht Recht behalten.

Die Schwiegereltern und der Schwager im Westen unterstützten die junge Familie. Die Schwiegermutter agierte aktiv, natürlich nicht ohne die in ihr wohnende Bauernschläue, damit auch Abhängigkeiten schaffend und ihre Dominanz zu pflegen. Sie schirmte ihre Tochter von den meisten Pflichterfüllungen weiter ab. Von Steffens Eltern gab es außer einem bescheidenen Hochzeitsgeschenk keine materielle Unterstützung. Das wurde registriert aber nicht weiter kommentiert.

Nach der Geburt von Sohn Heiko hatte das junge Paar noch keine Wohnung. So übernahm die Schwiegermutter die Hauptarbeit der Babypflege, denn die junge Mutti fuhr ja täglich nach der 6-wöchigen Babyzeit wieder zur Arbeit. Das Kind hätte natürlich auch in einer der staatlich geführten, allen positiven Ansprüchen genügenden Kinderkrippe Aufnahme gefunden.

Ein nur zu nachträglichem Kopfschütteln führendes Ereignis war der erste gemeinsame Silvesterabend in einer Tanzbar. Schon zwei Stunden vor Mitternacht zerstörte ein Silvesterknaller, der auf dem Fußboden angezischt kam, die neuen Nylonstrümpfe der jungen Ehefrau. Diese war so erzürnt und verdarb, ohne sich auch nur etwas beruhigen zu lassen, eine weitere Stunde.

Steffen blieb nur die Aufforderung, das Lokal zu verlassen, um den anderen Gästen am Tisch nicht auch noch den Abend zu verderben. Auf der Straße gingen die Wutanfälle der Frau weiter. Nach einem letzten Hinweis drehte Steffen um und ging allein zur Feier zurück. Auch wenn zu damaliger Zeit, Nylonstrümpfe etwas Wertvolles waren, ein Grund so zu skandieren war es nicht und der Schwager schickte auch neue Strümpfe aus dem Westen. Steffen stellte sich immer wieder die Frage, wie kann man solche, aus einer Banalität entstehenden Prozesse, unter Kontrolle bringen. Sicher und das hat sich auch in Folge bestätigt bei solch verwöhnten, egoistischen Personen nicht möglich.

Zwischenzeitlich war die Entscheidung gefallen, dass Steffen ab September des gleichen Jahres ein Abend- Ingenieurstudium beginnt. Zunächst hatte er sich für das Fachgebiet Maschinenbau beworben. Von der Ingenieurschule kam aber die Anfrage, ob er sich auch für das Fach BMSR-Technik *(Betriebsmess-, Steuer- und Regelungstechnik)* als zeitgemäß moderne Fachrichtung entscheiden könnte. Seine Betriebszugehörigkeit im Funkwerk wäre auch dafür sicher eine gute Basis. Die Aufnahmeprüfung dauerte zwei Tage. Schriftlich wurde zu den vier Fächern Mathe, Physik und Werkstoffkunde, Deutsch und natürlich für die damalige Zeit wichtige Staatsbürgerkunde geprüft. Die mündlichen Prüfungen bestanden neben allgemeinen aber nicht politischen Fragen hauptsächlich darin, logische Denkansätze im Rahmen technischer Themen nachzuweisen. Durch die hochwertige Berufsausbildung, schon mit teilweisem Fachschulniveau, hatte Steffen bei all den stundenlangen Prüfungen keine Probleme. Er begab sich für die folgenden 5 Jahre jede Woche montags, dienstags, donnerstags und freitags nach Arbeitsschluss zur Ingenieurschule. 16:30 Uhr begann der Unterricht. In Erinnerung ist, dass ca. 20 Minuten nach Beginn, Steffen täglich von einer ca. 20 Minuten andauernden akuten Müdigkeitsphase übermannt wurde. Vier Unterrichtsstunden und zwischenliegende Pausen ließen das Ende um 20:15 herbeisehnen. Sonnabends wurden wechselseitig in der Wohnung von drei Studienfreunden und Steffen die wichtigsten Hausaufgaben gemeinsam gelöst. Ein kleiner Imbiss half bei den anstrengenden Sitzungen in den Denkpausen.

Die anfängliche Klassenstärke betrug 23 Studenten. Nach einem Jahr wurden vier Herren leistungsbedingt exmatrikuliert. Eine der beiden Studentinnen wurde wegen überdurchschnittlicher Leistungen zum Direktstudium delegiert und ihr wurde ein entsprechendes Leistungs- Stipendium gewährt. Wenn alle anderen bei Klausuren mehr oder weniger Mühe hatten die Aufgaben ihrer Gruppe zu lösen, gab sie die Ergebnisse vorzeitig ab, hatte aber alles für zwei Gruppen richtig gelöst. Einige Studenten der Klasse und meist auch Steffen trafen sich vor Unterrichtsbeginn in einer Imbisshalle, um eine Bockwurst zu verzehren und einen Kaffee zu trinken. Sobald Bier getrunken wurde, kam die Frage „Gehen wir heute". Nach dem zweiten Bier war die Entscheidung gefallen und statt Studiengang war Kneipengang angesagt. Der Auftrag für die zum Unterricht gehenden war dann, Blaupapier für das Dublee der Mitschriften einzulegen. Da dieses Schwänzen des Unterrichts nicht oft vorkam, blieben die wenigen Wirtshausläufe in guter Erinnerung. Ein Bockbierfest, freitags nach dem Unterricht war sehr zukunftsanhaftend. Nach 10 Bockbier hatten die Studenten noch gemerkt, dass das folgende eine etwas andere Farbe hatte und billiges Einfachbier war. Da wurden schon die Worte über den Betrugsversuch etwas lauter. Der Kneiper *(Wirt)* ließ die Sache mit einem Freibier aber nicht eskalieren. Steffen schaffte den Nachhauseweg noch mit dem Fahrrad, aber auf der Kellertreppe wurden ihm schon Gleichgewichtsprobleme bewusst. Noch in der elterlichen Wohnung lebend, stand wie seit Kinderjahren regelmäßig eine Kanne kalter „Muggefuck" *(Malzkaffee)* in der Küche. Alle Kraft aufbietend, mit arg strapazierten alkoholgetrübten Augen, entfernte er die von ihm verursachten Scherben und Malzkaffeepfützen zu mitternächtlicher Stunde. Es war noch nicht die letzte Erkenntnis zu den Wirkungen des Alkohols. Diese erfolgte ungefähr erst ein Jahr später. Mit Nachdruck überwand die junge Ehefrau die bürokratischen Hürden, um eine Wohnung zu bekommen. Die Wohnungsvergabe funktionierte ausschließlich, außer den AWG´s über das staatliche Wohnungsamt der Stadt. Für die Genossenschaftswohnung waren noch einige Jahre Wartezeit avisiert, obwohl Steffen alle Bauleistungen dafür erbracht hatte. In einer Wohnung, nahe dem Stadtzentrum und der Fachhochschule konnte das Paar zwei große Zimmer und eine Behelfsküche in einer sehr großen Altbauwohnung beziehen. Drei weitere Einzelpersonen lebten noch in der Wohnung und teilten sich eine Küche, aus der auch das junge Paar das Wasser holen musste. Bad und eine Toilette waren Gemeinschaftsörtchen für fünf Personen. Steffen, der schon seit seinem 12. Lebensjahr im Renovieren, speziell Tapezieren geübt war, „stemmte" neben seinem Studium zusätzlich auch die Bau- und Malerarbeiten. Zu den vier Abenden in der Woche Unterricht auf Hochschulniveau, an den Wochenenden die notwendigen Hausaufgaben und Prüfungsvorbereitungen kamen nun noch die Renovierungsarbeiten in der doch recht herunter gewirtschafteten Wohnung hinzu. Vater hat einige Male mit geholfen und war auch anwesend, als es zum ehelichen Eklat kam. Was auch immer der strittige Wortwechsel war, mit Sicherheit nichts Weltbewegendes, führte dazu, dass Steffen als er die letzte Stufe von der Leiter stieg, mindestens acht blutende Wunden oberhalb und unterhalb seiner Augen hatte. Die sonst sehr schönen, sehr stabilen Fingernägel der mehr als unbeherrschten Ehefrau hatten sich ohne Ansage in seinem Gesicht festgekrallt .Ein seiner ersten Gedanken nach diesem Angriff war, dass ihm das nie wieder passiert und er bei Wiederholung weibischer Gewaltausbrüche schneller reagieren muss. Die Ausreden vor Freunden und Kollegen, dass eine Gardinenstange mit den Metallklipsen auf sein Gesicht gefallen sei, erbrachte natürlich nur höhnische Kommentare.

Dem Zeitgeist der damaligen Moderne wurden alle Verzierungen um die schönen Holztüren entfernt. Bis zu dreizehnfach wurden Tapeten und Zeitungunterlagen von den Wänden geweicht und gekratzt. Ein entdecktes Datum stammte ungefähr von 1890. Das letzte Malheur nach Alkoholkonsum im Leben von Steffen gab es nach der Abschlussfeier des zweiten Studienjahres. Das neue Schlafzimmer war gerade zwei Wochen alt, als der alkoholische Drehschwindel keine rechtzeitige Überbordung des Bettrandes bis zum Magenerguss zuließ. Peinlich, aber es war passiert. Am nächsten Tag wollte sich Steffen mit einem kleinen Geschenk entschuldigen und für die partnerschaftlichen Reinigungsaufgaben danken. Als Antwort flog ihm eine große Glasschüssel mit gezuckerten Johannisbeeren, begleitet von einem weibischen Wutanfall, entgegen. Der Alkohol war aber schon aus dem Körper gewichen und Steffen konnte reaktionsschnell ausweichen. Wenn auch aus Angst vor solchen Partnerreaktionen und den ertragenen spürbar negativen körperlichen Unpässlichkeiten nach mehr als notwendigem Alkoholgenuss, ein Gutes hatte es. Steffen ist im weiteren Leben nie wieder in eine solche Trinkersituation geraten.

Das Einstiegsvokabular zu Ehestreitigkeiten erreichte, wenn auch sehr allmählich, immer ein höheres Negativlabel. Nur gut, dass wenig Zeit für Streitigkeiten blieb, da das Studium und die Arbeit also die rationellen Dinge wichtig waren. Jedes mögliche Zeitfenster wurde zur Präsenz beim Sohn, der bei den Schwiegereltern wohnte genutzt. Es soll nicht der Eindruck entstehen, dass körperliche Gewalt, die immer von der Ehefrau ausging, den Alltag bestimmten. Die seltenen aber intensiven Wutausbrüche, einmal flog ein langer geschliffener Kristallaschenbecher Richtung Steffen, verlangte natürlich nach einer Gegenreaktion, um der Sache Einhalt zu gebieten. Steffen ging schon damals durch den Kopf, möglichst noch relativ kontrolliert zu reagieren. Er kann aber nachvollziehen, wenn es bei anderen Paaren und analogen Situationen zu schlimmen oder schlimmsten Eskalationen kommt. Jahrzehnte später wurde dann auch von Männerschutzhäusern gesprochen und diese eingerichtet, um der vorherrschenden Meinung, dass Gewalt immer vom Mann ausgeht, entgegenzutreten.

Natürlich gab es auch längere Zeitabschnitte ohne ehelichen Zoff und mit einem normal bürgerlichen Verhalten, wie Kinobesuche, Urlaubsfahrten und privaten Treffen. Immer wieder wurde bei Steffen die Hoffnung genährt, dass ein ausgeglichener Lebensabschnitt möglich ist. Der an solchen Tagen entstehenden Hoffnungseuphorie folgte meist ein tiefes Wellental, was schon bei mehr Konsequenz viel Zukunftsleid erspart hätte.

Von einem Kollegen kaufte Steffen für 200,-Mark ein Motorrad, DKW 200; Baujahr 1936, um flexibler auf den Wegen zum Sohn zu sein, der ja in einer 18 km entfernten Kleinstadt bei den Großeltern wohnte. Als erste Reparaturmaßnahme, noch vor dem Kauf, hat er die Kupplungsscheibe mit einer Vielzahl von aus Flaschenkorken geschnittenen Scheiben bestückt. Der Montageort war die Straße. Die weiteste gefahrene Tagesstrecke war bis nach Mecklenburg ca. 250 km. Einmal hatte die Maschine einen Kolbenfresser und nichts mehr bewegte sich. Motorzylinder und Kolben baute Steffen auseinander und reinigte die Kolbenringe und die Zylinderwand mit einem ganz feinkörnigen Ölschleifstein. Praktische Berufserfahrung als Werkzeugmacher zahlte sich also aus. Nach dem Zusammenbau konnte er konstatieren „so geht Technik."

Schon fast am Ende des ersten Studienjahres zog die erste dunkle Wolke am Gesundheitshimmel auf. Es hatte sich ein riesiger Abszess neben dem After-Schließmuskel gebildet, der operativ entfernt wurde und was 2 Wochen Klinikaufenthalt bedeutete. Das Studienjahr wurde trotzdem geschafft. Um eine durch Schmutz oder Schwitzen begünstigte Infektion zu vermeiden, wurde mit betrieblicher Unterstützung ein erster Einsatz im Konstruktionsbüro für drei Wochen ermöglicht. Mitte des 2. Studienjahres, die Chirurgische Klinik hatte gerade wegen Umbau geschlossen, suchte Steffen mit einem erneuten schmerzhaften Abszess Hilfe in der Universitäts- Hautklinik. Noch am gleichen Tag Narkose und OP mit sieben Wochen Klinikaufenthalt. Man behandelte die große Wunde täglich mit dem unangenehmen schmerzhaften Prozess des Austamponierens, bis sich die Wunde scheinbar geschlossen hatte. Wenn Steffen sein Hinterteil hob und mit einem großen Spiegel seine Wunde „begutachtete", sah er meist etwas winzig gelbes Sekret an einer Stelle. Kommentar der Ärzte war, es sieht alles gut aus und heilt. Steffens Hinterteil wurde in der Universitätsklink zu einem gegehrten Schulungsobjekt für die jungen Studentinnen und Studenten. Also hieß es bei den Chefvisiten Hintern hoch zur Arschbeschauung, ohne sich zu schämen.

Die Studienkumpel von der Ingenieurschule besuchten ihren Mitkommilitonen oft in der Klinik und brachten die aktuellen Studienunterlagen. Zweimal ließ sich Steffen von der Klinik einige Stunden frei geben, um die Prüfung in Mathe und Physik mit zu absolvieren. Der nette ältere Mathedozent, Dr. Wehner fragte ihn, was er hier wolle und bot gleich an, da erfahrungsgemäß auch noch andere durchfallen, in den Semesterferien Nachhilfe zu erteilen und dann die Wiederholungsprüfung erfolgreicher werden zu lassen. Das Problem war, dann in der Hauptferienzeit einmal wöchentlich einen Schulungsraum zu bekommen. Steffens Betrieb gab wieder Unterstützung. Die Aktion war nach sechs Übungsabenden und Prüfung für alle erfolgreich. Geld wollte Herr Doktor dafür nicht haben! Die Nachhilfestudenten bedankten sich mit einer guten Flasche Rotwein und einem Blumenstrauß, was beides zu beschaffen in der DDR nicht ganz einfach war.

Das zweite Studienjahr und die Abschlussprüfungen mit höherer Mathematik, Physik und Russisch waren im Nachgang gut geschafft und das dritte Studienjahr begann. Schon im Oktober wurde die nächste faustgroße Vereiterung in Narkose aufgeschnitten und weitere drei Eingriffe dieser Art sollten folgen. Die Narkosetechnik hatte sich schon in diesen Jahren verbessert, was allerdings die ekelhaften Kopfschmerzen und das Erbrechen noch nicht maßgeblich verhinderte. Aus der Klinik entlassen, schwoll schon nach wenigen Tagen unter der sich gerade geschlossenen Narbe der Abszess wieder an. In diesem 3. Studienjahr fehlte Steffen insgesamt über 12 Wochen beim Fachschulunterricht und er schaffte trotzdem mit allen Mühen dieses Studienjahr und alle Prüfungen. In der Klinik konnte er sich in dem sogenannten fensterlosen Sterilisierungsraum setzen und das Selbststudium betreiben. In diesem Raum wurden auch das technisch- medizinische Gerät, die Spritzen und das Verbandsmaterial sterilisiert. Die Wundtupfer wurden aus Gazematerial mit einer Stoffschneidemaschine geschnitten und dann von Hand geknotet. Auch die gebrauchten Stabilisierungsbinden wurden gewaschen, von Hand gewickelt und dann   sterilisiert. Neben seinem Studium in diesem Raum, die Studienkollegen brachten wieder entsprechende Mitschriften aus dem Unterricht mit, schnitt und formte Steffen Körbe voll Tupfer, und unterstützte so diese langweilige Arbeit der Schwestern. Höhepunkt des Tages war wieder nur die schmerzhafte Tamponade, bei der er sein Hinterteil auf dem Rücken liegend den hübschen jungen Schwestern präsentieren musste. Die sonstige Langeweile überbrückend, besuchte Steffen auch das Patienten-Stations- Raucherzimmer. In diesem Suchttempel nahm eine 20-jährige Raucherepoche seinen Anfang und das in einem Krankenhaus.   Bemerkenswert für diese Zeit war, dass ein Krankenpfleger, wenn er Spätschicht hatte, seinen sehr großen Hund mit in die Klinik brachte. Die Essenreste aus der Stationsküche nährten die Dogge redlich.

Die viel mehr belastende Odyssee für Steffen begann aber nach der 3."Hintern-OP." Zur besseren Wundheilung wurden Kaliumpermanganat-Sitzbäder verordnet. Es ist im Nachhinein nicht anders zu erklären, dass dieses in der Medizin als Desinfektionsmittel eingesetzte rot-violett glänzende Mittel, auch das normal biologische Gleichgewicht des vorderen Genitalbereiches völlig durcheinander brachte. Schon die kleinste Unebenheit an führte zu einem kaum auszuhaltenden Juckreiz. Fazit waren dauerhafte

Arztbesuche, sich ausweitende Entzündungen und völlig falsche Hygiene-maßnahmen durch Seifenwaschungen. Von den Ärzten wurde das Ganze nur oberflächlich betrachtet und irgendwelche Mittelchen verschrieben. Verbale Aussagen zu vielleicht mangelnder Hygiene und übertriebener Selbstbefrie-digung wurden seitens der Ärzte geäußert, was zu den objektiven Leiden auch noch eine zusätzliche psychische Belastung bedeutete. Ein Hinweis, es einmal ohne jegliche Hilfsmittel wie Seife oder Salben, also nur mit Wasser und trocken tupfen zu versuchen, kam von keiner Seite. Nach dem ersten Auftreten dieses Krankheitsbildes kam es anfänglich zusätzlich noch zu An-schuldigungen und eifersüchtigen völlig „an den Haaren herbeigezogenen" Verdächtigungen durch die Ehefrau. Dieses Krankheitsbild sollte, immer wieder neu aufflammend, die bessere Seite des Ehelebens stark beeinträchti-gen.

Erst über 10 Jahre später wurde ein amerikanisches Medikament gefun-den, dass die Situation im Zusammenhang mit der Selbsterkenntnis einer reizlosen Hygiene stark verbesserte und bald danach nicht mehr als Problem bestand.

Diese unsichtbaren Behinderungen waren nicht nur physisch sondern auch psychisch eine große Last. Niemand half in diesen Situationen und darüber zu sprechen war nicht möglich. Aber eine noch größere Belastung stand vor der Tür. Nach der 6. Hinterteil-OP, das Studium war also schon fortgeschritten, erhielt Steffen wieder für einige Wochen einen Schonplatz im Konstruktionsbüro des Betriebes. Der langwierige Heilungsprozess sollte nicht noch durch die Werkstattumgebung im Werkzeugbau gefährdet wer-den. Zu Hause erzählte er natürlich, von den neuen Kollegen und das ihn eine Mitarbeiterin, eine Teilkonstrukteurin, beim Lernen der neuen Aufga-ben unterstützt. Zwei oder dreimal musste er wohl auch deren Namen ge-nannt haben und schon kam es zu bohrenden Fragen, wie, ob diese Dame nett ist, wie die aussieht und zur massiven beschuldigenden Vermutung, dass Steffen mit der Kollegin ein Liebesverhältnis hat. Er hatte ein Verhältnis, es war ein sauberes kollegiales. Allein schon der Gedanke, mit einem ständig zu tragenden Wundverband am Gesäß eine Liebschaft zu beginnen, wäre doch absurd gewesen. Ein Jahr später erfuhr Steffen, er traf zufällig die Mitarbeiterin im Betrieb, dass die krankhaft eifersüchtige Ehehälfte sogar den Konstruktionsleiter aufgesucht hatte. Sie erkundigte sich über die Kolle-gin und deklarierte ihre Beschuldigung als objektive Realität. Natürlich wur-de solch ein Ereignis von allen, die darüber Kenntnis erhielten, sensationell aufgesogen. Viele Kolleginnen und Kollegen, auch einige im Werkzeugbau, wussten von den Anschuldigungen und dem „geheimen" Betriebsbesuch der eifersüchtigen Ehefrau. Man kann nur ahnen, welchen Stellenwert das Gesprächsthema hatte. Nur, der eigentlich betroffene Steffen ahnte nichts. Die Kollegin erhielt, wegen nicht im Sinne sozialistischer Normen gestalteten Lebens, keine Gehaltserhöhung. Die psychische Belastbarkeit, die schon auf Grund von Abendstudium, Dauerkrankheit und Eifersuchtsszenen fast maßlos war, wurde durch diese Denunziation auf eine neue Probe gestellt. Unerwartete Problemrettung kam von einer handschriftlichen Adresseintragung im Umschlag des Personalausweises von Steffens Frau. Sie hatte in Berlin ein Fernstudium begonnen und es vermutlich auch mit der egoistisch eingeforderten Treue selbst nicht so genau genommen. Steffen sah die Gunst der Stunde gekommen und drohte mit einer Fahrt nach Berlin, es sei denn, sie sucht den Betrieb auf und entschuldigt sich persönlich beim Konstruktionsleiter und der beschuldigten Kollegin. Dies tat sie dann auch umgehend aus Angst vor den Konsequenzen mit ihrem Nebenbuhler und die Kollegin hatte auch im Folgemonat etwas mehr im Portemonnaie. Das Bewusstsein selbst als gehörnter Ehemann weiter durch das Leben zu gehen, beschäftigte Steffen nicht so sehr, da die anderen Verpflichtungen ihm wichtiger und irgendwelche Kontrollen in Berlin überflüssig erschienen.

Noch während des 3. Studienjahres stand die nächste Operation an der immer wieder betroffenen Körperstelle an. Ein Arzt in der Chirurgie erklärte, den plausibelsten Entstehungsprozess einer solchen Erkrankung. Steffen kam zu der Selbsterkenntnis, dass der After- Schließmuskel nach der OP doch stillgelegt werden müsste. Vor der OP ließ er sich den Darm entleeren und verzichtete dann mehrere Tage auf das Essen. Wenige leicht verdauliche Speisen an den Folgetagen brachten im tatsächlichen Sinn „eine Arschruhe". Diesmal heilte die Wunde schneller und es kam zu keinem erneuten Abszess. Geblieben ist für das weitere Leben nach sieben Eingriffen an dieser Stelle eine unsichtbar notwendige Beeinträchtigung. Mancher würde sie vielleicht auch als Behinderung empfinden, da sie täglich besondere Hygienemaßnahmen erfordert. Auch ein viele Jahre später erfolgter notwendiger operativer Korrektureingriff an diesem Körperteil, bei dem der Schließmuskel dann durch medizintechnische Maßnahmen zwischenzeitlich stillgelegt wurde, brachte eine geringfügige Verbesserung. Geändert hat sich aber nichts an der lebenslang bestehenden Gesamtproblematik.

Für einen Monat wechselte Steffen, nun schon im 4. Studienjahr, in die technologische Abteilung der Schaltgerätetechnik im Betrieb. Er erhielt dort auch einen Entwicklungs- und Fördervertrag mit Gehaltsanpassungszusagen.

Das nunmehr gezahlte Angestelltengehalt von 630,-Mark wurde so stark besteuert, dass 100,- Mark weniger netto im Monat zur Verfügung standen. Der Arbeiterlohn wurde mit nur 5% Lohnsteuer belegt. Dies war eine der Restriktionsmaßnahmen, um die Theorie vom Arbeiter- und Bauernstaat der DDR zu dokumentieren. Von dieser 5% Steuerregelung profitierten nur nach Steffens Kenntnis die Armeeangehörigen und viel später auch die damals schlecht bezahlten Lehrer. Der Betrieb lag im Südosten der Stadt und zwischenzeitlich hatte die Familie auch die zweieinhalb Zimmer Neubauwohnung im Südwesten der Stadt bezogen. Die Neubauwohnung hatte noch Ofenheizung und lag in der vierten Etage. Die schon aus der Kindheit und Jugend bekannte Problematik der Kohleversorgung und Einlagerung, Kohleschleppen und Aschentleerung erforderte nun noch größere Transportwege. Wer nach der Arbeit zuerst nach Hause kam, hatte die Aufgabe Feuer zu machen. Wie auch in den früheren Jahren, wurden Kartoffeln eingelagert und die Teppiche an der auf dem Hof befindlichen Klopfstange gereinigt. Die erfolgte nach Bedarf und nicht mehr doktrinär wöchentlich wie bei den Eltern.

Die Fahrzeit mit der Straßenbahn zum Betrieb betrug fast eine Stunde und obwohl Steffen immer eine früher fahrende Straßenbahn nahm, kam er oft zu spät zur Arbeit. Eine Situation die ihm selbst peinlich war und meist vorwurfsvoll vom Vorgesetzten kommentiert wurde. Zur Aufgabe eines Technologen gehörte auch, mit der Stoppuhr neben den Montagearbeiterinnen zu sitzen, um die Normzeiten der Fertigung vorzugeben. Für Steffen eine unbefriedigende Aufgabe, da die Frauen im normalen Tages- Arbeitsablauf für die vorgeschriebene Tätigkeit immer mehr Zeit brauchten. Steffen der Normer, mit der Stoppuhr neben der Arbeiterin sitzend, bewirkt automatisch einen zügigeren kontrollierten Arbeitsfluss.

Steffen suchte sich sehr schnell eine neue Arbeitsstelle. Er fand sie im Konstruktionsbüro in einer großen Gießerei in Wohnortnähe. Eine angenehme Lernatmosphäre für den unerfahrenen Konstrukteur, nette Kolleginnen und Kollegen, waren das neue berufliche Umfeld. Der Chef hatte ein großes fachliches Wissen, zu dem man nur aufblicken konnte. In der sogenannten Schwerindustrie wurden auch höhere Löhne gezahlt. Das Zuspätkommen zur Arbeit war bei zwölf Minuten Gehzeit zum Büro kein Thema mehr.

Die eigentlich schon bekannten persönlichen Probleme waren aber noch vorhanden und forderten ihren Tribut. Steffen errötete ganz schnell bei der geringsten Gelegenheit, zum Beispiel schon, wenn jemand einen Bleistift suchte und ihn anschaute. Dies blieb auch von den neuen Kolleginnen und

Kollegen nicht unbemerkt, wurde aber dankenswerter Weise nicht noch thematisiert. Die Psyche war doch recht angeknackst. Wie aus dieser Situation herauskommen, war noch nicht fassbar. Sicher waren aber schon die sich festigenden Scheidungsgedanken, um sich von der partnerschaftlichen Belastung zu befreien.

Dem alten Motorrad folgte in dieser Zeit auch der Kauf eines Motorrollers Marke „Troll". Mit diesem Fahrzeug landete Steffen zweimal auf einer Ölspur und damit auf dem Straßenpflaster. Einmal davon hatte der Sturzhelm eine große Delle nach dem Aufprall auf die Bordsteinkante, das andere Mal mussten sieben Spiegelsplitter aus dem linken Kniebereich entfernt werden. Damit wurde auch der Gedanke genährt, ein Auto anzuschaffen. Das Thema „Auto" wird noch ein Besonderes sein.

Leider konnte Steffen es nicht gegen die Meinung von Frau und Schwiegermutter durchsetzen, dass Sohn Heiko in die elterliche Umgebung gehört. Nur drei Versuchswochen mit Kindergartenbesuch reichten, um den alten Zustand, dass der Sohn bei den Schwiegereltern in der Kleinstadt wohnt, wieder hergestellt wurde. Wenn möglich wöchentlich einmal und an den Wochenenden bzw. im Urlaub war der Kontakt mit dem Kind gesichert. Steffen begleitete trotz seines begrenzten Zeitlimits den Sohn im schulischen und freizeitlichen z.B. sportlichem Bereich. Mit Sicherheit hatte er trotz der für ihn unbefriedigenden Situation einen besseren Kontakt zum Kind als manch anderer Vater. Sohn Heiko war nicht zuletzt durch die Fürsorge der Schiegermutter und des immer als Sympathieträger empfundenen Opas eine gute, freudbetonte Kindheit beschieden. Das lässt aber nicht den Schluss für Eltern zu, nicht alles Mögliche zu tun, die Hauptpersonen für die eigenen Kinder zu bleiben. Erst später erfährt und fühlt mancher, welchen Verlust er mit dem täglichen Nichterleben von Freud und auch Leid der Kinder hatte.

Das Fernstudium der Frau und das Abendstudium von Steffen ging in diesen Jahren dem Ende entgegen. 1968 beendete Steffen das Studium mit gutem Ergebnis auf dem Zeugnis dokumentiert und die Abschlussarbeit musste noch bewältigt werden. Dazu wurde eine bezahlte Freistellung von 4 Wochen nach gesetzlicher Regelung gewährt. Das betriebliche Thema lautete, die Hydraulik einer automatisch funktionierenden Badewannen- Gießeinrichtung zu dokumentieren. Steffen musste sich als spezielles Fach mit der Auslegung einer Hochdruck- Ölhydraulik auseinander setzen. Gute Unterstützung erhielt er von seinem betrieblichen Mentor. Das Gießgerät im Ganzen hat Steffen auch noch konstruiert und bei dessen Herstellung und Inbetriebnahme begleitet. Die Ingenieur- Abschlussarbeit wurde nach der Verteidigung an der Ingenieurschule mit „Sehr gut" bewertet, was natürlich bei Steffen mit der inneren Genugtuung „so schlecht bist du ja gar nicht" bedacht wurde. Ein kleiner Baustein zur Erlangung einer inneren gefestigten Sicherheit war erworben. Nach außen „überspielte" er so gut er konnte, immer sein durch gesundheitliche Probleme, Studium und vor allem eheliche Spannungen überbelastetes Ich. Absolut positiv erwähnenswert ist, dass alle 18 nach dem ersten Jahr in der Studienklasse verbliebenen Studenten gleichzeitig ihre Abschlussarbeit schrieben und das Studium erfolgreich, dank eines straffen und durchdachten Systems, beendeten.

6 Jahre Universität und 10 Jahre Selbstfindung

Immer wiederkehrend wurde von der Ehefrau geäußert, dass im Leben nur der Doktortitel eine gewisse Wertschätzung erfährt. Wie sie darauf fixiert wurde bleibt Steffen noch heute verborgen, da auch das gesamte betriebliche und familiäre Umfeld keinen Anlass dazu gab. Trotzdem war dieses überzogene Ansinnen der Frau ein Beitrag, dass Steffen sich zum Abendstudium an der TU Dresden bewarb. Im Konstruktionsbüro hatte er sich hauptsächlich mit fördertechnischen Problemen befasst und so schien ihm die Kombination aus dem abgeschlossenem Studium der Betriebs-Mess- und Steuerungs- und Regeltechnik und dem Diplomfach „Fördertechnik" mit Hauptzielrichtung Konstruktion lohnenswert. Die Aufnahmeprüfung war kein Problem und so begann das neue Studium zwei Monate nach Abschluss des ersten. Dienstagabends und sonnabends gab es Unterricht zum zweijährigen Grundlagenstudium in der Heimatstadt. Zu den Praktika und den Prüfungen mussten die Studenten nach Dresden fahren. Für das Studium gab es pro Jahr 54 gesetzlich geregelte bezahlte freie Tage. Durch die Uni wurden die Zeiten für den Aufenthalt in Dresden meist so gelegt, dass als Unterkunft in den Studentenheimen, die studienfreie Zeit der Direktstudenten genutzt wurde. Auffallend, dass die verlassenen Quartiere der Studentinnen einen wesentlich größeren Reinigungsbedarf zur Beseitigung von Müll und wehenden Staubflocken bedurften als die der männlichen Bewohner. Aber auch private Quartiere wurden bereitgestellt. Steffen und meist drei Studenten „schlossen" sich außerhalb der direkten Hörsaal- oder Praktikumszeit in ihrem Quartier ein und bereiteten sich intensiv auf den neuen Tag vor. Nur freitagabends war vergnüglicher Ausgang in Dresden angesagt. Die Studienkumpels fragten Steffen, warum er die offensichtlichen Chancen bei den Damen nicht nutzt. Trotz der bestehenden Tatsache, dass er ohnedies von seiner Frau einer solchen Handlung bezichtigt wird, war er noch nicht bereit, eine solche Herausforderung anzunehmen. Eine Berechtigung, es einmal zu versuchen, wäre sicher zu vertreten gewesen. Er war zu dieser Zeit noch zu feige. Erst Jahre später, also eigentlich nach mehr als zehn Jahren gefühlt gescheiterter Ehe, stellte sich heraus, dass das Ausnutzen solcher Gelegenheiten keinesfalls die Probleme verschlimmerten. Erstaunlich, dass diese netten Erfahrungen für Steffen einen nur für ihn fühlbaren gefestigten inneren Aufbau zur Folge hatten und es bei der Bewältigung der sonstigen Streitigkeiten keine Rolle spielten. Leider kam diese Lebenserfahrung, dass es schon sehr interessant sein kann, andere Seiten der Weiblichkeit kennen zu lernen und nicht die Erste als das ewig Bessere für selbstverständlich zu halten, viel zu spät.

Kurz nach Abschluss des ersten Studiums wechselte Steffen den Betrieb und somit sein Aufgabengebiet. Er arbeitete in einem Ingenieurbüro, um Sondermaschinen für die Produktionsrationalisierung zu projektieren und zu konstruieren. Dies war eine überaus interessante Arbeit am Reißbrett. Anschließend begleitete er die Herstellung und Erprobung dieser Maschinen in den Produktionsbetrieben. Da in der DDR die Produktionstiefe jedes Betriebes sehr groß war, sprichwörtlich „jeder erfindet das Fahrrad immer neu", war jedes Projekt eine ingenieurtechnische Herausforderung. Die Themen waren abwechslungsreich und fachlich sehr anspruchsvoll. Diese Arbeit erleichterte damit auch die Bewältigung der Studienaufgaben und Prüfungen. So war beispielsweise die Konstruktion eines Hallenkranes, als erste große Belegarbeit ohne Stress zu schaffen. Mit der Verteidigung der Ingenieurprojekte und Produktionseinführung waren auch längere Dienstreisen verbunden. Das Studium erforderte auch Zeit für die fachgebundenen Exkursionen. Dieser Aufwand und die damit verbundene positive Selbstbestätigung, ließ immer weniger Zeit sich ausgiebig mit dem Ehepartner zu streiten. Teilweise führte es dazu, dass er nach Tagen oder Wochen nicht mehr wusste, welcher Anlass war es eigentlich, der zur Differenz führte. Er wusste also oft nur, dass ihn die „Fliege an der Wand" stören muss, aber nicht mehr warum. Es war ein trauriger aber teilweise funktionierender Selbstschutz. Nach Rückfrage konnte das strittige Thema beherzt wieder aufflammen. Die Dienstreisen, oft über mehrere Tage erlaubten auch, sich angenehmen Dingen des Lebens zu widmen. Wöchentlich mehrere Tage in einer Kleinstadt unweit von Dresden und die Studientage in Dresden gaben eine gute Möglichkeit Stadt und Leute besser kennen zu lernen.

Im Sommerhalbjahr 1972 war Steffen zur Konstruktion einer Spezialmaschine zu einem Betrieb in der Nähe des Kyffhäuserkreises delegiert. Wöchentlich fuhr er in das kleine Dorf, in welchem die Abwässer sicher nur leicht vorgeklärt noch muffelnd in den Straßenrinnsteinen abliefen. Die Unterkunft, ein kleines Zimmer ohne Schrank war mehr als bescheiden. Kleidung auf Bügeln hing an Wandhaken. Die Vermieterin, eine nette ältere ehemalige Bäckersfrau, hatte nur eine 40 Watt Glühlampe als Deckenbeleuchtung im Gästezimmer. Bei Beschwerde darüber wurde von der Vermieterin erklärt, dass der Übernachtungspreis von 2,-Mark der DDR und die Stromkosten nicht mehr zulässt. Steffen erhöhte eigenständig, zur Freude der Wirtin den Übernachtungspreis auf 3,-Mark und die Beleuchtungsstärke auf

100 Watt. Beim wöchentlichen Abschied oder Empfang hatte dann Frau Wirtin sehr oft noch eine Fettschnitte mit Gewürzgurke übrig. Ein weiterer Neukollege sollte im Dorf wohnen. Steffen erklärte sich, auch der bekannten systembedingten Wohnraumnot geschuldet bereit, dass ein zweites Bett in das kleine Zimmer gestellt wurde. Nur gut, dass die „Chemie" zwischen den beiden jungen Männern stimmte und die hausbesitzende Rentnerin noch freundlicher wurde.

Nicht nur die Kollegialität der Mitarbeiter in diesem Konstruktionsbüro, sondern auch angenehme Freizeitstunden mit einer „Jugendclique", in der auch die sympathischen Töchter aus dem Nachbarhaus mit feierten, halfen Steffen sein inneres Wertegefühl zu steigern.

Mit dem Wechsel des Betriebes 1969 hatte sich Steffen fest vorgenommen, nicht mehr ohne Anlass zu erröten und zu schwitzen. Er hat es aus sich selbst heraus von Beginn an geschafft und das Thema war „vom Tisch". So wie im vorherigen Konstruktionsbetrieb war auch in dem neuen Projektierungsbetrieb ein gutes kollegiales Arbeitsklima vorhanden. Kleine zwischenmenschliche Unstimmigkeiten wurden ohne nennenswerte Probleme nach dem Motto, dass es immer eine Lösung gibt und wenn es die Hinnahme des nicht Gewollten ist. Die Jahrzehnte später immer wieder geforderte Teamfähigkeit wurde nicht durch ständige eigene Meinungsäußerungen, sondern auch durch die unkomplizierte Herangehensweise, etwas auch einfach hinzunehmen, erreicht.

Im Jahr 1969 anlässlich des 25. Jahrestages der Gründung der DDR wurde im Wohngebiet eine Schwimmhalle und Sporthalle gebaut. Anlass für Steffen, wieder einmal aktiv etwas für seinen Körper zu tun. So meldete er sich in der Schwimmgruppe der Betriebssportgemeinschaft an. Einer seiner Kollegen begann in einer Volkssportgruppe in der neu gebauten Sporthalle mit dem Volleyballtraining. Er überzeugte Steffen, es auch einmal mit dem Volleyball zu versuchen. Empfohlen, entschieden, getan. Der unsportliche Steffen versuchte es mit Volleyball, mit der Erkenntnis, dass er keinerlei Technik dazu beherrschte und den Ball mit oberem Aufschlag nicht einmal über das Netz bekam. Wieder einmal, wie im bisherigen Leben gelernt, galt es nicht gleich aufzugeben. Ein kleiner kommandierender „Unteroffizierstyp" als Übungsleiter scheuchte die großen Kerle durch die Halle. Er wollte unbedingt mehr, ließ es unliebsam die großen Männer fühlen und viele gaben auf. Nicht so Steffen, der sich sagte, kein vorzeitiges Aufgeben wie damals als Segelflieger. Die Zeit Freitag zum Abendtraining, die Sportfreunde und den anschließenden Wirthauslauf, dass lasse ich mir so schnell nicht

nehmen. Auch wenn er sich sportlich nicht an dem Aufstieg von der Volkssportgruppe bis zur Bezirksliga aktiv einbringen konnte, ein Platz auf der
Ersatzbank und seltener Einsatz als Spieler war ihm sicher. Sportlern begeis-
ternd zu zuschauen, hatte er ja schon als Kind bei eigenem Sportverbot in
der Schule geübt. Um sich etwas mehr in der Sportlerriege einzubringen gab
es die Überlegung, den Posten als Sektionsleiter (*Abteilungsleiter*) anzunehmen. Für solch Aufgabe gab es meist keinen Bewerber und so wurde
Steffen der Verbindungsmann zum Vorstand der über tausend Mitglieder
zählenden Sportgemeinschaft „BSG *(Betriebssportgemeinschaft)* Stahl Süd-
west". Erfahrungsgemäß ist diese ehrenamtliche Arbeit eine „Einmanns-
how". Neben der Lösung zu Mitgliederfragen, Materialproblemen, Finanz-
planungen, dem eingeforderten sektionsübergreifendem Wettbewerb im
sozialistischen Sportsystem und Teilnahme an Vorstandssitzungen gab es
natürlich auch vergnügliche Abende und Tage mit den Vorstandsmitglie-
dern. Steffen erledigte diese ehrenamtliche Aufgabe gern. Die meisten
Sportgemeinschaften in der DDR wurden über größere Betriebe und Kombi-
nate (*vgl. Konzerne*) geführt und finanziert.

Zum jährlichen Betriebssportfest gehörte auch ein Volleyballturnier, was
von Steffen geleitet wurde und an dem sich immer ca. 10 Mannschaften
beteiligten. Er hatte für zwei Freiluftfelder die Netzstützen konstruiert und
die Montage geleitet. Um den damals ganz wichtigen Programmpunkt der
Deutsch-Sowjetischen Freundschaft zu erfüllen, wurde auch immer eine
Mannschaft der Roten Armee eingeladen. Die war aber nie zur Anmeldefrist
zur Stelle und kam meist erst zur Turniermitte. Undenkbar die berechtigt
Entscheidung, die Russen lassen wir nicht mehr mitspielen, auch zu prakti-

zieren. Das wäre als falsche ideologische Einstellung zum Sozialismus „ausgeschlachtet" worden und hätte auch den Unmut der Stasileute geweckt.

Viele Wochen im Jahr 1972 wurden die konstruierten Sondermaschinen in einem Fördertechnikbetrieb nahe Dresden erprobt. Ein Kollege hat seine Büttenreden für Veranstaltungen mit Freunden und Kollegen Steffen zur Beurteilung vorgetragen. Es ging ihm um die Meinung und Einschätzung der Wirksamkeit, speziell der Pointen. Danach fragte Steffen, ob auch er in den nicht eingetragenen rein privaten Faschingsclub aktiv mitwirken könnte. Diesem „Club", ist noch ein spezieller Abschnitt in Steffens Leben zu widmen. Die mehrtägigen Dienstreisen in diesem Jahr wurden von Steffen und seinen Kollegen ausgiebig genutzt, um abends nicht nur in den tristen Räumen der Hotels oder sogenannten Arbeiterunterkünfte zu verbringen. Das gestiegene Selbstbewusstsein konnte er, kontaktfreudig wie er war, bestätigen.

Nach 6 Jahren Selbststudium, Vorlesungen, Praktika, Exkursionen und familiären Ungereimtheiten war gefühlt der „Akku" bei Steffen leer. Die Zeugnisprüfungen waren, nach abendlicher Einnahme von Beruhigungsmittel zur Sicherung des Schlafes und entsprechender Wachrüttler am Morgen vor den Prüfungen, endlich geschafft. Nur die Diplomarbeit stand noch an. Dafür gab es vom Betrieb eine bezahlte Freistellung von 4 Monaten. Die Uni hatte einen Vertrag mit einem Institut für Tagebautechnik und Steffen sollte eine wissenschaftlich fundierte Lösung zur Separierung von Steinen aus dem Transportweg erarbeiten. Steine über 400mm Kantenlänge zerstören die fördertechnischen Anlagen. Zunächst besuchte Steffen 10 Braunkohle fördernde Bergbaubetriebe und analysierte überall die schlecht funktionierenden unterschiedlichen technischen Systeme. Absolut enttäuschend für ihn, dass selbst neue riesige Abraumgeräte weiter mit nutzlosen Steinaushaltesystemen gebaut wurden. Die erarbeiteten wissenschaftlich ermittelten Fakten und die konstruktiven Vorschläge wurden in dieser Diplomarbeit dokumentiert. Noch vor der Verteidigung der Arbeit beim Professor fragte der Doktor Mentor Steffen, ob er nicht kurzfristig eine gekürzte Fassung seiner Dokumentation zur Veröffentlichung in einer Fachzeitschrift erarbeiten kann. Ein anteiliges Honorar wurde zugesagt. Was macht man in solcher Aufregung vor der Prüfung? Man sagt zu. Vierzehn Tage Fleißarbeit für Texte und Fotos und die Veröffentlichung, aber kein Honorar. Doch die Bewertung der Arbeit und der Verteidigung mit „sehr gut" war auch eine Wertschätzung. Besonders ein speziell herausgearbeiteter technischer Faktor wurde anerkannt. Die Anfrage, ob Steffen das Thema für eine außerordentliche Aspirantur mit geschätzter Dauer von zwei Jahren weiter bearbeiten würde, musste er auf seine innere Gesundheitsstimme hörend, mit „leider nein" beantworten. Wenn ja, hätte die Frau vielleicht ihren Doktor Ehemann gehabt, aber die ehelichen Probleme wären auch nicht gelöst. Die Diplomarbeit etwas modifiziert würde vielleicht 40 Jahre später schon zum Doktortitel reichen.

Steffen wollte sich einfach einmal auch Freizeit gönnen und gelegentlich Sportveranstaltungen besuchen. Ein Mitbewohner im Haus ging schon zum Vorspiel in das Fußballstadion zu Chemie. Er besetzte einen Platz für Steffen, der erst zum Oberliga- Hauptspiel kam. Die Oberliga war die höchste Spielklasse in der DDR. Der Schwiegervater war auch dankbar, dass er sonntags nach dem Mittagessen und vor dem Kaffeetrinken einen Partner hatte, der mit ihm zum anderen Oberligafußballspiel zur Chemie-Böhlen Mannschaft ging. Zu langes Stehen war für Steffen immer noch eine Last. Auf der Radrennbahn der Großstadt gab es Sitzplätze und mit anderen Sportfreunden wurden dort hochklassige Wettbewerbe besucht.

Sohn Heiko spielte im Böhlener Verein Fußball. Natürlich ging Vater einige Male zum Punktspiel mit und erlebte andere Eltern, die lautstark ihre Söhne auf den Platz dirigieren wollten und sich versuchten, als Einzeltrainer ins Zeug zu legen. Eine Sportuntersuchung bei der befreundeten Kinderärztin ergab, dass Heiko zu hohen Blutdruck hatte. Eine Nierenschlagader war verengt und die Niere funktionierte nur entsprechend der geringen Blutzirkulation. DDR- weit wurde nach einem Speziallisten gesucht, der eine OP durchführen kann. An der Uni- Klinik Halle /Saale wurde von der Aorta zur Niere eine Kunststoffader eingesetzt. Dazu war eine ca. 25 cm lange Öffnung des vorderen Bauchraumes notwendig. Das sportliche Leben konnte nach kurzer Unterbrechung weiter gehen. Fünf Jahre später, was noch ausführlicher zum Thema Kunststoffader zu beschreiben ist, kam die schlimmste aller Überraschungen.

Die Datsche

Die Bezeichnung „Datsche" stammt aus dem Russischen und so wurde das Wort in seiner positiven Bedeutung in der DDR, in der ständig die Freundschaft zur Sowjetunion *(jetzt hauptsächlich Russland)* propagiert wurde, übernommen. Steffens Schwiegermutter mit ihrem schwatzhaft, umtriebigen Wesen, kam mit der Friseurmeisterin auf deren Wochenendgrundstück zu sprechen. Der Friseurmeisterin, trotz ihrer „Beziehungen", welcher Handwerker hatte in der DDR wohl keine, aber ohne Mann im Haus, war eine Werterhaltung des Anwesens kaum möglich. Ohne Rücksprache sagte die Schwiegermutter zu, dass ihr Mann und ihr Schwiegersohn Steffen einen fast 76 m langen Zaun neu setzen können und auch sonstige Reparaturleistungen möglich wären. Das Material für den Zaun kurzfristig zu organisieren war für einen Handwerksbetrieb im Gegensatz zum „DDR Normalbürger" keine große Hürde. Als Gegenwert zur Arbeitsleistung wurde ein mietfreier Urlaub für die Familie auf dem Wochenendgrundstück zugesagt. Das Haus war nur eine bescheiden eingerichtete größere Steinlaube.

Bei fast allen Stadtmenschen war bis zu diesem Zeitpunkt niemals eine Information oder Fragen zum Themenkomplex Wochenendgrundstück vorhanden. Die Nachfrage war trotzdem sehr groß, da es die einzige Alternative war, ein wenig Eigenständigkeit zu leben und sich an den Wochenenden nicht über die miserablen Bedingungen, wie zu wenige und überfüllte Gaststätten zu ärgern.

Das Waldgebiet, 25 km von der Großstadt entfernt, war schon ab den 30-er Jahren für Menschen des damaligen gehobenen Mittelstandes ein begehrtes Erholungs- und Wochenenddomizil. Es gibt dort viele Baggerseen und Steinbrüche. Steffen erinnerte sich auch, dass er mit seinem Freund Peter im Alter von 13-16 Jahre an manchen Wochenenden zum ehemaligen Diener von Peters Vater, der Kavallerie- Offizier im Weltkrieg war, mit dem Fahrrad gefahren ist. Der Herr war nun als Bürgermeister in der Kleinstadt tätig, zu der auch das Wochenendwaldgebiet gehört. Er wohnte mit seiner Frau in einer ganz bescheidenen Mansardenwohnung. Die Güte und Freude des Mannes äußerte sich auch darin, dass er den beiden Jungen immer ein reiches Nachmittag- oder Abendessen bot.

Steffen und Frau stellten beim Rat der Stadt den Erstantrag, ein Wochenendgrundstück zu kaufen. Sie konnten auch einige verwilderte, also nicht mehr genutzte Grundstücke, melden. Im nächsten Jahr waren diese meist verkauft, nur nicht an Steffen& Co. Schade, dass der nette Bürgermeister nicht mehr im Amt war. Ohne direkte persönliche Beziehungen zu Mitarbeitern beim Rat der Stadt, war es aussichtslos ein von vielen begehrtes Stück Land zu bekommen. Die Seilschaften funktionierten und so wurden erst Staatsdiener, deren Freunde oder die von „Horch und Guck" (*Stasi*) berücksichtigt. Trotzdem war die Devise, nicht aufgeben. Der Bruder der Frisörmeisterin kannte eine ältere Dame, die eventuell 500 m² verkaufen würde. Zwei Jahre wurde die Frau besucht und mit kleineren Gefälligkeiten hofiert. Dann war der Tag des notariellen Kaufvertrages gekommen und die Eintragung in das Grundbuch wurde freudig erwartet. Aber! Frohlocket ja nicht all zu früh! Warum sollte eine Angelegenheit, wofür er viel Zeit und Nerven investiert hatte, bei Steffen auch einmal glatt laufen? Drei Wochen nach dem Notarvertrag beschlossen die Verwaltungen der umliegenden Kleinstädte, einen sogenannten Zweckverband Naherholung zu gründen. In den Bestimmungen war verankert, dass es dem sozialistischen Leben zuwider ist, weiter Grundstücke von privat an privat zu verkaufen. Der Vertrag wurde für ungültig erklärt und der sozialistische Staat nahm von seinem Vorkaufsrecht Gebrauch. Die bisherige Besitzerin wurde mit 1,-MDN/m² für des Land und zusätzlich 1,-MDN/m² für Bäume, Sträucher und Zaun entschädigt. Diese Situation betraf in dieser Zeit vier Grundstückskäufe im Waldgebiet. Es ist nicht bekannt, dass ein Bürger wieder ein Stück Land verkaufen wollte, um es dann den „Kommunisten" an den Hals zu werfen. Vier Jahre später, und überhaupt, war nichts von einem Naherholungsverband zu spüren. Es wurden wieder Grundstücke privat verkauft. Es ist zu vermuten, dass hohe Parteifunktionäre und Stasimitarbeiter sich auch Wochenendgrundstücke zulegen wollten. Für Steffen begann nun ein reger Beschwerdeschriftverkehr mit Stadt, Bezirk und Regierungsgerichtsbarkeit. Eine dicke Akte belegt, dass man nicht gegen solche staatliche Machenschaften als kleiner Bürger ankommt. Bei einem Gespräch beim Rat des Bezirkes unterstellte man Steffen, dass er mehr als die 1,- MDN/m² an die Frau zahlen wollte. Hätte er dies nur ansatzweise offen gelassen, hätte er die letzte Chance verloren, einen Zugriff auf das Grundstück zu bekommen. Sein unnachgiebiges Wirken erbrachte, dass er das 471 m² Gartengrundstück, was nun im Grundbuch als Eigentum des Volkes, in Verwaltung Rat der Stadt stand, pachten konnte. Für jede 10000,- MDN Bausumme wären aber 70,- MDN Luxuspacht/Jahr fällig. Der Grundpachtzins war aber ganz gering und auch das Übersteigen der Bausumme hat niemand kontrolliert. Steffen projektierte nun ein Wochenendhaus nach der Vorgabe, dass die Wohnfläche incl. aller Nebenräume nicht 40 m² übersteigen darf. Keine Feuerstelle für feste und flüssige Brennstoffe durfte vorhanden sein. Er wollte aber unbedingt einen offenen Kamin einbauen. Nach „Westunterlagen" *(Alte Bundesländer)*, die der Schwager mitbrachte, zeichnete Steffen eine Gasflamme gespeist aus einer Propangasflasche in den Kamin und dazu einen dünnwandigen (*12 cm*) Schornstein. Beim Bauamt wurde als einziges, trotz zusätzlich überdachter Terrasse und eines oberen Abstellraumes, der natürlich später als Schlafraum diente, die dünnen Schornsteinwände beanstandet. Steffens Hinweis, dass es wohl als Abzug für die Gasflamme reicht, wurde nur mit „zeichnen und bauen sie einen 24-er Schornstein" beantwortet. Die Flasche Sowjetischen Sekt für die Baugenehmigung hatte Steffen schon in der Tasche. Der offene Kamin wurde gebaut. Ein Schornsteinfeger, der den Schornstein reinigen könnte, war in den Folgejahren nicht zu beauftragen. Selbst solch einfache Leistungen waren in der Planwirtschaft Mangelware.

Als erste Strategie vor dem eigentlichen Baubeginn war es notwendig, eine Anhängerkupplung am Auto anzubringen und einen robusten Kastenanhänger für den Materialtransport zu besorgen. Der Privatbau eines solchen Hängers nach genehmigten Zeichnungen war ein blühendes Geschäft. So konnte ein Anhänger für 1500,-MDN gekauft und angemeldet werden. Steffen beschloss, dass eine große Kreissäge unbedingt angeschafft werden musste. So zog er auf Müllhalden, um zwei stabile Räder und Vierkant-Rahmenmaterial zu finden. Die Antriebswelle, Sägeblatt und Keilriemen gab es nach langer Wartezeit und ständiger Nachfrage bei einem in der ganzen Stadt bekannten Fachhändler. Ein Kollege hatte in einer alten Schmiedewerkstatt, die Möglichkeit zu schweißen. An einem Sonntag wurde der alte Karbidofen gefüttert, um das Azetylen-Schweißgas zu erzeugen. Steffen konnte seine Kenntnisse als Schweißer wieder nutzen, obwohl die Ausbildung zu diesem Beruf viele Jahre zurück lag. Die Antriebsriemenscheiben hatte ihm ein Sportfreund gedreht. Woher er den massiven 1,5 KW Motor, der wahrscheinlich schon über 40 Jahre alt war, erstanden hat? Wahrscheinlich von einem Altwarenhändler. Welchen Aufwand man in der DDR betreiben musste, stellt das kleine Projekt „Kreissäge", was nun ein persönliches Großprojekt war, anschaulich dar. Stundenlang könnte jeder Datschenbauer erzählen, wie er all die Aufgaben, um ein akzeptables Wochenendhaus zu errichten, bewältigt hat. Ja, die DDR war das „Achte Weltwunder", denn obwohl es meist nichts gab, hatte jeder der sich aufwendig kümmerte oder Beziehungen zu Material hatte, fast alles. Schlechte Qualität musste in Kauf genommen werden oder es wurde eine Interimslösung gesucht. „Geht nicht, gab es nicht", immer wurde eine Sache zu Ende gebracht. Wesentlich aufwendiger war es da schon, Baumaterial und technische Ausrüstungen zu besorgen. Für den täglichen Gebrauch, die Grundnahrungsmittel zu beschaffen war vergleichsweise relativ einfach.

Diese ganzen Abläufe zu schildern, wäre sicher interessant für die Nachwelt, nur wäre es ein dickes Buch für sich. Deshalb nur wenige Beiträge. Steffen hatte keine Beziehungen, um an das Baumaterial zu gelangen. Allein die Unnachgiebigkeit bei der Suche und teils demütigende Aktionen führten letztendlich zum Erfolg. Zunächst wurde eine 15 m² große Laube errichtet. Sand für 14 kleine Stützfundamente wurde vom Rand einer Kiesgrube geschaufelt, mit dem Hänger transportiert. Zement, auch für das noch zu errichtende Haus, wurde auf einem Großhandelsplatz geholt. Es war der Umschlagplatz des Zementes von Waggons in Silos. Es war sogenannter Kehrzement, der selbst zusammengekratzt, in stabile Papiersäcke geschaufelt wurde. Unter den Silos, war das meiste zu holen. Oft musste man dem Mitarbeiter einen „Schein" (*Geld*) übergeben, damit er die Siloklappe einmal öffnete. Mit Skoda und Hänger wurden dann 11 Sack a 60 kg über 30 km transportiert. Werbetafeln aus 24 mm Verbundmarerial, die ihren Zweck erfüllt hatten, durften auch zur Freude der Verantwortlichen, von Steffen von den Geländern an den S- Bahnhöfen abmontiert werden. So wurden sie zu Außenwänden des Bungalows. Türen, Fenster und sonstiges Holz wurde aus Abbruchhäusern geholt. Der kontinuierliche Verfall der Bausubstanz in den Städten der DDR hatte so auch eine makaber gute Seite. Freude kam nur auf, wenn man beim Baustoffhandel Kantholzmaterial, Dachpappe und Teer erstanden (*gekauft*) hatte. Jeder Bürger konnte bei einer Sonderaktion 40 m² qualitätsgeminderte Hobeldiele bestellen. Als Wartezeit wurden mindestens 5 Jahre angegeben. Steffen, sein Vater und zwei Kolleginnen bestellten das Holz mit den Versprechen, dass die Lieferungen für das Wochenendhaus zur Verfügung stehen. Als dann die Auslieferung nach 5 ½ Jahren erfolgte, beanspruchten die inzwischen erwachsenen Kinder der Kolleginnen das Holz. Von den 80 m², Kontingent für Vater und Sohn, des Dielenholzes nutzte Steffen nur noch einen kleinen Teil für das Haus. Es diente zum regen Tauschhandel für anderes Material oder Leistungen. So konnte er eine Neulackierung seines Autos ermöglichen.

Als weiteres Beispiel soll noch die Organisation von Kies für die Betonmischungen Erwähnung finden. Große LKW mit ihrer Sandladung wurden auf der Landstraße angehalten und die Schwarzlieferungen für 100,- Mark pro voller Ladung (ca. 5 m³) per Handschlag vereinbart. Über die Frau eines Sportfreundes konnte die Lieferung von 2400, nicht mehr oder weniger, roten doppelt gebrannten Klinkersteinen 2.Wahl (*qualitätsgemindert*) gesichert werden. Da diese für den Bau nicht ausreichten, fuhr Steffen sonntags zu Abbruchhäusern in der Stadt oder aufgegebenen Dörfer, die den Braunkohlentagebauen weichen mussten. 80 Stück abgeputzte Mauerziegel konnten im Autoanhänger transportiert werden. Auch anderes Material wie Holzbalken oder Türen wurden dort zur weiteren Vervollkommnung des Wochenendhauses organisiert. Provisorisch wurde eine Schlauchleitung für Frischwasser und eine Elektroleitung vom Nachbar verlegt. Vier Jahre nach Antragstellung und Genehmigung für einen Elektroanschluss, nachdem der vergessliche Elektromeister mehrmals vor Ort war, konnte zugeschaltet werden. Als Zusatzleistung vor der Arbeitsaufnahme des Handwerkers lieferte Steffen starkes vieradriges Kabel, was er von einem Freund erhalten hatte. Natürlich musste der Verteilerschrank am Grundstück bei einer anderen Firma bestellt und mit Fundament selbst aufgestellt werden. Auch der 36m lange Kabelgraben vom Verteilerschrank zum Zählerschrank neben dem Strommast musste in schweißtreibender mühevoller Arbeit ohne Bagger geschaffen werden. Am und im Wochenendhaus gibt es bis auf wenige Ausnahmen nichts, was Steffen nicht selbst geschaffen hat. Baufreiheit, Ausheben der Fundamente, die Teilunterkellerung, Einschalung und Gießen der Fundamente, Isolierungen, Medienanschlüsse, Errichtung der Mauern, Zwischenwände, Zwischendecken und des Schornsteins, Errichtung der Dachkonstruktion und die Eindeckung, Aufbringen des Außenputzes, Verfugen des Klinkermauerwerkes, Einbau der Fenster, Anbau des Wintergartens, Errichtung der gesamten elektrischen Anlage, Installation der Sanitäreinrichtungen, Maler und Tapezierarbeiten sowie weitere nicht aufzählbare Notwendigkeiten wurden Wochenende für Wochenende erledigt. Für eine kleine Gasheizanlage und die Fensterherstellung musste er eine Firma beauftragen.

Manchmal hat Vater und Schwiegervater geholfen. Zement wurde oft von Hand gemischt, da der Betonmischer, von einem Mitbürger selbst gebaut, meist Wochen im Voraus bestellt werden musste. Das kratzig monotone Geräusch war im Ort viele Jahre weit zu hören und man konnte orten, wo das Ding wieder gute Dienste tat. Das Ergebnis dieser Schaffensperiode kann sich sicher sehen lassen. Die Familie, Freunde und Bekannte haben viele Jahre angenehme Feste und Stunden im Haus und Garten verbracht.

Autos und Garagen

Das Thema Auto hat einen ungemein hohen Stellenwert in Deutschland. Das Thema Auto in der DDR regt wahrscheinlich unglaubliches Kopfschütteln noch bei Menschen an, die diese Zeit nicht miterlebt haben. Es bleibt wohl noch einige Generationen ein negativ besetztes Phänomen. Erfreulich, dass bei den Generationen, die unmittelbar diese eigentlich traurigen Erlebnisse teilten, ein vom Lächeln begleitende Gesprächsrunden entflammen. Bei den Erinnerungen sind die selbst ausgeführten Reparaturen immer ein Thema. Nostalgie gehorcht oft anderen Gesetzmäßigkeiten und bedient auch Negatives positiv. Vor dem zweiten Weltkrieg gab es im südlichen Sachsen eine Hochburg der Autoindustrie. Die Mutterfirmen hatten sich aber nach dem Krieg in Westdeutschland niedergelassen und die sozialistische Wirtschaftsstruktur war nicht in der Lage, auch nur im Ansatz Vergleichbares aufzubauen. Die Wartezeit für einen Neuwagen betrug über die gesamten 40 Jahre DDR 12-16 Jahre für den „Normalbürger". Für Bürger die „Westgeld" hatten, Partei-und Stasifunktionäre und andere privilegierte Personen waren die Zugriffzeiten wesentlich kürzer, um einen neuen Wagen zu bekommen. Dies gab es also in einem Land, wo seit Beginn der Automobilära ständig Autos entwickelt und gebaut wurden. Das Geld für ein Auto musste auch noch angespart werden und so blieb der Autowunsch zunächst auch für Steffen, der niemals zum vorgenannten, privilegierten Klientel gehörte, unerfüllt. Auch die Wartezeiten für Importautos aus der Sowjetunion und der Tschechoslowakei waren nicht wesentlich kürzer.

Nach Stürzen mit dem Motorroller auf einer Ölspur und Kopfsteinpflaster und der Notwendigkeit einer größeren Mobilität, um regelmäßig auch bei schlechtem Wetter, den Sohn bei den Großeltern zu besuchen, wurde die Anschaffung eines Autos beschlossen. Jeder etwas vorausschauende DDR Bürger hatte unabhängig vom Geldbeutel ein Auto beim IFA- Vertrieb *(Industriefahrzeuge)* bestellt. Ehefrau und Ehemann Steffen hatten vorsorglich ein Auto Typ Wartburg und eins Typ Trabant angemeldet. Die Wartezeiten betrugen damals für den Trabant 12 Jahre und den Typ Wartburg 15 Jahre und sollten sich in den Folgejahren noch verlängern. Beide Fahrzeuge wurden personenbezogen von den Ehepartnern extra bestellt. Selbst wenn man am Liefertag kein Geld hatte, bedeutete es ein lukratives Zusatzgeschäft, indem man die Anmeldung gewinnbringend als Auto verhökerte. Zunächst galt es auf dem freien Gebrauchtwagenmarkt zu recherchieren. Sechs Jahre alte Autos wurden fast ausschließlich über den Neupreis verkauft. Erfahrene

Schwarzhändler machten große Geschäfte. Ein Wartburg, Typ 315 war in der Zeitung angeboten, mit Baujahr 1964 also 7 Jahre alt. Ein Ehepaar im mittleren Alter wollte zunächst 13000,- MDN (*neu ca. 15000,-MDN*) dafür haben. Sie haben Steffen und Frau wohl als sehr angenehme Käufer angesehen und gleich 1000,-MDN erlassen. Man konnte also auch auf nette, realistisch denkende Privatverkäufer treffen. Die zweite Fahrt am Abend war bis zum Erreichen der negativen Obergrenze eine Nervenschlacht. Zunächst suchte Steffen vergebens einen Benzinhahn wie beim Trabi, doch vergeblich, denn es gab keinen. Das Fahrzeug fuhr nach dem Start nur wenige Meter. Die Zweitaktmaschinen (Trabi, Wartburg) haben einen Freilauf. Damit kann das Fahrzeug ohne Motorbremsung rollen (*vgl. Rücktrittsystem Fahrrad*). Steffen „zeigte Nerven" und die vorwurfsvollen Kommentare der mitfahrenden Ehefrau wurden zur absoluten Tortur. Nachdem die Fenster, vom Schweiß angelaufen, undurchsichtig waren, war zunächst Ruhe und Lesen der technischen Unterlagen angesagt. Der defekte Freilauf musste gesperrt werden und damit war die Differenzialsperre eingelegt. Nun blieb das Fahrzeug nicht mehr stehen, der Fehler war erkannt. Beim Fahren mit Motorbremsung wurde etwas mehr Benzingemisch (*25 Liter Benzin/ 1 Liter Öl*) verbraucht. Einen Werkstatttermin zu erhalten, war eine äußerst nervenaufreibende Angelegenheit. Sonstige Wartungs- und Reparaturarbeiten führte Steffen als „gelernter DDR- Bürger" selbst durch. Dazu gehörte z.B. die ständig zu wiederholende Einstellung der Zündzeitpunkte mit einer präparierte Zündkerze und Messuhr, die Ummantelung des Hauptschalldämpfers mit rostfreiem Blech und selbst die vordere Antriebswelle wurde auf der Straße ausgetauscht. Werkzeug und wichtige Ersatzteile waren notwendiges Bordzubehör. Bei einer längeren Fahrt über 600 km konnte man schon vorher die Neueinstellung der Zündung mit einplanen. Bei hoher Luftfeuchtigkeit nach einer längeren Fahrt musste früh mindesten 10x gestartet werden, da die „Karre" nach wenigen Metern Fahrt wieder stehen blieb.

Fast unverzichtbar war der Besitz einer Garage, um die Autos nicht so schnell zu einer „Rostlaube" verkommen zu lassen, Ersatzteile und Reifen zu lagern und witterungsunabhängig Reparaturen ausführen zu können. Nach langen Verhandlungen und Preis- Überbietung eines auch daran interessierten Kollegen, kaufte Steffen in Wohnungsnähe eine Leichtbau– Garage, bestehend aus Bungalowplatten für 1800,- MDN. Zwischenzeitlich hatten sich eine Gruppe Interessenten aus dem Wohngebiet beim Rat der Stadt um einen gemeinsamen Garagenbauplatz bemüht. Nach Genehmigung wurden die Betonfertigteile bestellt und geliefert. Dann wurde plötzlich die Genehmigung für das Baufeld gelöscht. Die Nerven lagen wieder bei allen zwölf Interessenten blank. Gemeinsames Vorgehen bei den Behörden und die Vorlage eines Zufahrts- und Entwässerungsprojektes erbrachten, dass die Garagen sogar in Wohnungsnähe errichtet werden konnten. Steffen war wiederum einer der wenigen Aktivposten bei der Projektierung und dem Aufbau. Wie zu anderen gruppendynamischen Anlässen auch, die Mehrheit der Leute muss gedrängt und kontrolliert werden, ihren Beitrag zu leisten. Unterschwellig war immer wieder heraus zu hören „ja meine Frau und Wochenende". Diese Leute waren aber dann auch die ersten, die auf die Garagenvergabe drängten. Sie waren dann mit der Ehepartnerin zum Vergabefest da und anschließend nur noch selten zu sehen.

Nun hatte Steffens Familie zwei Garagen, dessen Wichtigkeit noch später eine Rolle spielen wird.

Hurra, die erste Autoanmeldung „war fällig" und ein neuer Skoda 100, statt Trabant wurde geliefert. Der alte „Wartburg" brachte noch einen guten Finanzbeitrag für das neue Modell. Die technischen Probleme mit diesem Skoda-Gefährt, wie das Drucklager, was die Kupplungsfunktion bewirkt oder die Haarrisse in der Pertinax- Zündverteilerkappe waren Standardfehler. Zu den wiederholten Startschwierigkeiten wurden viele Fehlerquellen gesucht. Nach Monaten war die Ursache, das Verhacken des Gasbowdenzugs gefunden. Gelenkkugelköpfe für die Lenkung und Bremsbacken wurden in der Garage ausgetauscht und mit primitiven Hilfsmitteln die Vorspur und der Radsturz eingestellt. Beim jetzigen Stand der Technik sind solche eigene Reparaturmaßnahmen undenkbar. Nach 8 Jahren war die Karosserie, trotz speziellem Unterbodenschutz so zerschlissen, dass eine neue aufgebaut werden musste. Vorausschauend wurde sie schon 2 Jahre früher bestellt und kostete mit Montage 10000,- MDN. Kurz darauf bekam Steffen von einem Sportfreund, der aus beruflichen Gründen (Rechtanwalt) keinen Preis über den üblichen Schätzwert haben wollte, einen 4 Jahre alten Skoda 120 angeboten. Dieses Fahrzeug funktionierte bei den mittlerweile vorhandenen Wartungserfahrungen von Steffen problemlos.

Steffen fuhr mit der Käuferin seines S100, die keine Fahrpraxis hatte, eine kleine Strecke um das Häuserviereck. Sie musste fahren, da der Ehemann fast erblindet war. Beim Start in die zweite Runde verwechselte sie Gas und Bremse und das Fahrzeug beschleunigte in Richtung parkende Autos. Im letzten Moment griff Steffen in das Lenkrad und statt andere Autos wurde eine Hauswand gerammt. Wochen später hat Steffen noch Ersatzreifen zu der Familie gebracht und sah die Bilder zu einem weiteren Unfall. Das Auto lag nach einer zu schnellen Rechtskurvenfahrt auf einem Feld auf dem Dach. Alle vier Insassen waren unverletzt. In dem Moment als er die Bilder betrachtete und dachte, dass das Auto aber unten sauber und gepflegt aussieht, lobte auch die Frau mit, „wir haben aber gesehen wie gut das Auto gepflegt ist".

Zwei Jahre nach Fahrt mit dem S120 war die „Wartburganmeldung fällig" und ein neuer 312- er wurde gekauft. Auch bei diesem Auto kam es nach 3 Jahren und längeren Fahrten und kurzen Stopps zu Startproblemen. Warten bis zur Abkühlung war meist keine Lösung, aber Anschieben funktionierte in der Regel. In Erinnerung sind dann noch nach der politischen Wende 1989 die unbrauchbaren und überflüssigen Kommentare alter Herren aus den westlichen Bundesländern wie, das war bei uns in den 50-er und noch in den 60-er Jahren auch manchmal so.

Um das Thema Autos in der DDR abzuschließen, ist noch zu erwähnen, dass kurz nach der friedlichen Revolution privat der Wartburg gegen einen hellblauen Trabi getauscht und für den dienstlichen Einsatz in Frankreich ein neuer Renault 21 zur Verfügung stand. Mit dem Trabi gab es keine ersthaften Probleme, aber die Negativerfahrungen mit diesem Renault übertreffen noch alle DDR- Fahrzeuge. Oft gab es Startprobleme oder der Motor ging mitten auf der Kreuzung in Paris aus, wo Steffen 2 Jahre in einem Büro für seinen Betrieb arbeitete. Im guten Zwirn und bei Sommerhitze war das Schieben von der Straßenkreuzung angesagt. Langes Warten und erst danach sprang das Gefährt wieder an. Der Pannendienst hatte das Auto schon am Haken als ein erneuter Startversuch erfolgreich war. Also kein Abschleppen, aber Anfahrt bezahlen. Im Herstellerwerk in Boulogne- Billancourt wurde kein Fehler gefunden. In Deutschland wurde die gesamte Elektronik getauscht. Nach ca. 8 Monaten, das Auto startete wieder nicht und stand in der Bürogarage in Paris. Ein Inder, am Turban erkennbar, vom Renault- Pannendienst verlangte, das Fahrzeug nicht unnötig zu erschüttern und dann zu starten. Eine kleine Steckverbindung an einem kurzen Kabel bearbeitete er mit einem dünnen Schraubendreher und sagte danach, dass es nie wieder Startprobleme gibt. Es gab danach mit diesem Fahrzeug auch keine weiteren Probleme. Erfahrung ist manchmal alles und das Sprichwort „kleine Ursache, große Wirkung" hat Gewicht. Wenn Steffen im Betrieb von diesen Steheinlagen auf Pariser Straßenkreuzungen berichtete, ernteteer meist ein süffisantes Lächeln. Bei einem Besuch in Paris hat dann sein Chef bei sommerlicher Hitze das Auto schieben dürfen. Danach war wieder Glaubwürdigkeit gegeben.

Später wird noch von dem Einsatz des Trabant, in Paris und Umgebung zu erfahren sein. Es gab viele Bürger, die einmal den Motor sehen wollten und einige, die den Trabi auch kaufen wollten. Die letztendliche Aussage war, dass der Trabi in Frankreich nicht zugelassen wird und er als Oldtimer noch zu jung ist.

Mit den folgenden drei Dienstwagen vom Typ VW hielten sich die Probleme im vertretbaren Bereich und die Serviceleistungen, auch vom ADAC, brachten immer schnelle Hilfe. Steffen war, „Gott sei Dank" immer unverletzt und ohne Schuld in einige Verkehrsunfälle involviert. Einmal ist ihm eine Frau seitlich in das Auto „gerannt" und war am Kopf und Beinen schwerstverletzt. Ein anders Ereignis war, als eine Frau mit Kleinwagen ihm die Vorfahrt nahm und ebenfalls schwerverletzt aus einem mehr als stark beschädigtem Auto geholt werden musste. Es stellte sich heraus, dass die Frau ohne Führerschein gefahren war. Der VW hatte den Kleinwagen seitlich wie einen Rammbock getroffen. Steffen konnte sich völlig blass im Gesicht, so sagten es die Zeugen, und von den zitternden Knien schnell erholen.

Nach der Dienstwagenzeit wurde problemlos ein Toyota Corola Verso gefahren.

Dem derzeitig genutzten Mazda CX 5 wird ein Extra Negativabschnitt gewidmet, da die aktuelle VW Abgas- Affäre auch auf diese Automarke zutreffen könnte. Nach knapp 5 Jahren gibt es unbeschreiblichen Verschleiß und Störungen am Motor. Nur der Kulanz des Unternehmens ist es zuzuschreiben, dass die Reputation noch positiv ist.

Der erste Sohn

Sohn Heiko, der hauptsächlich bei den Großeltern aufwuchs und dort auch zur Schule ging, hatte doch eine gute Kindheit. Die Kontakte zu seinen Eltern waren sicher intensiver, als es mach anderes Kind erfährt, dessen Vater als Außenmonteur und die Mutter im Schichtsystem arbeitet. Immer wenn möglich mit auf der Datsche, einen angenehmen Freundeskreis, eine sorgende Oma und einen liebevollen und liebenswürdigen Opa. Gemeinsame Unternehmungen und Urlaubsfahren mit seinen Eltern und den Eltern von Steffen, sowie in Kinderferienlagern ergänzten das angenehme Kinderleben.

Als Baby mit 6 Monaten lag er wegen einer Ernährungsstörung im Krankenhaus. Die Ärzte befürchteten Schlimmes und riefen die Eltern zu einem Abschiedsbesuch. Steffen, der bei seinen eigenen jahrelangen Krankenhausaufenthalten schon viel erlebt hatte, war aber beim zufälligen Ganzkörperanblick seines völlig abgemagerten eigenen Sohnes völlig schockiert und wird das Bild nie vergessen. Wer schon einmal erschreckende Bilder von Babys aus den Hungerzonen dieser Welt gesehen hat, wird diese verdrängen können. Aber wenn es das eigene Kind betrifft wird der Schluck- und Tränenreiz arg spürbar. Haben sie Bananen, um ihr Kind eventuell noch zu retten? Bananen und DDR passten nicht zusammen. Aber die Schwiegermutter kannte Jemanden, der Bananen verborgte. Der Schwager schickte sofort ein Packet aus dem Westen und so konnten die Bananen zurückgegeben werden, der Sohn wurde gerettet und gleichzeitig wurde damit noch anderen Babys geholfen.

Einmal, es war wohl in der 6. Klasse sollten die Kinder ihren Berufswunsch in einem Aufsatz schreiben und begründen. Sohn Heiko schrieb u.a., „Meine Mutti sagt, dass ich Arzt werden sollte, da wird man berühmter, aber das will ich nicht".

So nahm die Kindheit einen geregelten Verlauf und er hatte einen wirklich zuverlässigen angenehmen Freundeskreis und man war immer aktiv. Natürlich könnte Steffen die vielen netten Stunden mit dem Sohn, seinen Charakter, bleibendes Vokabular, was jeder Kindermund zeugt und noch jahrzehntelang tagesaktuell in der Familie genutzt wird, beschreiben. Wie andere Kinder auch spielte Sohn Heiko Fußball im Verein.

Mit 12 Jahren stellte die Kinder- und Sportärztin zu hohen Blutdruck bei dem Jungen fest. Als Ursache wurde eine Engstelle mit davor liegender starken Aufblähung an der Nierenschlagader festgestellt. Die Niere wurde also unzureichend mit Blut versorgt. Nach längerer Suche, wie das Problem operativ zu lösen ist, wurde zwischen Aorta und Niere ein Stück Kunststoffader in der Uniklinik Halle (Saale) implantiert. Die 25cm Bauchnarbe verheilte schnell und der Blutdruck war wieder im Normbereich. Doch wehe, wehe, wenn ich auf das Ende sehe. Dieses Kapitel sollte Jahre später sich als unlösbar herausstellen und für Steffen eine lebenslange weitere unsichtbare Behinderung schaffen, von der noch zu berichten ist.

Zwei Freunde und er hatten die Angelleidenschaft entdeckt. Sie verbrachten viele Tage gemeinsam an Seen und Steinbrüchen in der Region. Eisangeln, neben einem kleinen zum Kochen ausreichenden offenen Feuer, war eine gute Abwechslung. Als der Sohn in der 9. Klasse war, stand als Berufswunsch Pferdezüchter fest. Heiko, Mutter und Vater fuhren gemeinsam zu einem Gespräch zum berühmten Gestüt Graditz, Nähe Torgau. Der Leiter sagte zu dem Jungen, dass er ihn als Lehrling nimmt, aber nicht, wenn sein nicht gerade gutes Halbjahreszeugnis auch nur um ein Zehntel Grad schlechter wird. Leider wurde es schlechter und somit dieser Wunsch unerfüllbar. Doch wie es oft im Leben so ist, Steffen selbst war im bewussten Lernen auch ein siebzehnjähriger Spätstarter, der Sohn machte in der 10.Klasse die Pace. Er erreichte ein gutes bis sehr gutes Ergebnis und eine Lehrstelle als Instandhaltungsmechaniker und kombiniertem Abitur waren der Lohn.

Beendigung „Erstes Leben"

Langsam und dann immer öfter wurde die häuslich handwerkliche Arbeit und das alles selber machen, was Steffen als so genannter „Gelernter DDR Bürger" tat, für die Ehefrau immer mehr zur Selbstverständlichkeit. Es wurde nicht mit Anerkennung honoriert, sondern mit der Bemerkung, wenn du das machst, kann es so schlimm nicht sein. Die Erkenntnis war, dass, wenn man viel leistet und zwangsläufig selbstverständlich auch oft Arbeitskleidung trägt, meist nur als Butler behandelt wird. Trotz schmerzlicher Erfahrung, es bleibt dabei, Steffen tat es gern für seine Familie und sich eigene Erfolgserlebnisse zu schaffen. Für andere Dinge des Familienlebens gab es noch ausreichende Gelegenheiten.

Ein älterer Herr aus der weiteren Nachbarschaft des Wochenendhauses, den Steffen nach über 30 Jahren später erstmalig gesprochen hat, gab folgende Erinnerung der erweiterten nachbarschaftlichen Beobachtungen frei: „Ach, Sie sind der Mann der immer gearbeitet hat und die Frau im Garten lag und gelesen hat". Ja richtig beobachtet, denn meist war der Sohn Heiko, Schwiegervater zum Helfen und Schwiegermutter zum Kochen mit im Garten. „Madam" konnte so die feine Lady spielen, nichts leisten und nur Forderungen stellen. Der Gedanke, solch Verhältnisse nicht länger zu ertragen und mehr die eigenen Wünsche und Ideen zu verwirklichen, nahm bei Steffen immer größer werdenden Raum ein. Bei von ihm vorgesehenen Dingen, gleich welcher Art, stand immer der Gedanke, wie wird die Frau darüber denken und vielleicht negativ reagieren im Vordergrund. Besser wäre es gewesen, selbstbewusst seine Meinung zu vertreten und die kleineren Dinge auch einmal ohne mulmiges Bauchgefühl und ohne Rücksprache mit der Frau zu entscheiden. Er ist mit Sicherheit in dieser Zeit auch verantwortungsvoll sparsam mit Geld umgegangen. Trotzdem führte dieses Thema immer wieder zu unschönen vorwurfsvollen Auseinandersetzungen. Steffen lebte also ständig in einer Schmerzzone mit empfundenen extremen Verletzungen, Kränkungen und Enttäuschungen und fühlte auch den daraus resultierenden psychischen und sogar physischen Schmerz. Um die inneren Spannungen abzubauen, wird man selbst verleitet zurück „auszuteilen" oder versucht, der meist sinnlosen Kommunikation durch Schweigen und Ignoranz aus dem Weg zu gehen. Man fragt sich dann nicht mehr, wie der andere fühlt. Dieser ständig spannungsgeladene Zustand und auch der damit verbundene Verbalkampf, sowie die weiterhin grundlosen Eifersuchtsattacken wurden für ihn immer unerträglicher. Der Weg zum Gericht, um die Ehescheidung zu beantragen war die leider viel zu spät eingeschlagene Richtung. Die Richterin wies zunächst auf das sogenannte Pflicht-Trennungsjahr hin und empfahl nach Anhörung, es mit einer gemeinsamen psychologischen Ehetherapie zu versuchen. Steffen hätte sich dieser Aufgabe gestellt, aber die Ehefrau lehnte, im Nachgang als eine begrüßenswerte Entscheidung zu bewerten, ab.

Eine gemeinsame Ehetherapie ist oft kein Erfolgserlebnis. Der Therapeut stellt sich vielleicht nur auf einen Partner positiv ein. Nach den Therapien, wenn die Differenzen weiter von Partnern diskutiert werden, erfolgt dann der Bezug darauf, was der Therapeut gesagt hat. Einzeltherapie, bei gutem Willen sich auf die Selbsterkenntnis einzulassen, scheint erfolgversprechender auch für die selbstbestimmten Entscheidungsfindungen. Steffen nahm vier Monate an einer stationären Gruppentherapie teil. Während die anderen Therapie- Gruppenmitglieder in ungemütlichen Schlafräumen verbrachten, fuhr er täglich zu seiner Wohnung.   Es war eine glückliche Entscheidung, das Leben einmal aus einer neuen bis dahin ungekannten Perspektive kennen zu lernen. Es wurde nur wenig in der Kindheit und Vergangenheit der Personen „gewühlt", um die ohnehin nicht mehr zu ändernden Fakten auszuschlachten. Spezielle personen- und zeitbezogene Verhaltensweisen wurden beobachtet und zur Sprache gebracht. Nicht das allgemeine Umfeld ändert sich, sondern die Person muss ihr Verhalten danach ausrichten, um die Spanne zwischen persönlicher Erwartungshaltung und dem empfundenen Ist zu minimieren. Auch nützliche Entspannungstherapien wurden trainiert. Die drei wichtigen Elemente Gesundheit, Beruf und Familie und ihre Verflechtungen erfuhren eine starke Beachtung. Wer gesundheitliche Probleme hat, im Beruf unzufrieden ist, hat keine hoffnungsvolle Lebensqualität mehr, wenn er in der Partnerschaft nicht auf entsprechendes Verständnis stößt und sich aufgefangen fühlt. Mit angenehmer partnerschaftlicher Unterstützung, und ohne zusätzliche Vorwürfe, ist viel zu kompensieren. Hiermit war schon der scharfe Blick durch das Schlüsselloch in die Zukunft bei Steffen gegeben. Körperliche Handikaps als ständige Begleiter aus schon beschriebenen Problemen, die kontinuierlich steifer werdenden Hüftgelenke und die auch daraus resultierenden häufigen Rückenleiden wären besser zu ertragen gewesen, wenn das familiäre Umfeld gestimmt hätte. Die beruflichen Dinge lagen alle im allgemein üblichen Normbereich. Er hatte keine zu große Erwartungshaltung zugelassen und sich dem Umfeld angepasst und es gab keine Schwierigkeiten. Es bestand immer ein kollegiales, teilweise freundschaftliches, freundliches Empfinden bei ihm. Auch die Sportfreundschaften und die Faschingsaktivitäten waren und blieben ein Positivfaktor.

Steffen hatte sich noch nie Gedanken gemacht über Geltungs- Autoritäts- und Machttrieb, Alkoholismus, Suizid, Magersucht, Schlaflosigkeit, Einnässen oder plötzliche unüberwindlich eintretende Müdigkeit. Es war für ihn absolut interessant, das Problem, warum es dies und jenes bei anderen Menschen gab, mit zu analysieren. Für ihn persönlich war es eine Schulung, auch zur Meinungsbildung über das Verhalten anderer Menschen im allgemeinen Leben, aber speziell auch für die folgenden Berufsjahre. Erst einmal anderen zuhören und nicht gleich ein pauschalisiertes Urteil zu äußern, wurde von Steffen versucht im weiteren Leben zu praktizieren. Um viele Lebensweisheiten reicher, gab es zum Abschluss die Aussage der Psychologen, dass Steffen eine völlig psychisch unproblematische Person ist. Dank wurde auch gesagt, dass er aktiv versucht hat, die anstehenden Probleme zu erfassen und so auch anderen Patienten geholfen zu haben. „Hinter vorgehaltener Hand" erhielt er noch die Empfehlung, sich von der Frau zu trennen und mit Schmunzeln geäußert, sich eine jüngere zu suchen. Die Trennung war ja schon beantragt und mit der verbalen Unterstützung der Psychotherapeuten wurde die noch verbleibende Wartezeit erleichtert. Einen guten kritischen Hinweis gab es doch noch: „Erwarten sie nicht von anderen das Engagement und Leistungen, die sie selbst bereit sind zu geben. Erwachsene Menschen lassen sich nur schwer gegen ihr Gefühl, ihre Interessen und ihren Willen motivieren". Trotz gemeinsamen Leben in der kleinen Wohnung war das Trennungsjahr ein echtes. Die Frau gab situationsbedingt sogar zu, Steffen „gehörnt" zu haben. Kein innerer Groll kam bei ihm auf, sondern nur von einem inneren Grinsen begleitende Gedanken an frühere unberechtigte Eifersuchtsanfälle und das raffinierte weibische Verhalten. Er fühlte, er steht mit dem Rücken zur Wand. Die Scheidungsprozedur beinhaltete hauptsächlich den Fakt, wer bekommt das zu 45 % fertiggestellte Wochenendhaus. Da nur Schweiß und Engagement von Steffen darin war, wollte er keinesfalls darauf verzichten und so wurden andere materielle Zugeständnisse großzügig zu seinen Ungunsten über die Rechtanwälte verhandelt. Der geschiedene DDR Mann verlässt das gesunkene Schiff mit dem Persil- Pappkarton war eine übliche Floskel und für Steffen gefühlt bestätigt. Es war vereinbart, dass keine weitere „schmutzige Wäsche" in der Verhandlung gewaschen werden sollte. Als die Gegenpartei plötzlich damit begann, spürte Steffen in sich den Rechtfertigungstrieb. Noch bevor er zu Wort kam fragte die Richterin, ob Steffen wüsste, was mit den Akten passiert und erklärte es. Dank der psychologischen Schulung wurde der Herzschlag bei ihm sofort normal und seine Stille brachte die Gegenpartei auch bei weiteren Versuchen zum Schweigen. Die äußerst sympathische Richterin war ein großer Glücksfall in Steffens Leben. Zum endgültigen Abschluss der Ehejahre fuhren die Getrennten noch einmal gemeinsam mit Steffens Volleyballfreunden drei Tage zum schon länger geplanten Wintersport. Die Volleyballer erfuhren später von Steffens Glück. Sicher nur ein Zufall, dass es bei den Volleyballern in kurzer Folgezeit weitere Scheidungen gab.

Die Frage nach der ungewissen Zukunft, aber keinesfalls mit Ängsten verbunden, beschäftigte den Geschiedenen. Das Hauptproblem war, dass er, der geschiedene Mann, die Wohnung verlassen musste, aber keine Chance hatte, sofort eine eigene Wohnung zu erhalten. Steffen zog also in das 8 m² kleine Zimmer, das eigentlich für den Sohn, der aber noch bei den Großeltern lebte, reserviert war. Eine neue Partnerin gab es nicht, aber trotzdem keine Langweile und eine innere Zufriedenheit.

Der Faschingsclub LEI-KA-MU

Bevor vom weiteren Leben nach dem einschneidenden Ereignis der Scheidung zu berichten ist, muss vom Faschingsclub, der über 40 Jahre im Leben von Steffen ein wichtiges Elixier war, berichtet werden. Rein private Vereine und Verbände waren in der DDR nicht erlaubt. Alle Vereinigungen unterlagen der staatlichen Kontrolle. Diese Kontrollmechanismen weitgehend ad absurdum zu führen, war nur mit dem frei erfundenen Begründungen, die in die Rubrik „sozialistisch Leben" passten, zu erreichen. Ehemalige und noch zusammenarbeitende Kollegen und deren Freunde wollten gemeinsam Fasching und andere Feste feiern, ohne staatlich reglementiert zu werden. So kam es, dass sich am 11.11. des Jahres, erstmalig 1969, einige Enthusiasten im Wirtshaus trafen, um gemeinsam das Motto und den Termin der Faschingsveranstaltung festzulegen. Erster Schwerpunkt war die Zustimmung der Veranstaltungsgaststätte einzuholen und dann bei der Polizei die Genehmigung auch in Hinsicht auf die Verlängerung der Polizeistunde einzuholen, denn es sollte nicht nur bis 24 Uhr gefeiert werden. Der Slogan „Sozialistisch arbeiten, lernen und leben" sollte antragsgemäß mit Leben erfüllt werden und so konnte man die Genehmigung erlangen. Nach Festlegung des Veranstaltungsmottos mit jährlicher Änderung wurden die Aufgaben zur Ausgestaltung der Räume, der Bau von Requisiten, wer steigt mit welchem Beitrag in die Bütt, wer macht im Faschingschor oder beim Ballett mit, die Gestaltung der Orden und wer bekommt sie, all diese Projektideen wurden besprochen. Für die einzelnen Aufgaben gab es natürlich Spezialisten und engagierte Helfer und so kann man ohne Übertreibung sagen, dass selbst staatlich unterstützte Faschingsveranstaltungen nicht das Niveau des „Privaten Faschingsvereins" namens LEI-KA-MU erreichten. Schon in der Bedeutung des Namens LEI-KA-MU steckt die Ironie. Ausgesprochen heißt es „Leipziger- Karnevals- Muffel".

Wie schon im Abschnitt „ 6 Jahre Universität und 10 Jahre Selbstfindung" erwähnt, las ein exzellenter Büttenredner 1972 seine Texte vor der Veranstaltung Steffen zur Stellungnahme vor. Nicht zum Fasching, aber zum Herbstfest des Erntedankes anlässlich des 23. Jahrestages der DDR, nahm Steffen erstmalig an solch einer Veranstaltung teil. Das Motto lautete „Missernte 23". Die Miss war eine große hübsch geschmückte Strohpuppe und die Reklame lieferte die Westzigarettenmarke „Ernte 23".

All diese Veranstaltungen beinhalteten Satire feinster und für die damaligen Verhältnisse schärfster Art. Einige Texte für Prosa und Lieder sind diesem Buch als Anhang beigefügt. Man kann sicher nicht erwarten, dass die Nachwelt versteht, welche Brisanz zur damaligen Zeit mit diesen Texten und Vorträgen verbunden waren. Die kleinste versteckte Kritik an der offiziellen politischen Leseart der Dinge führte zu enthusiastischen Beifall der Zuhörer. Satire in einem totalitären System ist äußerst leicht zu kreieren und doch gefährlich. Zu jeder Veranstaltung, die als geschlossene Gesellschaft deklariert war, war am Tresen eine männliche Person stationiert und die Chefin oder der Chef musste sagen, dass derjenige zum Haus gehört. Voraus ging der Frage an den Wirt immer der spontane „Schlachtruf" „Ausziehn, Ausziehn, Ausziehn", (aus den Raum) aber der Herr der ausziehen sollte, verstand wohl die Botschaft und musste sie ignorieren, um aufmerksam das weitere Geschehen zu notieren oder als Nachweis auf Tonträger zu speichern. Steffen und seine Freunde wussten natürlich, zu welchem Haus der Herr in Wirklichkeit gehörte. Er war von „Horch und Guck" (Stasi) geschickt und sicher auch gut bezahlt. Natürlich gab es auch Ärger mit dieser „Zunft", obwohl zu vermuten bleibt, dass auch Mitglieder aus den eigenen Reihen abgefragt wurden. Diese Leute hatten vermutlich sogar keinen geringen Einfluss, sonst hätte man das kleine „demokratische Ventil" nicht so lange offen halten können. Stellvertretend sei ein Ereignis geschildert. Bei der Feier in einer Badgaststätte erschienen plötzlich sowjetische Soldaten, die erkennbar aus der Kaserne ausgebüxt waren. Sowjetische Soldaten hatten keinen freien Ausgang aus den Kasernen. Wenn überhaupt, sah man kleine Gruppen von 3-5 Personen in Begleitung eines in markanter Uniform mit weißen Streifen kontrollierenden Offiziers. Die es über den Zaun geschafft hatten, fragten nach Wodka und ob sie mit den Frauen einmal tanzen dürften. Fast alle Faschingsclubmitglieder waren Mitglied der auch betrieblich organisierten Gesellschaft der Deutsch- Sowjetische- Freundschaft. Sie sammelten Geld, kauften Wodka, klatschen freudig zum Tanz der Sowjetsoldaten in die Hände. Doch nach zwei Stunden kamen die Trunkenbolde wieder und forderten mehr Wodka, einige Frauen unzweideutig zum Sex und bedrohten zwei männliche Gäste nach Ablehnung ihrer Ansinnen mit dem Messer. Der Wirt rief bei der sowjetischen Kommandantur im Ort an und ein Gast entwendete vor Steffens Augen einem Russen das Messer. Für den Wirt war das illegale Entfernen der sowjetischen Freunde aus ihrer Kaserne keine Seltenheit. Wenig später fuhr ein sowjetischer Lastwagen vor und die, es waren wohl fünf Soldaten, wurden mit Schwung wie totes Vieh auf den Lastwagen geschleudert. Gegen zwei Uhr nachts kamen nochmals sowjetische Offiziere, entschuldigten das Vorkommnis, wir entschuldigten die von uns ursprünglich wohlgemeinten Bitterfüllungen der Wodkaspenden und verneinten die Anfrage, ob wir noch Forderungen hätten. Zur gleichen Veranstaltung saß ein Faschingsfreund in Kampfgruppenuniform und Stahlhelm *(bewaffnete Organisation in den DDR- Betreiben)* auf dem Fußboden, das Neue Deutschland *(höchste Parteizeitung der SED)* verkehrt herum und hielt seine Büttenrede. Ein Denunziant, der von einem nebenliegenden Gastraum das Geschehen beobachtete, hatte wohl erkannt, dass er mit einer Meldung darüber seinen Geltungstrieb befriedigen kann. Der Büttenredner, selbst ein „guter" Parteigenosse, Mitglied der Kampfgruppe und auch sonst ein im Wohngebiet gesellschaftlich Engagierter, hatte danach von „Oben" die Empfehlung erhalten, zukünftig den Faschingsclub zu meiden. Nach drei Jahren waren seine ersten Worte nach überraschender Teilnahme an der Faschingsveranstaltung: „Ich bin wieder da, es geht weiter". Diejenigen, die die Veranstaltung polizeilich angemeldet hatten, mussten nach den Vorkommnissen im Betrieb in der Kaderabteilung antreten. Da der Deutsch- Sowjetischen- Freundschaft kein Schaden zugefügt wurde, war die Bitte der der Personalchefin, nicht weiter über die Sache zu erzählen, das Thema beendet. Der Faschingsclub existierte weiter und der kleine Kreis, vielleicht mit einem Elferrat zu vergleichen, feierte zusätzlich auch andere Feste wie Silvester, Ausflüge, Kegeln und Bowling und runde Geburtstage freundschaftlich zusammen. Steffen versäumte es in keinem Jahr, selbst bei Minusgraden im Garten an Requisiten zu bauen und das Programm aktiv mit zu gestalten. Ein immer wieder unterhaltsames Geschehen war die öfter zelebrierte „Kornprobe" bei den faschingsvorbereitenden Wirtshausbesuchen. Ein Messbecher wurde mitgebracht und dann die Entscheidung getroffen, 10 doppelte Korn zu bestellen. Im Beisein des Kellners, wenn möglich auch des Wirtes, wurden die 10 Korn bis zum letzten Tropfen in den Messbecher geschüttet. Kein einziges Mal war das Sammelergebnis akzeptabel. Es fehlten immer 10 % oder mehr und billig war ein Doppelter auch nicht. Betretenheit, Entschuldigung und ausreichende Nachlieferung waren immer die Reaktion des Schankpersonals.

Nach der Wende in der DDR 1989 war der Faschingsenthusiasmus schlagartig beendet. Alle mussten die neue Anpassung bewältigen und Satire hätte auch keinen solchen Spaß mehr gemacht. Der sogenannte harte Kern traf sich aber, bis einige der Hauptakteure verstarben, weiter zu Gartenfesten, Bowling, Silvesterfahrten und die ersten Jahre nach der Wende auch am Vorabend des 3. Oktober, um den Tag der Deutschen Einheit zu würdigen. Zu bedauern, aber den Zeichen der Zeit folgend, da die Sterberate der Faschingsmänner Dauerhaftes tat, bleiben nur noch Erinnerungen an diese immer herbeigesehnten Feste und Freunde.

Das „Zweite Leben" begann

Schon wenige Wochen nach dem Trennungstag stand für Steffen eine sechswöchige Heilkur in Bad Elster an. Vorher, es war Faschingszeit und so schnell kann das Schicksal zuschlagen, hatte Steffen eine nette Bekannte eingeladen und vom Faschingsclub erzählt. Manch Faschingsfreund war überrascht, dass er eine andere am Arm hatte und sicher wurde auch getuschelt. Da Lei-KA-MU zur Kurzeit feierte, hatte ihm sein Rechtsanwalt ein Schreiben für einen unaufschiebbaren Sonnabendtermin geschickt und Steffen erhielt zwei Wochenendtage Kurunterbrechung genehmigt. Die geliebte Faschingszeit erlebte er ausgiebig in Gaststätten am Kurort und fast unverzichtbar mit LEI-KA-MU.

So sicher war sich Steffen der plötzlichen neuen Lebenssituation nun auch wieder nicht, denn er glaubte, dass es besser sei, nicht gleich wieder eine festere Bindung einzugehen. Erschwerend kam hinzu, dass die Liebe, eine alleinerziehende Lehrerin war und das Töchterchen 1 ½ Jahre alt. Eine Lehrerin! Das erzeugte bei manchem Bürger doch ein leichtes Stirnrunzeln, da den Lehrerinnen, sicher nicht ganz unberechtigt, oft ein sehr dominantes Verhalten nachgesagt wird. Nach und nach überzeugte sich Steffen, dass es wohl eine Lehrerin auf dieser Welt gab, die auch ansatzweise im Privatleben keine solche Dominanz ausstrahlte und auch im gesamten Verhalten völlig unkompliziert erschien. Sie bediente nicht das Klischee, „Lehrerin". Er gewöhnte sich sehr schnell an diese völlig andere Lebenssituation. Steffen war sich aus Erfahrung von anderen aber völlig bewusst, dass er keine Erziehung der Tochter mitträgt, wenn der leibliche Vater seinen Einfluss laufend geltend macht. Dieser dokumentierte aber mit relativ brutaler Handlung, dass er kein Interesse an erzieherischer Mitwirkung hat. Somit reifte bei Steffen der Gedanke, die volle Verantwortung, und ohne Wenn und Aber, für das Mädchen mit zu übernehmen. Für das Kind war Steffen in den ersten Monaten der Onkel, kindersprachlich „OKI". Nebensächlich sagte er, dass die Kleine absehbar einmal Vati oder Papi sagen kann. Nachdem die Mutti und Steffen am nächsten Wochenende unterwegs waren, hatte die Schwiegermutter, übrigens eine einfache liebenswerte Frau, sofort mit Töchterchen einen Wochenend- Weiterbildungskurs praktiziert. Schnell gelernt, wurde nur noch „Papa" gesagt. Das erste gemeinsame Jahr mit den zwei neuen Partnerinnen verging schnell wie ein angenehmer Traum ohne geringste persönliche Reibungen. Auf der Datsche wurde weiter am Haus gebaut und ein Zelturlaub an der Ostsee war auch noch möglich. Im gleichen

Jahr revolutionierte Steffen auch noch seinen beruflichen Einsatz. Weg vom Reißbrett und neu als Gruppenleiter im Anlagenbau- Management. Der Darlegung von beruflichen Aufgaben und den persönlichen Empfindungen und objektiv wirtschaftlichen Problemen gebührt noch eine später folgende Erlebnisanalyse.

Es war also ein Jahr des absoluten Umbruchs in einem bisher bewegten Leben. Sohn Heiko begann eine dreijährige Berufsausbildung mit Abitur zum Instandhaltungsmechaniker. Erkennbar, obwohl vorher niemals bewusst gefördert, zeigte sich bei ihm die Kombination handwerklichen Geschicks, was, so wird gesagt auch Steffen hat und die künstlerische Ader seiner Mutter. Er entwarf und fertigte kleine kunstschmiedeeiserne Arbeiten. An Wintertagen ging er mit zwei Freunden zum Eisangeln und sie übernachteten im Schuppen auf der Datsche und im Sommer wurden im Garten von den Anglern die Zelte aufgeschlagen. Der im Steinbruchsee gefangene Karpfen, der sicher schon einige Jahre alt war, musste erst einige Tage im frischen Wasser in einer großen Zinkwanne schwimmen, um den Schlammgeschmack etwas zu verlieren.

Der Anblick eines dicken dunklen Karpfens in der großen Zinkbadewanne war dem Töchterchen nicht ganz geheuer. Dafür hatte Steffen aber entsprechend seinen ersten Kindheitserinnerungen Verständnis.

Der Verlust des Sohnes und der Mutter

Aber was sollte im Leben von Steffen auch über längere Zeit ohne größere Probleme verlaufen? Alle gesundheitlichen und zwischenmenschlichen Unzulänglichkeiten hatte er bisher nach dem Motto bewältigt, der Knüppel zwischen den Beinen muss durchgebrochen werden und auf dem Weg, der auch Kurven haben darf, geht es weiter. Vor seinem beruflichen Wechsel hatte er eine große hydraulisch betriebene Spezialanlage projektiert und konstruiert, die nun sicher fertig gebaut war. Zu Pfingsten kam sein Bauleiter in den Garten und fuhr gemeinsam mit Steffen zu einer großen Heizwerkbaustelle in Bautzen. Obwohl diese beiden Anlagen überhaupt nicht miteinander zu verbinden sind, verschmolzen sie am nächsten Tag für 3 Stunden zu einem Thema in Steffens Gedankenwelt. An diesem Morgen, es war also der Dienstag nach dem Pfingstmontag, gegen 8 Uhr, erhielt Steffen die Order, sofort die Baustelle zu verlassen, in den Betrieb zu fahren und sich beim Vorgesetzten zu melden. Warum? Diese Frage wurde mit nicht zulässig beantwortet, und die Anweisung war zu befolgen. So fuhr Steffen unwissend auf der Autobahn und Landstraße mit seinem Skoda. Sein Blick ging immer wieder in den Rückspiegel, ob er beschattet wird und zum Himmel, ob er beobachtet wird. Seine Vermutung war, dass es zu einem schweren Unfall im Rüstungsbetrieb, für die er die Anlage mit Hydraulik zum Ausdrücken der über 20mm tiefen Beulen an Gefechtspanzern konstruiert hatte, gekommen war. Durch seine Gedankenwelt gingen die verschiedensten Folgeabläufe. Im Betrieb angekommen, es war gerade Pause, saßen Kolleginnen in der Sonne mit getrübtem Blick, zwei auch mit nassen Augen. Steffen war sofort klar, dass es ein anderes Problem, als das mit der Hydraulikanlage gab, denn dazu hätten die Damen keine Information erhalten. Der Chef hatte nun die schmerzliche Aufgabe Steffen zu sagen, dass sein Sohn Heiko in der vorangegangenen Nacht gestorben ist. Das war ein Hammerschlag auf den Kopf. Trotz der Leere war sofort der Weg zur Exfrau und den Schwiegereltern notwendig. Eine weitere Stunde allein und immer mit der Frage unterwegs, warum? Schon aus der Kur ein Jahr zuvor hatte Steffen dem Sohn auf einer noch existierenden Karte geschrieben, er soll seine Rückenschmerzen untersuchen lassen und nicht auf die leichte Schulter nehmen. Er hatte auch wieder erhöhten Blutdruck und seine Eltern erzwangen eine stationäre Spezialuntersuchung. Diese war ergebnislos und mündete in einem aggressiven Wortwechsel mit der Ärztin. Sie meinte, dass die Eltern den jungen Mann nicht verrückt machen sollen, es gibt Medikamente gegen hohen Blutdruck und man hätte das zu akzeptieren. Heimlich nahm Sohn Heiko, er war schlank, sportlich und 1,86 groß, Mittel gegen die Rückenschmerzen bis, ja bis er an dem bewussten Pfingstfeiertag gegen 13 Uhr ohnmächtig, gerade noch die Klingel zu seinen Großeltern betätigte, und aus dem Mund blutend zusammenbrach. Er wollte einen Schraubenschlüssel für die Reparatur seines Mopeds holen. In der Poliklinik erwacht, wurde er als erstes von der Feuerwehr Nothilfe gefragt, ob er gesoffen hat. Nachdem der erste Blutsturz vorbei war, wollte man den jungen Mann wegschicken, doch er bat zu bleiben und nach dem nächsten Blutschwall aus dem Mund und einer Ohnmacht fuhr man ihn in das 15 Km entfernte große Bergmannskrankenhaus. Immer wieder ereilte ihn die Ohnmacht. Ob die Mutmaßungen stimmen, dass beim Krankentransport die geschlossenen Bahnschranken ein längeres Hindernis waren und im Krankenhaus nicht ausreichend Blutkonserven zur Verfügung standen, wurde nicht bestätigt. Für den nachfolgenden Werdegang wären diese Fakten nicht ausschlaggebend gewesen. Nachdem er seine Krankengeschichte mit der Kunststoffader zur Niere, die Bauchnarbe war auch zu sehen, in einer Wachphase erwähnt hatte, wurde sein Körper abends geöffnet. Dies beschleunigte den ohnedies nicht aufzuhaltenden Blutsturz und Sterbevorgang. Denn, so berichtete man es den Eltern, gab es einen Abriss der Kunststoffader von der Aorta nach fortschreitender Unverträglichkeit. Der hohe Druck hatte den Zwölffingerdarm durchschlagen und das Blut suchte sich den Weg über Magen und Speiseröhre. Eine Hilfe, wenn diese Diagnose auch gleich gestellt worden wäre, war in dieser Klinik sicher nicht möglich. Die Ignoranz und der abweisende Tonfall der Ärztin ein halbes Jahr früher wurden zusätzlich zum Schmerz. Der von ihm zuvor empfundene Schmerz war das Pulsieren der Aorta- Schadstelle gegen die Wirbelsäule.

Wie verkraftet man einen solchen Verlust ist die oft gedachte, seltener die direkt gestellte Frage der Freunde und Bekannten. Die ersten Tage vor der Beerdigung musste Steffen noch in das Sterbekrankenhaus und daran öfter vorbeifahren, wenn er Formalitäten für die Feier zu erledigen hatte. Es waren auch noch schwülwarme, gewittrige Stunden und so war er heilfroh, wenn er diese Region hinter sich gelassen hatte. Es stellte sich auch später noch ein eigenartiges Bauchgrummeln ein, wenn er diese Strecke fuhr. Seine neue Familie, und das nicht ständig von dem Verlust geredet wurde, so glaubt er vor allem, half über die ersten unsichtbaren Hürden hinweg.

Während der miterziehende Opa glaubwürdig äußerte, dass es besser gewesen wäre, dass er gestorben wäre und nicht der Enkel, genoss die sicher auch wirklich trauernde Oma den Zuspruch und die damit verbundenen Gespräche mit den „alten Weibern" im Wohngebiet der Kleinstadt.

Nur vier Wochen später, nach einem Gartenbesuch, bei dem Steffens Vater fleißig bei der Bautätigkeit geholfen hatte, fanden sie seine Mutter, 66-jährig, Kopf über in die Badewanne gebeugt. Sie war schon einige Stunden vorher bei Reinigungsarbeiten gestorben. So wurden noch speziell an Wochenenden wichtige Betreuungsaufgaben für den Einundsiebzigjährigen von Steffen und der neuen stabilen Partnerschaft erbracht. Ein Jahr später hatte sich der Witwer seinen Wunsch, „ich suche eine Partnerin für alles" erfüllt und er führte sein meist eigenständiges Leben in neue Bahnen und half weiter an Wochenenden auf der Datsche. Vater heiratete eine sehr liebenswürdige Frau. Auch deren Tochter mit Mann und ihr Sohn mit Frau bereicherten, den noch jungen neuen Lebensabschnitt von Steffen. In den folgenden Jahren waren bei Steffen die Gedanken an den verstorbenen Sohn meist präsent, wenn die Tochter und der ein Jahr nach dem Tod geborene zweite Sohn allein unterwegs waren. Er hat darüber niemals gesprochen, dass seine Gedanken in Richtung, hoffentlich passiert nichts, gingen. Er wollte aber keinesfalls die Mobilität von Tochter und Sohn einschränken. Als die Zwei erwachsen waren, stellte sich auch immer wieder die Vorstellung ein, welchen Weg wäre Heiko gegangen, hätte er Familie, wäre Steffen schon Großvater, vielleicht auch schon Urgroßvater. So bleibt diese Lebenslinie für immer gesperrt.

Erinnerungen an die DDR Wirtschaft

In allen Bildungseinrichtungen von der Grundschule bis zur Universität war in mehr oder weniger starkem Umfang die Auseinandersetzung mit der marxistisch-leninistischen Philosophie gefordert.

Eine Grundthese „Das gesellschaftliche Sein, bestimmt das Bewusstsein" stimmte sicher für fast alle Bürger, die sich in der Forschung und Lehre ihr Geld mit der Verkündigung der marxistischen Lehre, den Profiteuren im Partei- und Staatsapparat, den höheren Leitungsangestellten in den Verwaltungsapparaten und Betrieben und natürlich den vielen „Arbeitslosen" in den Betrieben. Wieso Arbeitslose im sozialistischen Wirtschaftssystem? „Die hatten doch alle Arbeit"! All der vorgenannte Personenkreis hatte auch ein vergleichsweise gutes Gehalt und somit glaubten sie, dass das materille Sein einen nicht so großen Stellenwert einzuräumen ist. Viele dieser Menschen „trauern" noch Jahrzehnte der Vergangenheit nach, auch wenn sie materiell wesentlich besser gestellt sind, schöner, moderner wohnen, ein tolles Auto fahren und sich Weltreisen leisten können. Steffen will und kann sich den oft verklärt nostalgisch schön gefärbten Rückblick vieler Bürger auf die 40 Jahre DDR- Zeit nicht anschließen. Selbstverständlich gab es in dieser Gesellschaft auch Positives und Werte, die es besser gewesen wäre zu erhalten. Seine eigne Lebensleistung möchte man sich auch nicht von arroganten, selbstherrlichen „neuen Machthabern", die nach der Wende 1989 in die angegliederten Bundesländer strömten, zerstören lassen. Er verkündet auch nicht, er habe von all den Faktoren des Niederganges, dieser sogenannten sozialistischen Wirtschaft, nichts gewusst. Aber so wie sich in der Jetztzeit die meisten Bürger den Gegebenheiten stellen, um ihre Lebensgrundlage und Stellung nicht zu verlieren, so war auch in dem sozialistischen Land schärfere Kritik sofort mit dem Hinweis der Oberen, du musst sicher deine sozialistische Einstellung überprüfen, bevor wir es tun, verbunden. So schlecht, um als Märtyrer aufzutreten war die allgemeine Lebensgrundlage noch nicht und hätte auch die Aufgabe des eigenen Anspruchs auf berufliche Erfüllung und Familie bedeutet. So war der Zwang, im System „mitzuschwimmen" und nur gelegentlich einmal die Zähne zu zeigen, auch für Steffen tägliche Normalität. Die kritische Sicht auf die Komplexität der gesellschaftlichen Dinge ging niemals verloren. Bei Diskussionen im Freundes-, Kollegen- und Bekanntenkreis über Politik und Wirtschaft sagte aber Steffen schon weit vor der Wende (*1989*), dass, wenn es so weiter geht, wir rumänischen Verhältnissen *(war schon damals ein armes Land)* entgegengehen. Er zitierte oft aus der Novelle „Der Affe und die Brillen" den Abschnitt „ der Ignorant missachtet die Belehrung und wird zur Dummheit noch Macht gesellt, stört ihn kein Mittel der Zerstörung". Diese Tatsache war bei der Alt- Herrenriege des Politbüros *(Machtzentrale der DDR)* durchgängig vorhanden.

Auch in der Jetztzeit gibt es viel Kritikwürdiges im sogenannten immer wieder proklamierten Rechtsstaat, nur auf der Ebene eines besseren materiellen Labels. Steffen war noch jung, wurde später kritischer, aber die rationellen Dinge wie Baustunden für die Wohnung, Familienprobleme, die Weiterbildung und die Datsche standen im Vordergrund. Sicher noch etwas „blauäugig" hatte er, 20 jährig, einmal bei einer betrieblichen Jugendversammlung etwas systembedingt Kritisches, was aber die Allgemeinheit so diskutierte, öffentlich geäußert. Die Falle zur ideologischen Prüfung schnappte am nächsten Tag zu. Er musste in der Kaderabteilung antreten. Kaderleiter *(Personalchef)* und die vermutliche Parteisekretärin oder Gewerkschaftsvorsitzende führten das Kontrollgespräch. Letztendlich mündete es darin, dass Steffen als Arbeiter, die ja hauptsächlich für die sogenannte Arbeiterpartei geworben wurden, den Aufnahmeantrag der SED *(Sozialistische Einheitspartei)* unterschreiben sollte. Er bat sich Bedenkzeit aus. Nach dem Gespräch ging der Kaderleiter zu einer Schrankwand und stellte ein mitlaufendes Tonbandgerät aus, was Steffen noch nicht bemerkt hatte. Wutentbrannt kam ihm über die Lippen, „das haben sie wohl mitgeschnitten, hier haben sie ihre Unterlagen, ich unterschreibe natürlich nicht". Er hätte sich auch ohne diesen Mitschnitt nicht zur Parteimitgliedschaft entschieden, da er schon damals spürte, dass er weiter aufrecht durch sein berufliches Leben gehen möchte und seine innere kritische Haltung nicht ständig verbiegen wollte. Erst Jahrzehnte später wurde eine mögliche Parteizugehörigkeit wieder zu einem Thema in Hinblick auf einen beruflichen Aufstieg. Wie schon beschrieben, war Steffens Ausbildung zum Metallflugzeugbauer straff organisiert und auf Qualität und Leistung orientiert. Auch die folgenden Jahre als Werkzeugmacher ließen im betrieblichen Tagesablauf keine Undiszipliniertheiten zu und die Arbeitszeit wurde effektiv genutzt. Steffen hatte immer vor dem fachlich und menschlich überzeugenden Meister alter Schule Achtung. Auch die folgenden Jahre im Konstruktionsbüro waren durch straffe und pünktliche Arbeitsdisziplin, sowie ein anerkennendes Aufschauen zum Leiter geprägt. Nach dem ersten erfolgreichen Studium hatte er das Gefühl, dass er fähig wäre, auch einen beruflichen Aufstieg zu bestehen. Trotzdem fand er sich zehn Jahre damit ab, unter einem Leiter zu arbeiten, der fachlich allen Ingenieuren der Abteilung unterlegen war. Die Aufgaben waren durchgehend eigenständige und ingenieurtechnisch herausfordernde Themen. Jedes Rationalisierungsprojekt in die Praxis umgesetzt, brachte ein Erfolgserlebnis und das Arbeitsklima war angenehm kollegial.

In diesem Zeitraum begann aber in der DDR der Werteverfall in Bezug auf Arbeitsdisziplin. Die Lösung der Versorgungsprobleme war oft nur, auch für die Leiter, während der Arbeitszeit möglich und über den Chef wurde auch ausgiebig von den Mitarbeitern „das Maul gewetzt". Die Einhaltung der Pausenzeiten war noch durch Klingelzeichen reglementiert, aber kleine Anlässe wie Geburtstage, Geburten ließen die Arbeitszeitverluste anwachsen. Es blieb niemandem verborgen, dass die sogenannten gesellschaftlichen Organisationen wie die Partei, die FDJ und all die anderen auch schon immer öfter die Arbeitszeiten für ihr immer „ganz wichtiges" Dasein nutzten. Der strukturelle Aufbau des Ingenieurbüros war in der Spitze sehr breit und von einer flachen Leitungshierarchie keine Rede. Steffen als Mitarbeiter hat oft leise die Tür zwischen Sekretariat und Büro des Hauptabteilungsleiters geschlossen, den Finger vor seinem Mund der Sekretärin gezeigt, damit der nette Herr ruhig weiter schlafen konnte. Der Herr war wirklich ein sympathischer älterer Kollege. Zweimal sprach er Steffen mit den Worten an, „sie sind doch ein intelligenter junger Mann, soll ich ihnen Geld geben, damit der Schnauzbart wegfällt und die Haare kürzer werden". Den Bart gibt es noch heute und der Modetrend der langen Haare war später auch nicht mehr aktuell.

Es war wieder einmal eine Kampagne zur Werbung für die Kampfgruppe der Arbeiterklasse *(Paramilitärische Einheit in den Betrieben)* und für die Zivilverteidigung *(betriebliche Schutzorganisation für den militärischen Ernstfall)* angesagt. Der nette Hauptabteilungsleiter suchte, dazu verpflichtet, erfolgsorientiert, nach Personen, die sich dafür bereit erklären. Steffen erklärte ihm, dass er mit Sicherheit medizinisch dienstuntauglich für beide Organisationen ist. Trotzdem setzte er nach Zustimmung Steffen auf die Meldeliste für die Zivilverteidigung und er hatte sein Erfolgserlebnis. Die Tauglichkeitsuntersuchung fand, wie könnte es anders sein, während der Arbeitszeit statt. Die Ärztin sagte und fragte gleich zu Beginn, "sie sollen oder wollen zur Zivilverteidigung, was haben sie dagegen vorzubringen"? Sie kannte sicher die innere Nichtüberzeugung der zu ihr geschickten Patienten. Steffen sagte, wo soll ich anfangen, unten oder oben und schilderte seinen medizinisch betrachtet langen Werdegang. Sie schimpfte, dass so ihre Arbeitszeit missbraucht wird, natürlich mit einem Ohnmachtslächeln.

Wenn Steffen in einen Betrieb fuhr, in dem Panzer generalrepartiert wurden, erfolgte dies meist montags rund 400 km Richtung Mecklenburg per Bahn. Dienstags früh hatte er dann, nach umfangreicher Zutrittskontrolle, sein maschinentechnisches Projekt vor einem bis zu 10 Personen zählenden Gremium zu verteidigen. Doch schon nach der Frühstückszeit gegen 9:30 Uhr mussten alle Betriebsangehörigen zum „Argument" sich versammeln. Was war denn das? Man erklärte ihm die Pflichtveranstaltung, dass hier ein politisches Argument, also eine aktuell politische Schlagzeile verkündet und argumentativ untersetzt wird. Als Beispiel soll hier stellvertretend für die immer neue sozialistische Propaganda stehen, „ vorwärts zum 8. Parteitag" oder „wie wir heute arbeiten, werden wir morgen leben" oder " heraus zum 1. Mai". Dieser Betrieb stand tatsächlich während dieser Propagandazeit still. Bei jedem Besuch in diesem Betrieb gab es immer unterschiedliche Sicherheitsüberprüfung, bevor man zu den Panzerobjekten kam. Steffen hat dann alle erforderlichen Maße von den unterschiedlichen Panzertypen abgenommen. Eines Tages erhielt der Direktor des Ingenieurbetriebes per Kurier technische Unterlagen zu einem Panzertyp. Er hatte danach die Aufgabe, Steffen zur Geheimhaltungsstufe VS (*Vertrauliche Verschlusssache*)zu verpflichten. Steffen konnte aber nach kurzer Sicht auf die Zeichnung die Annahme und somit die Verpflichtung ablehnen, da er schon analoge Eigenskizzen hatte.

Das Problem der Materialversorgung für den Bau des Wochenendhauses war ja eine ständige Herausforderung. Dies machte es sehr oft notwendig, den Betrieb für diese privaten Dinge zu verlassen. Steffen nimmt aber für sich in Anspruch, die dadurch entstehenden Verlustzeiten durch Nacharbeit ausgeglichen zu haben.

Die Gehälter im Republikvergleich waren recht gut, da der Betrieb zur Gruppe des Schwermaschinenbaus gehörte. Trotzdem fand Steffen und auch andere Kollegen, dass die echte ingenieurtechnische Facharbeit, wie sie im Ingenieurbetrieb gefordert wurde, im Vergleich zu anderen Bereichen wie Ökonomie und Anlagenbau, ungerecht entlohnt wurde. Jedes maschinentechnische Projekt war mit einer Abschlussarbeit an einer Fach- oder Hochschule zu vergleichen. Da Steffen dies erkannte und sich auch für eine höhere Stellung reif fand, nutzte er das Angebot, als Auftragsleiter in den Bereich Fördertechnischer Anlagenbau zu wechseln. Nachdem er seinen neuen Arbeitsvertrag als Auftragsleiter *(vgl. Gruppenleiter)* unterschrieben hatte, besuchte er erstmalig seine neue Arbeitsstelle. Was er dort erlebte, war so brutal negativ in Bezug auf Anstand und Arbeitsmoral, dass er sich schwor, bei aller sozialistischen Lobhudelei hier in Folge etwas zu ändern. Es war Mittagszeit und er betrat das Zimmer seiner neuen Kolleginnen und Kollegen, um sich vorzustellen. Vier Personen spielten Skat und auch die anderen ignorierten nach kurzem Blickkontakt den Neuankömmling. Er setzte sich und dachte, dass in wenigen Minuten die Pause vorbei ist. Doch total falsch eingeschätzt, dass Skaten dauerte noch eine Stunde länger. In einem weiteren Zimmer wurde ausgiebig Zeitung gelesen. Am ersten neuen Arbeitstag in der Auftragsleitung, in welcher das Anlagenmanagement hauptsächlich für kleine und mittlere Kohletransportanlagen für Heizwerke bearbeitet wurde, führte Steffen zunächst einzelne Mitarbeitergespräche. Ihm wurde klar, dass stundenlanges Skatspielen als selbstverständliches Tagesritual angesehen wird. Der scheidende Auftragsleiter, auch ein Skatspieler, erläuterte, dass die Projekte und Ausrüstungen nach Normativstunden entsprechend dem Auftragswert abgerechnet werden. So konnten die Mitarbeiter z.B. 960 Stunden Arbeitszeit abrechnen für einen Kran, der einen Wert von ca. 1 Mill Mark der DDR hatte. Es war aber letztendlich nur ein Durchlaufposten im Aktenstapel und die Montage erfolgte auch durch den Lieferbetrieb. Schon damals schätzte Steffen richtig ein, dass hochgerechnet nicht mehr als 300 Stunden für die bürotechnische Erfassung für Einkauf und Abnahme mit Verkauf und die Begleitung durch den Bauleiter erforderlich waren.

Die Mitarbeiter gingen, wenn sie es erforderlich hielten, ohne sich abzumelden, einkaufen oder andere private Wege. Sonderkaffeezeiten und größere gesellige Runden aus kleinen Anlässen wurden fast täglich zelebriert. Steffen musste sich natürlich in das Managementsystem erst einarbeiten, was ihm fachlich überhaupt keine Probleme bereitete. Anders war es schon mit der Disziplin. Hier verspürte er sehr schnell, dass wenn er zu forsch seine Vorstellungen einbringt, er ganz schnell ausgegrenzt wird und den Gegenwind zu spüren bekommt. Als Zeitraum gab er sich selbst ein Jahr vor und die Negativdisziplin war nur einzugrenzen, wenn den Mitarbeitern mehr Projekte übertragen wurden und die negativen Alphamenschen eingegrenzt werden oder die Gruppen verlassen. Für undiszipliniertes Auftreten wurde im Ernstfall immer der Leiter verantwortlich gemacht. Das „Totschlagargument", dass er seinen sozialistischen Erziehungsauftrag als Leiter nicht erfüllt hat, wurde von den einflussreichen übergeordneten Genossen als letztes Argument genutzt.

Wie es auch immer funktionierte, Steffen hat sich nie mit den undisziplinierten Mitarbeitern angelegt, es war nach einem Jahr von den vier Skatspielern nur noch eine Mitarbeiterin da und diese war einsichtiger in Bezug auf

Arbeitsdisziplin. Er erinnerte sich oft an seinen Psychologiekurs bevor er und wie er reagierte. Auch aus den anderen Auftragsleitungen verschwanden nach und nach die negativen Wortführer. Systembedingt konnte man die Disziplinlosigkeiten ohnedies nicht voll in den Griff bekommen. Manche Mitarbeiter waren der Meinung, dass Steffen mit dem Abteilungsleiter, der auch öfter vorbildlos zur Geliebten auf die Baustelle fuhr, freundschaftlich verbunden ist. Er spürte keinerlei freundschaftliche Gefühle zu ihm, sondern vertrat ihm gegenüber seine kritische Meinung. Der Herr Abteilungsleiter war weniger mit der fachlichen und kaum mit disziplinarischen Aufgaben beschäftigt, dafür aber vielmehr mit Parteiarbeit und Kampfgruppe und so konnten „die Mäuse auf den Tischen tanzen".

Natürlich haben nicht alle Menschen in der DDR so disziplinlos arbeiten können und diesen ist auch ihre Leistungsbereitschaft nicht abzusprechen. In den Produktionsbetrieben, wo Fließbandarbeit geleistet werden musste, konnten die Menschen nicht so einfach davonlaufen. In den Gießereien, an Werkzeugmaschinen, in der Textilindustrie, in der Spielzeugindustrie, in den Chemiewerken und anderen Betrieben musste fleißig gearbeitet werden.

Die Mangelwirtschaft hat aber auch hier sehr oft einen unökonomischen Produktionsablauf bewirkt. Wenn z.B. nur ein kleines Bauteil für eine Komplexeinheit der Funkindustrie gefehlt hat, wurden die Baugruppen auf Lager gelegt und aufwendig nach Eingang des Fehlteiles mühevoll ergänzt. Die Neuinvestitionen wurden immer weniger und die Produktionsmittel auf Verschleiß gefahren. In diesen Produktionsbetrieben waren aber auch die „oberen Etagen" mit vielen, die Prozesse schädigenden Menschen besetzt. Es waren die Arbeitslosen des Sozialismus. Sie fühlten sich aber ganz wichtig und wurden gut bezahlt. Mit ihrer meistens Nichtsnutzigkeit richteten sie noch zusätzlich Schaden an, indem sie mit ihren Forderungen die anderen von den eigentlichen Aufgaben abhielten. Den Lehrern, Ärzten und Krankenschwestern eine kontinuierliche Fleißarbeit abzusprechen, wäre auch nachträglich eine völlig falsche Geringschätzigkeit. Die Arbeitslosen des Sozialismus bildeten aber auch ein dickes Geflecht in allen Bereichen der kommunalen und staatlichen Verwaltungen, analog des strukturellen Aufbaues in den Betrieben. Scheinbar nicht so ausufernd aber vorhanden im praktizierenden Schul- und Universitätsbereich und im praktizierenden Gesundheitswesen. Steffen sprach oft bei der komplexen Betrachtung zur Lehre von Karl Marx über die „Einheit von Theorie und Praxis" vom „System der organisierten Verantwortungslosigkeit". Die nachfolgende Aufzählung der „Hemmschuhe" in der Sozialistischen Planwirtschaft sollte zum Nach-

denken anregen. In jedem mittleren und größeren Betrieb und dem sogenannten Staatsapparat gab es die Parteileitung, den Sicherheitsbeauftragten
(Verbindung zur Stasi), die FDJ *(Freie Deutsche Jugend),* die DSF
(Deutsch- Sowjetische Freundschaft), den DFD *(Demokratischer Frauen-
bund Deutschland),* die GST *(Gesellschaft für Sport und Technik)* als ju-
gendmilitärische Einheit, die Kampfgruppen *(militärische Einheit),* die
Wettbewerbsabteilung, die KdT *(Kammer der Technik),* die ABI *(Arbeiter
und Bauerninspektion),* die Gewerkschaft, die Zivilverteidigung *(Sicherun-
gen für den militärischen Ernstfall)* und eine große Anzahl von Kommissionen, die sich meist aus den Mitgliedern der vorgenannten Organisationen
rekrutierten. Nur unvollständig kann die Nennung des Maikomitees, der
Wettbewerbskomitees, der Ferienkommission und der Komitees für sowjetische Freundschaftstreffen bleiben. Für die Nachwelt kann ansatzweise die
Beschreibung einiger Tätigkeiten dieser Kommissionen zum erhofften Verständnis führen. Das Maikomitee, deren Leiter meist der Direktor oder Ge-
neraldirektor war, beschäftigte sich mit der Marschordnung der Zehnerrei-
hen, die dann zum 1. Mai den Staats-, Stadt- und Parteioberen beim Vorbei-
marsch an einer Ehrentribüne zuwinken sollten. Des Weiteren waren, die
Fahnenträger und Plakatträger zu werben oder zu bestimmen. Die Plakate
mit dem Konterfei der Mitglieder des Zentralkomitees der Partei und mit den
Losungen mussten gefertigt werden und ganz wichtig waren, die sogenannten Winkelemente, z.B. rote Tücher, Papierfähnchen und der Verkauf der
Mainelken. Steffen kann sich nicht erinnern, jemals die Hand zum Winken
für diesen Personenkult gehoben zu haben. Dem Mitlaufen konnte er sich als
Auftragsleiter und später Abteilungsleiter nur schwer entziehen. Einmal hat
er sogar eine Fahne in der ersten Reihe nach der Kombinatsleitung getragen
und sich dabei sehr unwohl gefühlt. Man hatte ihn dafür „halt ausge-
guckt"*(bestimmt)*.

In den Anfangsjahren der DDR, also noch zur Schulzeit von Steffen, trafen sich die Werktätigen vor ihren Betrieben und die Schüler und Lehrer vor
den Schulen, um zur Demonstration Richtung Innenstadt zur Ehrentribüne
zu starten. Auf den kilometerlangen Wegen schmolz bemerkbar die Anzahl
der Teilnehmer in den Marschblöcken, die meist in einem Wirtshaus am
Wegesrand verschwanden. Stundenlang dauerte oft der Weg im Marschver-
kehrschaos. Den Machthabern blieb der mangelnde Zuspruch nicht verborgen und so entwickelte man neue Marschpläne mit Startpositionen in der
Nähe der Aufmarschstraße mit der Ehrentribüne.

Jede Brigade, meist identisch mit der Abteilung, musste am innerbetrieblichen sozialistischen Wettbewerb teilnehmen. Das grundsätzliche Wettbewerbsmotto lautete „Sozialistisch Arbeiten, Lernen und Leben". Wesentliche Wettbewerbsschwerpunkte waren die Erfüllung der Planaufgaben, die vollständige Mitgliedschaft in der DSF und die Teilnahme an mindestens einer DSF- Veranstaltung, die Darstellung der Mitgliedschaften in den schon genannten Organisationen, z.B., Kampfgruppe, die Durchführung einer Brigadefeier, die regelmäßige Durchführung der Schulen der sozialistischen Arbeit, außerbetriebliches Engagement z.B. im Wohngebiet, Rotes Kreuz, einem Chor und natürlich die möglichst 100% Teilnahme an der Maidemonstration.

Alles musste in einem Brigadetagebuch dokumentiert und damit „vermarktet" werden. Es ging jährlich um den Titel oder die Titelverteidigung „Kollektiv der sozialistischen Arbeit" und um Prämiengeld. Waren nicht 100% der Mitarbeiter in der DSF wurden 50,-Mark Wettbewerbsgeld abgezogen.

Wollte eine neue Kollegin oder Kollege in der Abteilung von Steffen die Arbeit aufnehmen, war eine seiner ersten Frage, ob eine Mitgliedschaft in der DSF besteht. Wenn nein, kam als seine Antwort, dass er sich deswegen nicht ideologisch „anzählen" (*kritisieren*) lässt und so wurden alle Neuankömmlinge Mitglieder der DSF. Anders verhielt er sich bei den „Schulen der sozialistischen Arbeit". Offiziell war diese ideologische Schulung einmal monatlich montags nach Arbeitsschluss abzuhalten. Mit der wichtigen einmal monatlich durchzuführenden Arbeitsschutzbelehrung gab Steffen allen Brigademitgliedern kleine Handzettel mit dem sozialistischen Schulungsthema für das Selbststudium aus. Vor dem versammelten Kollektiv holte er bei den Mitgliedern der Partei das Einverständnis für diese Schulungsvariante ein, damit er nicht deswegen denunziert wird. Keiner studierte die absolut unsinnigen Themen und hatte pünktlich Feierabend. Welche schwachsinnigen Themen behandelt werden sollten, dokumentieren zwei Beispiele zu den propagierten „Sowjetischen Neurermethoden". So sagte der sowjetische Neuerer Lukjanow „man muss sich ausruhen, bevor man ermüdet", und hat damit zum „Büroschlaf" animiert oder die Sowjetische Neurerin Nasarowa sagte, „man muss die Maschine nach dem vorgegeben Schmierplan schmieren", was natürlich in Deutschland für Arbeiter an Werkzeugmaschinen schon mehr als ein Jahrhundert eine Selbstverständlichkeit war. Bei normal denkenden Menschen lösten solche, fast satirisch zu betrachtenden Themen nur Kopfschütteln und Schmunzeln aus. Man stelle sich vor, dass intelligente Menschen sich solchen Unsinn als Neuheit aus der Sowjetunion anhören sollten.

Die Mitgliedschaft von Steffen im Gewandhauschor, worüber noch ausführlicher zu berichten ist, war im Brigadetagebuch viele Jahre als herausragende gesellschaftliche Arbeit dokumentiert. Die hauptsächlich während der Arbeitszeit oft volkskünstlerisch gestalteten Brigadetagebücher mussten der Wettbewerbskommission pünktlich übergeben werden. Mit Fotos, Zeitungsausschnitten und Berichten mit „spitzer Feder" (*Lobhudelei*) geschrieben, entstanden oft echte Kunstwerke. Als Leiter musste man aber die Berichte quälend von den Mitgliedern einfordern und so entstand auch noch zwischen Weihnachten und Neujahr der Termindruck zur Buchabgabe. Steffen fragte als Abteilungsleiter seinen Vorgesetzten, ob er sich um das Tagebuch kümmern sollte oder eine wichtige Dienstreise antreten soll. Die Vorgabe lautete Dienstreise. So kam es, dass das Brigadetagebuch zwei Tage verspätet abgegeben wurde und Steffen am schwarzen Brett, für alle lesbar, negativ mit den Worten, „er muss seine ideologische Einstellung überprüfen" angezählt wurde. Der Vorgesetzte ließ die Schmähschrift nicht entfernen. Die hauptamtlichen Mitarbeiterinnen, die die Vollständigkeit der geforderten Inhalte der Bücher überprüften, wurden gut bezahlt. Während einer kleinen Feierstunde, die während der Arbeitszeit stattfand, wurden dann die roten Mappen für die „Auszeichnung" „Kollektiv der sozialistischen Arbeit" übergeben. Es ist nicht bekannt, dass eine Abteilung dieses Ziel, Dank „spitzer Bleistifte", nicht erreichte. Die Prämie von meist 300,-MDN für die nächsten Kollektivfeiern stand dann zur Verfügung.

Sogar der staatlich verordnete Großeinsatz aller Mitarbeiter zur „Schneeberäumung" wurde anerkennend im Buch dokumentiert. In den früheren Jahren fand die große Mustermesse der Stadt Anfang März statt und oft versank zu diesem Zeitpunkt die Stadt und der Messeverkehr im Schnee. Zentral organisiert, mussten alle männlichen Büroarbeiter die Hauptstraßen und Kreuzungen vom Schnee befreien. Erfolgreich setzte sich ein Mitarbeiter mit der Begründung vor dem Einsatzleiter durch, erst mitzumachen, wenn auch Frauen zum Schneedienst antreten. Seine nachvollziehbare Meinung war, dass gesunde Frauen auch Schnee schippen können und er, der Chef, möge sich an die Trümmerfrauen nach dem Krieg erinnern. Die Pausengestaltung der im Betrieb verbliebenen Damen war mit Sicherheit erst nach Rückkehr der vom Schneeschippen an „frischer", von Trabi, Wartburg und vielen Westwagen geschwängerten Luft ermüdeten „Bürohengste" beendet.

Diesen Aktionen aus dem Weg zu gehen, wurde von der Regierung beschlossen, die jährliche Frühjahrs- Messe später stattfinden zu lassen.

Jeder größere Betrieb hatte auch eigene Betriebshandwerker für Sanitär, Maler, Tischler und Schlosser. Ein Beispiel soll die Effektivität dieser Mitarbeiter dokumentieren. Die Maler hatten den Auftrag, zu zweit die Büroräume neu zu tapezieren. Die Mitarbeiter räumten also die Möbel aus, damit die zwei Maler montags mit der Arbeit im ca. 15²m großen Zimmer beginnen können. Donnerstags, also nach vier Tagen, kam dann deren Vorgesetzter zur Kontrolle, mit der freudigen Nachricht, wenn sie am Freitag in einem weiteren Zimmer anfangen, gibt es 50,- Mark Prämie. Nun wurden die Handwerker nach vier Tagen Malerarbeiten richtig aktiv und räumten zumindest ihr Werkzeug in das nächste Zimmer. Für nicht aktive Heimwerker soll erläuternd erwähnt sein, dass zwei Fachkräfte an einem Tag, maximal 1 ½ Tage solch kleines Zimmer malermäßig instand setzen können.

Noch unökonomischer war der zentrale Beschluss der Regierung, dass jeder Betrieb sogenannte Konsumgüter *(Industriewaren des täglichen Bedarfs)* zu einem bestimmten Prozentsatz der Betriebskapazität herstellen musste. So konnte es sein, dass ein Betrieb der Lampen herstellt noch Dosenöffner produzieren musste und ein Betrieb der Spielzeugindustrie Sonnenschirme gefertigt hat. Alles was es nicht gab oder zu wenig produziert wurde, sollte irgendwo gebaut werden.

In dieser Zeit gab es noch mehr als zweifelhafte Gegebenheiten in der Wirtschaft. Gesetzlich waren die Lieferbetriebe verpflichtet, die großen Industrieausrüstungen, die sie zu den Baustellen schickten, selbst zu entladen. Jedem Reichsbahnwaggon ein Entladegerät, einen Bediener und Anschläger auch an Wochenenden nachzuschicken wäre vermessen gewesen. Die vertraglich gebundenen Leistungen wurden auch von Unterauftragnehmern geliefert. Für überzogene gesetzlich vorgegebene Standzeiten je Waggon auf dem Anschlussgleis wurde von der Deutschen Reichsbahn *(Bahngesellschaft der DDR)* 50,-Mark/Std.an Wochentagen und 100,- Mark/Std. am Wochenende in Rechnung gestellt und die Zahlung, die der Empfänger zu begleichen hatte, auch durchgesetzt. So kam es sehr oft vor, dass der Ingenieurbauleiter, er hatte einen privaten Telefonanschluss, an Wochenenden die Meldung erhielt, dass ein oder mehrere Waggons auf die Baustellengleise geschoben wurden. Er fuhr auf dem Weg bei Steffen, meist im Garten vorbei, die Hausdame packte die Verpflegung ein und der verantwortungsbewusste Ingenieur und Diplomingenieur fuhren zum Wochenendeinsatz Waggons entladen. Dies war auf Baustellen, wo zur Gesamtausrüstung der Kohle- und Entladekran schon geliefert war, kein größeres Problem. Anders verhielt sich die Sache, wenn diese Kranteile erst geliefert wurden. Wie und mit welchem Hebezeug sollte am Wochenende entladen werden? Wochentags konnte man mit Austauschhilfen und mit einigen Kästen Bier Kranfahrer anderer Betriebe ködern.

Ein Bauleiter rief Steffen, den Abteilungsleiter an, um in seiner Hilflosigkeit Unterstützung zu bekommen, wie er die Ausrüstungen entladen soll. Hier war auch Steffen auf Grund der Entfernung nur in der Lage zu sagen, dass er die Waggons zunächst stehen lassen muss und wochentags die Möglichkeit bei anderen Auftragnehmern, z.B., Bau suchen soll. Dann ein Anruf mit der Nachricht, es kostet 600,- Mark direkt auf die Hand. Steffen sagte zu, dass das Geld in der kommenden Woche fließt und fuhr am Folgetag zum Werkleiter des Kranbetriebes, um 600,- Mark „loszueisen". Die Zahlung an Steffen erfolgte nur mit der Forderung, dass innerhalb eines halben Jahres die Rückzahlung erfolgt. Steffen kannte ja die Möglichkeiten über sogenannte sozialistische Wettbewerbsgelder, die auf Baustellen gezahlt wurden, 600,- Mark abzuzapfen und sagte zu. Waggonstandgelder wurden zusätzlich in überschaubarer Größe fällig, und irgendwie im Riesenkombinat, zu dem 35 Betriebe gehörten, die meistens auch die Lieferbetriebe der Ausrüstungen waren, verrechnet.

Auf die Listen für die Auszahlung der Wettbewerbsgelder sollten immer, kaum machbar, hauptsächlich SED- Partei Genossen stehen. Zum Beispiel war ein Wettbewerbsziel, dass auf der Baustelle kein Mitarbeiter jedes einzelnen Hauptauftragnehmers und seinen Nachauftragnehmern, ohne Schutzhelm angetroffen werden durfte. Wäre der Fall eingetreten, hätten 50,- Mark Prämie gefehlt. Das war sicher eine gute Erziehungsmethode zur Einhaltung des Arbeits- und Gesundheitsschutzes.

Zwei Jahre nach den ersten Erfolgen wurde Steffen zum Abteilungsleiter berufen und drei Auftragsleitergruppen sowie Bauleiter gehörten zu seiner Abteilung. Es waren immer ca. 25 Personen. Zwei Kollegen, einer davon war Mitglied der Partei und Kampfgruppe, lasen ständig früh die Zeitung und hatten nachmittags eine Flasche Bier auf dem Schreibtisch. Daraufhin angesprochen meinten sie, dass sie ihre Arbeit trotzdem machen. Steffen war ganz anderer Meinung und sagte, dass sie sicher zu wenig Arbeit haben und außerdem es ungehörig ist, wenn sie dem Abteilungsleiter, nicht ihm als Person, diese Respektlosigkeiten anbieten und zumuten. Einen „dicken Hals" bekam Steffen auch, wenn sich die Mitglieder der Kampfgruppe während der Arbeitszeit zum Waffenputzen oder anderen damit in Verbindung stehenden Aufgaben, jede Woche einmal abmeldeten. Ähnlich erging es ihm, wenn sich die Jugendlichen und Parteigenossen zu irgendwelchen Treffen verabschiedeten.

Zwei Ereignisse, die man nur als unglaublich nachempfinden kann, sollen noch geschildert werden. Donnerstags, Mitte Dezember sollte ein Kran mit einer Kranbrückenlänge von 60 m aufgerüstet (*montiert*) werden. Zwölf polnischen Arbeitskräften war zugesagt, bevor sie in ihre Heimat reisten, zusätzlich für Freitag und Sonnabend je 50,-Mark zu bekommen. Ein Eisenbahndrehkran und ein Autokran, die die Kranbrücke heben sollten waren vertraglich gebunden. Steffen als Hauptverantwortlicher und der Bauleiter waren mit vor Ort. Gegen 15 Uhr erschienen zwei Herren in Lederjacken und sagten, dass alle Baustellenaktivitäten einzustellen sind und die Baustelle am Freitag nicht wieder betreten werden darf. Steffen konnte sich nicht verkneifen, dass die Herren sich erst einmal vorstellen sollen und ihr Anliegen begründen. Sie hießen, wie alle diese Herren Müller oder Meier, und stellten die Frage, ob Steffen nicht wüsste, dass Helmut Schmidt, der Bundeskanzler am Sonntag nach Güstrow fährt und dazu die Bahnstrecke genutzt wird. Die Antwort, dass die Hauptarbeiten am Freitag abgeschlossen werden, stieß bei den Herren nur auf die mürrische Anweisung „sofort verlassen". Ein Blick auf die Bahnlinie verriet, dass zahlreiches Sicherheitspersonal schon drei Tage vor der Zugdurchfahrt anwesend war. Die Quintessenz des Vorganges war, dass der Eisenbahndrehkran den Montageort nicht erreichte und auch keine Rechnungslegung erfolgte. Für den Autokran kam eine Rechnung in Höhe von 36000,-Mark, die Steffen in Folge zur Zahlung anweisen sollte. Er weigerte sich entsprechend den auch immer wieder proklamierten sozialistischen Slogan „Kostenklarheit, Kostenreinheit". Da meist monatlich eine Ministerkontrollberatung auf den Großbaustellen stattfand, um ggf. die Materialknappheit auch überregional etwas auszugleichen, erwischte es Steffen. Seine Begründung, dass die Leistung nicht erbracht wurde und das Verursacherprinzip für die Zahlung angewendet werden müsste, endete vor und mit einem persönlichen Vortrag des Ministers für Kohle und Energie. Er wusste natürlich nicht, dass Steffen kein SED- Genosse war. Es waren die zu erwarteten Floskeln und Einschüchterungskommentare, wie, wir werden es deiner Parteileitung melden, du musst deine Einstellung ändern und hast du noch nichts vom sozialistischen Wettbewerb der Werktätigen gehört. Steffen wies die Zahlung der Rechnung mit dem Vermerk „auf Weisung des Genossen Minister…" an.

Die zwölf polnischen Arbeiter freuten sich über 100,-MDN Sondergeld und die sofortige Reise zu ihren Familien.

Kurios, wenn vormittags einmal monatlich die Ministerkontrollberatungen auf den Großbaustellen stattgefunden hatten, gab es am Nachmittag immer noch eine Parteiberatung, um die gleichen fast ausschließlich nur Materialprobleme nochmals anzusprechen. Steffens Chef sagte immer zu ihm, dass er als Wissensträger zum Projekt auch die Parteiveranstaltung besuchen soll, da die anderen ohnedies nicht wissen, dass er kein Parteimitglied ist. In der DDR gab es zu allen Industriezweigen ein gesondertes Ministerium in Berlin.

Ein Heizwerk in Erfurt sollte an einem bestimmten geplanten Tag in Betrieb gehen. Am Vorabend, 20 Uhr, wurden die Gurtbandförderer (*Förderbänder*), die die Kohle vom Lagerplatz in die Bunker der Kessel transportieren angefahren. Gegen 21 Uhr fiel ein Antriebsgetriebe aus. Steffen konnte durch Hörprobe und einer heißen Stelle am Getriebe die vermutliche Schadensstelle lokalisieren. Nun begann die republikweite Havarie- Organisationsmaschinerie zu laufen und man glaubt es nicht, welche technische Möglichkeiten zum Informationsaustausch die Oberen hatten. Im Kombinat, zu dem Steffen gehörte, gab es rund um die Uhr einen Havarie- Dispatcher. Dieser rief im Ministerium für Schwermaschinenbau an, von dort wurde das Ministerium für Kohle und Energie in Konferenzschaltung benachrichtigt, die wiederum das Ministerium informierten, welches für den allgemeinen Maschinenbau zuständig war. Diese nicht erwartete Kommunikationsrunde am späten Abend konnte Steffen am Telefon mithören. Das zuständige Ministerium hatte dann im Getriebewerk angerufen und schon am nächsten Tag gegen 9:30 Uhr brachten Sachverständige entsprechend der Schadensvermutung die Ersatzteile mit. Schon vor den Ersatzteilen kamen, aber nicht unerwartet, zwei Herren in Lederjacke, die sich traditionell wieder mit Müller oder Meier vorstellten, um zu schnüffeln.

Für den Normalbürger, wie Steffen, gab es in der DDR keine Chance einen privaten Telefonanschluss zu erhalten. Es war damals auch noch nicht bekannt, dass Partei und Regierung ein spezielles Telefonnetz hatten.

Steffen hatte vorsorglich zwei weitere baugleiche Getriebe demontieren und öffnen lassen, um analoge Fehler auszuschließen. Am Abend, also noch am Tag wie geplant, wurde die Anlage erneut angefahren und die Herren standen Zigarette rauchend am Ende der Förderstrecke, wahrscheinlich um die ankommende Kohle zu bewundern. Da die Herren, trotz vorheriger mündlicher Information und entsprechender Beschilderung das absolute

Rauchverbot missachteten, musste Steffen mit Herzklopfen etwas direkter und schärfer im Ton werden. Noch am Abend, als die Kohlebunker gefüllt wurden, verlangten die Herren für den nächsten Tag einen Sachstandsbericht. Steffen der nun schon über 36 Stunden auf der Baustelle war, sagte, dass er ohne schriftlichen offiziellen Auftrag und der müsste vom Hauptverantwortlichen Generalauftragnehmer kommen, nichts tun wird. Mit Herren dieser Zunft zu kommunizieren brachte immer ein mulmiges Bauchgefühl. Er sagte noch, dass er jetzt nach Hause fährt und am Sonntag, zwei Tage später zum Probebetrieb wieder ansprechbar ist und er hofft, die Herren am Sonntag wieder zu treffen, dachte aber, hoffentlich nicht.

Wie gründlich nach der Ursache des Getriebeausfalls ermittelt wurde zeigte das Ergebnis. Ein Gastarbeiter aus Mosambik, so wurde berichtet, hatte einen Ring, der unsymmetrisch eine kleine Bohrung für den Öldurchlauf hatte, unverschuldet um 180 Grad verdreht eingebaut.

In der DDR wurde die Verteilung aller Güter vom Streichholz, der Lebensmittel bis hin zu allen Ausrüstungen für Investitionen über sogenannte Bilanzstellen, die es in den Betrieben, kommunalen Verwaltungen und den Ministerien gab, geregelt.

Ein weiteres Beispiel soll den Verwaltungsaufwand zur Mangelwirtschaft aufzeigen. In einem Betrieb des Großkombinates wurden im Jahr 27 große Krane gebaut. In diesem Betrieb gab es einen hauptverantwortlichen Bilanzbeauftragten, der wiederum regelmäßig zur sogenannten Bilanzabteilung des Kombinates (*vgl. Konzern*) in eine andere Stadt fuhr. Die einzelnen Ministerien meldeten den Bedarf für solche Krane jährlich bei der staatlichen Bilanzstelle und diese wiederum beim Kombinat an. Zur nächsten Kaffeerunde in der Kombinatsleitung nahm der Bilanzbeauftragte des Kranherstellers die Entscheidung, wer einen Kran erhalten soll, entgegen. Die Ministerratskommission hatte festgelegt, wieviel Krane und für welchen Zweck jedes Ministerium erhält. Das Ministerium für Schwermaschinenbau baute die Krane aber in die Anlagen ein, die dem Ministerium für Kohle- und Energie zugeordnet wurden und hatte für den Eigenbedarf seiner Betriebe kaum etwas zur Verfügung. Nochmals zur Verdeutlichung wieviel Stellen an der Aufteilung von 27 Großkrane beteiligt waren. Der Bilanzbeauftragte des Herstellerbetriebes, die Bilanzstelle der Kombinatsleitung, zu dem der Herstellerbetreib gehörte, die Bilanzstellen der einzelnen Industrieministerien, die Bedarf angemeldet hatten und eine Abteilung der Staatlichen Plankommission. Dies war ein typisches Beispiel der Mangelverwaltung im sozialistischen Land. Steffen konnte einmal beim Bilanzbeauftragten des Kranherstellers, der letztendlich den größten Einfluss hatte, wann im Jahr, welcher Kran, wohin geliefert wurde, eine Vorziehung des Liefertermins für ein Heizwerk erreichen. Er hatte dem Herrn zwei immer sehr gefragte Eintrittskarten für das Jahresendkonzert zur 9. Sinfonie von Beethoven im Gewandhaus besorgt und das auch noch zum Umtauschkurs 1:1 in Westmark.

Ein weiteres Beispiel, was in der Erinnerung kurios anmutet, soll noch beschrieben werden. In Fachkreisen wurde seit Jahren erzählt, dass in den 60-er Jahren bei einem Großkraftwerk, um den Termin der Inbetriebnahme vor der Bevölkerung, dem Ministerrat und dem Zentralkomitee der SED zu dokumentieren, nur Autoreifen im Schornstein verbrannt wurden. Unglaublich, dass er dies analog in Steffens Heimatstadt 20 Jahre später selbst miterleben sollte.

Ein neues Heizwerk wurde gebaut, die Kohlebevorratung für den Winter auf einem großen Lagerplatz und die über viele Kilometer lange Heiztrasse *(Rohrleitungen)* waren vollendet. Am Tag der vorgesehenen Inbetriebnahme gab es wieder eine Ministerkontrollberatung und hunderte Werktätige feierten schon in einem Festsaal die Erfolge im sozialistischen Wettbewerb. Doch die Verantwortlichen traten von einem Fuß auf den anderen, wissend, dass sich das Werk erst Monate später vollenden lässt. Es ergab sich folgendes Gespräch: Minister: „Habt ihr das Feuer vorbereitet". Verantwortlicher des Generalauftragnehmers: „Ja". Minister: „Dann gehen wir jetzt Feuer machen; ich muss nach Oben melden, der Schornstein raucht." Eine kleine Gruppe der Genossen zündete das Feuer im Kessel. Steffen, dem dieser Spuk „gegen den Strich ging", konnte sich erfolgreich absetzen, fuhr zur „Übergabefeier" und sah die Herren wieder, als die Ministerrunde am Tisch der Ehrengäste saß.

Drei Monate, es war Winterzeit, mussten dann täglich 10000 Tonnen vom Lagerplatz zu zwei anderen Heizkraftwerken der Stadt mit LKW transportiert werden. Der Parteisekretär in Steffens Betriebsteil war gleichzeitig der Verantwortliche für die Schutzgüte *(Einhaltung der Sicherheitsqualität)* für die Anlagen und damit auch für das große Kohlehaldengerät. Er meinte, das Gerät für die Kohleverladung hätte keine Schutzgüte und es besteht Verletzung- oder vielleicht Lebensgefahr. Steffen als Hauptverantwortlicher sollte es für den Betrieb sperren. Steffen forderte von ihm als Fachmann ein entsprechendes Negativgutachten und würde danach handelnd den Schlüssel für den Sicherheitsschalterschrank holen und die Nutzung des Großgerätes untersagen. Dem, sonst so überzeugten Genossen, waren natürlich die wirtschaftlichen und kommunalpolitischen Konsequenzen einer solchen Handlung, keine Kohle in den Heizkraftwerken, bewusst. Er verweigerte das Gutachten und hatte eigentlich nur im Sinn, Steffen in eine Falle zu locken und ihm damit die Verantwortung, den Ärger und vielleicht den Verlust der Stellung einzubrocken. Er wertete die sicher manchmal kritische Haltung von Steffen absurderweise als Staatsgegnerschaft. Damit musste man bei der extremistischen Denkweise solcher Genossen immer rechnen. Nach der politischen Wende, so wird berichtet, schwor der Herr der sozialistischen Idee ab und engagierte sich in der Kirche. Er war also ein echter " Wendehals."

Damit nicht der Verdacht aufkommt, dass es nur Kritikwürdiges in der Großinvestitionsbranche in der DDR gab, muss auch etwas über die fachlichen Werte ausgesagt werden. Die Vorbereitung und Durchführung solcher Großvorhaben war außerordentlich gut. Die Studien, technischen Projekte, die im Ergebnis einer so genannten AST *(Aufgabenstellung)* mündeten, waren schon vor der Bestätigung eines solchen Investitionsvorhabens so ausgereift. Die spätere Realisierung wich tatsächlich im Preis nur maximal 15% ab. Mit wöchentlichen fachlichen Rapporten, verbunden mit Baufortschrittskontrollen, hatten die Fachleute immer eine gute Übersicht zum Stand der Dinge. Auch fast tägliche kleinere Vor-Ort-Rapporte und Qualitätskontrollen sicherten, dass kein Betrieb ohne Gewährung von Baufreiheit irgendetwas machen konnte und nach Abschluss der Arbeiten eine sogenannte Rückbaureiheit nach der Qualitätskontrolle erteilt wurde. Ein Missmanagement war damit fast ausgeschlossen. Einzig das immer präsente Thema der verzögerten Materiallieferungen bedeutete für die fachlich Verantwortlichen eine ständige Bauablaufänderung und damit größere Verlustzeiten.

Auch ein über mehrere Monate dauernder Probebetrieb der Gesamtanlagen forderten alle Ausrüstungsbetriebe zur Qualitätssicherung und gaben den späteren Betreiber und Nutzer ein gutes Gefühl.

Diese fachlich positiven Tatsachen sollten heute allen zu denken geben, die staatlich hauptverantwortliche Großprojekte leiten. Der Berliner Großflughafen, die Philharmonie Hamburg, das Paulinum in Leipzig und manche Autobahn mit den jahrelangen Ablauf-und Finanzexplosionen „lassen grüßen".

Steffen sah sich fachlich in der Lage, auch für sein Unternehmen effektiv im Ausland aktiv zu wirken. Dazu war es aber notwendig, von der Betriebs- und Staatsmacht einen Status zu bekommen, SW- oder NSW-Reisekader zu sein. Er veranlasste, dass dazu entsprechende Anträge von seinen Vorgesetzten gestellt wurden. SW- Reiskader waren Bürger, die dienstlich in die Länder des sozialistischen Wirtschaftsgebietes reisen durften. NSW-Kader durften in Länder des nichtsozialistischen Wirtschaftsgebietes reisen. Da zumindest erwartet wurde, dass Steffen dafür in der SED (*Sozialistische Einheitspartei*) Mitglied sein müsste, stellte er 1986 den Aufnahmeantrag. Das Mitspracherecht von nicht gerade fachlich anerkannten Mitarbeitern, die aber in der Bereichsparteileitung saßen, bewirkte eine Antragsablehnung. Die Neiddebatte war der Grund. Dies hat Steffen über Mundpropaganda erfahren. Die offizielle Begründung, dass Steffen kein Reisekader werden kann, löste bei ihm ein merkwürdig unglaubwürdiges inneres Grinsen aus. Die Begründung: Du bist ein Erfahrungsträger in unserer Wirtschaft und im Ausland, speziell im NSW würde man mit allen Mitteln versuchen, dein Wissen abzuschöpfen. Wir müssen dich schützen.

1989 stellte Steffen erneut, nach Bitte seines Direktors, mit dem er auch familiär befreundet war, erneut einen Partei-Aufnahmeantrag. Auch die zwei anderen parallel arbeitenden Abteilungsleiter forderten von Steffen, sich für die Parteimitgliedschaft zu entscheiden, damit nicht wieder so ein „Parteiarsch" als Vorgesetzter daher kommt. So besuchte er die monatlich stattfindende Kandidatenschule. Dort, von ihm in die Diskussion eingebrachte Ideen vom sowjetischen Staatsoberhaupt Gorbatschow, wurden sofort als Negativmeldung an die Parteileitung im Bereich gemeldet. „Mit erhobenem Zeigefinger" kommentiert, wurde er aufgefordert das Thema sehr flach zu halten. Die Zeichen standen gut für die Aufnahme als Parteimitglied. Eine offizielle Mitgliedschaft in Form eines Parteibuches kann Steffen, ob schade oder Gott sei Dank, nicht vorweisen. Die politischen Wendeereignisse, die vom Leben in einem sozialistischen in einen kapitalistischen Staat mündeten, erübrigten die Parteizugehörigkeit.

Der gleiche Kollege, der Steffen die Begründung über die Ablehnung zum Reisekader gab, wird in Folge noch zweimal im Themenbereich „Stasiunterlagen" und „Zwei Jahre Frankreich" eine Rolle spielen.

Als nachträglich absolut positiv zu bewerten ist auch, das geförderte System zur
Aus- und Weiterbildung von Schülern, Lehrlingen und Mitarbeitern. Steffen konnte an einigen bezahlten Weiterbildungskursen an technischen Hochschulen teilnehmen. Einmal hat er selbst einen Lehrvortrag an einer Ingenieurschule gehalten.
Schon in der Zeit als Konstrukteur und Projektant hat er als Mentor einige Lehrabschlüsse und Ingenieurabschlüsse begleitet. Nach der Themenfindung, Aufgabenstellung, zeitliche Fortschrittsbetreuung war es immer inte-

ressant, die Abschlussprüfungen mit zu erleben. Eine ganze Reihe weiter Betreuungen übernahm er in der Zeit der Tätigkeit im Anlagenmanagement. Interessant war auch eine längere theoretische und praxisnahe Schulung von fünf Schülerinnen einer 12 Klasse. Erfrischend war mit welchem Interesse die Ergebnisse dokumentiert wurden.

Für Steffen war es immer eine interessante innere Verpflichtung, sein Wissen an andere weiter zu geben.

Jedes Arbeitskollektiv sollte auch mit einer Patenklasse in einer Schule Verbindung halten. Dies zu dokumentieren war ebenfalls ein wichtiger Abschnitt im Brigadetagebuch. Steffen übernahm die Verpflichtung, in einer 9. Klasse spät nachmittags, Nachhilfeunterricht im Fach Mathematik zu erteilen.1o Schülerinnen und 2 Schüler

nahmen daran teil. Zum dritten Termin forderte er eine Schülerin wegen Disziplinlosigkeit zum ständigen Verlassen des Unterrichts auf. Sich freiwillig zu engagieren und Undiszipliniertheiten zu ertragen, ging ihm „gegen den Strich“.

Für alle die anderen Betreuungsengagements reichten ihm als Dank ein nettes Wort und die erfolgreichen Prüfungsergebnisse.

Gewandhauschor und Nachwuchs

Gedanken an den Tod seines 17 jährigen Sohnes und seiner Mutter in kurzer Folge konnte Steffen, dank seiner neuen harmonischen Partnerschaft, der Ablenkung durch den Weiterbau des großen Gartenhauses und der für ihn neuen beruflichen Aufgaben, weitgehend im Rahmen halten. Steffens Vater hatte eine Dnepr- Schiffsreise für 2 Personen in die Sowjetunion gebucht und statt Mutter fuhr Steffen mit. Typisch russisch- sowjetisch war gewünscht, ein von den Touristen zu gestaltender kultureller Abend. Einmal spontan bei einer solchen Veranstaltung hat Steffen das Lied von der Wolga gesungen und zur Abschlussveranstaltung auf Wunsch der Reiseleitung einen eigenen Text auf die Melodie eines Volksliedes. Neben allem Positiven beinhaltete ein Vers auch eine leichte Kritik. Die überempfindliche sowjetisch- kommunistische Seele war durch eine triviale Aussage gereizt. Der russische Kulturoffizier auf dem Schiff bat Steffen mit Nachdruck um den Text, um ihn als Nachweis für den Veranstalter nach Moskau mit zu nehmen. Einige Passagiere fragten Steffen, ob er Sänger sei und auch Vater meinte, dass es ganz gut geklungen hat. Da Steffen damals nicht wusste, wie lange er auf Grund seiner stets schlimmer werdenden Hüftversteifungen noch Volleyball spielen kann und damit auch seine ehrenamtliche Arbeit im Sportverein beenden würde, schob sich der Gedanke in den Vordergrund, es vielleicht mit Gesang als Hobby zu versuchen. Der Gedanke, einmal in einem Chor zu singen, gab es schon längere Zeit und wurde durch das Erfolgserlebnis auf der Schiffsreise erneut angeregt. Wenige Monate später gab es in der Stadtzeitung eine Annonce, dass der Gewandhauschor (*Gewandhaus ist ein berühmtes Konzertgebäude*) speziell männliche Sänger sucht, um auch die Eröffnung des Neuen Gewandhauses mit zu gestalten. Steffen und seine neue Partnerin, die erwartungsgemäß die praktische aufwendige Umsetzung einer solchen Mitgliedschaft mit tragen müsste, fuhren zu einem ersten Gespräch zum Chorinspektor. Dieser erklärte, dass der zeitliche Aufwand sich erfahrungsgemäß in Grenzen halten wird. Niemand aus dem Freundes- und Bekanntenkreis wusste von der Einladung zum Vorsingen. Der Chordirektor *(später Thomaskantor, Leiter des berühmten Knabenchores)* und mehr als 10 Vorstandsmitglieder und Stimmgruppenführer begutachteten die Qualität der völlig unvorbereiteten „Gesangskunst" von Steffen. Er konnte gewinnbringend seine musikalischen Erfahrungen, die er in der Kindheit erworben hatte, einsetzen und so wurde er zu den Chorproben eingeladen. Das erste Konzert, was Steffen mitsingen durfte, war gleichzeitig das letzte des Gewandhausorchesters in der alten Kongresshalle der Stadt. Beim Gesang, die „Vier Jahreszeiten" von Haydn, passte die Enge und Hitze auf der Bühne zum Konzertteil „Der Sommer" und Steffen kann noch heute dieses Gefühl nachempfinden. Der Dirigent war Prof. Kurt Masur (*weltberühmter Dirigent*).

Dies war die erste direkte Berührung von Steffen mit klassischer Musik in einem Konzert. Auch zu dem Gewandhaus und seiner Bedeutung gab es nur oberflächliche Kenntnis und es wurde Zeit, sich über der Geschichte des Orchesters und der Konzerthäuser zu informieren. 1780 spielte das Orchester erstmals im Gewandhaus, einem Messe- Handelshaus für Tuche und Stoffe. Ab 1885 wurde ein extra erbautes viel größeres neues Konzerthaus mit kleinem und großem Saal genutzt. Dieses wurde 1944 im Krieg zerstört. Die wunderschöne Außenarchitektur wäre jedoch vorteilhaft erhaltenswert gewesen. 1968 konnte Steffen sehen wie die Mauern des Hauses mit einer großen Kugel an einem mobilen Kran zerstört wurden. Ein taubes Ohnmachtsgefühl verspürte er dabei, vielleicht unterschwellig auch an eine Begebenheit viele Jahre vorher erinnert. Mit Freund Peter hatte er während einer Radtour einen Zugang in die gesperrte Gewandhausruine gefunden. Für die vierzehn jährigen Jungen waren die Trümmergrundstücke nichts Besonderes. Aber der imposante große Saal unter freien Himmel war beeindruckend. Noch mehr beeindruckt war Steffen, als Freund Peter ein großes Geschäft ankündigte. Wohin? Die Jungen schritten die große freie Fläche ab, um den Mittelpunkt des Hauses zu bestimmen. Peter hockte sich hin und die Entleerung wurde vollzogen. Ein Stofftaschentuch wurde der Hygiene geopfert. Steffen hätte eine solche Handlung auf freier Fläche, ohne zusätzlichen Halt, auf Grund seiner Hüftprobleme nicht hin bekommen und darin lag die eigentliche Bewunderung zu diesem Akt.

Interessante Antworten bei Gesprächen erhält man, wenn man Menschen spontan nach ihren schönsten bildhaften Erinnerungen im Leben fragt. Paris, New York, große Wildtiere in Nationalparks und erstes Erblicken der Freundin sind oft gegebene Antworten. Wenn Steffen sich erinnert, welche drei schönen direkten Augenblicke in seinem Leben sich in ihm „eingebrannt" haben, ist es wiederholt das Betreten seines Wochenendgrundstückes und der erste Anblick eines Hochgebirges. In dem Fall war es die Hohe Tatra mit schneebedeckten Bergen. Der erste überwältigende Eindruck des „Großen Saales" im Neuen Gewandhaus und die Betrachtung der Orgel direkt neben und über ihm war ebenfalls ein solches Blickerlebnis. Das steigerte die Erwartungshaltung mitzuwirken, um Menschen in diesem Konzerthaus Freude zu bereiten.

Schon im ersten Jahr zeigte sich, dass ein zeitaufwendigerer Einsatz für den Chor gefordert wurde und auch notwendig war. Die Aussagen des Chorinspektors während des ersten Informationsgespräches hatten keine Gültigkeit mehr. Die Wochen- Probenzahl wurde in Vorbereitung der Eröffnung des neuen Hauses, der damit verbundenen Akustikproben und zusätzlicher Choraufgaben verdoppelt. Zusätzliche Wochenendproben wurden notwendig, um die qualitativen Anforderungen erfüllen zu können, die an den Gewandhauschor gestellt wurden. Alle Chormitglieder erhielten maßgeschneidert neue Kleidung und das Eröffnungskonzert, mit dem Auftragswerk „Gesänge an die Sonne" von Siegfried Thiele und der 9. Sinfonie von Beethoven rückte näher.

Bei diesem ersten Konzert im neuen Haus konnte auch Steffen sein Lampenfieber nicht kompensieren und so lief der Schweiß bis zu den Fingerspitzen. Zur 9. Sinfonie ist das Stillsitzen von ca. 45 Minuten bis zum Choreinsatz vorgegeben. Da jeder Mitwirkende bei Scheinwerferbeleuchtung von allen Zuhörern in dem neuen Konzerttempel gut zu sehen ist, verlangte der Chordirektor keine übermäßigen Bewegungen wie Hand im Gesicht, wenn es juckt oder durch die Haare streichen. Man glaubt gar nicht, zu welcher Beherrschung man in der Lage ist. Für Steffen kam bei diesem Konzert und auch später die Erschwernis hinzu, dass meist nur lange ca. 30 cm hohen quadratischen Sitzreihen stufenförmig angeordnet, vorhanden waren. Er musste versuchen, da er sein linkes Hüftgelenk nicht soweit anwinkeln konnte, wie es die niedrige Sitzposition erforderte, sich möglichst an der Choraußenseite zu positionieren, um das Bein über zwei Stufen zu strecken. Seine Bass- Stimmgruppe stand für ihn erfreulicher Weise in der seitlichen Chorposition. Es ist und bleibt nervig, immer solche Platzierung zu erbitten, da gesunde Menschen sich in solche Situation nicht so schnell hineinversetzen können, zumal dieses Ansinnen von einem mittlerweile selbstbewussteren aber unsichtbar Behinderten kommt. Steffen konnte sich aber auch nicht beim Gesang in der Chormitte „verstecken" und die Zuhörer im Gewandhaus waren ihm sehr nahe. Das Gefühl besonders beobachtet zu sein, verstärkte noch das Lampenfieber aber auch den Leistungswillen. Jedes Konzert, nicht nur in diesem Haus, auch in anderen Städten und im Ausland rechtfertigen mit einem gewissen inneren Stolz daran zu denken.

168

Wäre die Mitgliedschaft in solch einem gemischten Chor, mit solch großem Stellenwert für Steffen in erster Ehe möglich gewesen? Diese Frage hat
er sich oft gestellt und kann sie überzeugt mit nein beantworten. Die Beto-
nung liegt auf gemischtem Chor und die Eifersuchtsszenen hätten alle
Freude an der Mitwirkung zunichte gemacht. Sehr dankbar war und ist Steffen noch heute seiner damaligen Partnerin und heutigen Ehefrau für das viele
Verständnis, dass er sich mit ihrer Unterstützung dieser tollen Freizeitaufga-
be stellen konnte. Wenn er heute in das Gewandhaus kommt sagt er öfter,
ich habe gern unter der größten Pfeife gestanden, es ist aber die größte Or-
gelpfeife.

Steffen saß bei den Proben neben dem Finanzvorstand des Chores, der
durch seine berufliche Tätigkeit *(privater Malerfachhandel)* auch außerge-
wöhnlich gute Beziehungen zur damals mangelhaften Lebensmittel- und
Getränkeversorgung hatte. Die Chormitglieder staunten bei Festen und
Chorwochenendlagern nicht schlecht, was es alles in der DDR gibt. Steffen
brachte sich als Ideengeber und Helfer ein und bot sich unbewusst so für die
Mitgliedschaft im Vorstand nach den kommenden Wahlen an. Dies mündete
nach weiterer kurzer Zeit, als sich der Vorstandsvorsitzende verabschieden
musste, dass Steffen angetragen bekam, diese Funktion zu übernehmen. Das
war nicht gerade im Sinn seiner Familie, da er noch mehr Zeit für den Chor
bereithalten musste. Überzeugt, er schafft das, ließ er sich wählen und hat
diese Funktion sehr gern ausgefüllt. Viele Menschen behaupten, wenn sie

analoge Funktionen ausüben, dass man sie lange gebeten und sogar dazu gedrängt hat. Er ist überzeugt, dass die meisten von Ihnen, so auch er, sich in irgendeiner Form dazu angeboten haben.

Für die Chormitglieder bestand die Möglichkeit, mit zwei professionellen Stimmbildnerinnen Termine zu vereinbaren, um die Gesangsqualität zu verbessern. Steffen nutzte, wenn möglich, diese für alle Mitglieder des Chores kostenfreie Schulung. Für die Teilnahme an Proben wurden 5,-Mark und für offizielle Konzerte im Gewandhaus 25,-Mark als Aufwandsentschädigung an jedes Chormitglied gezahlt.

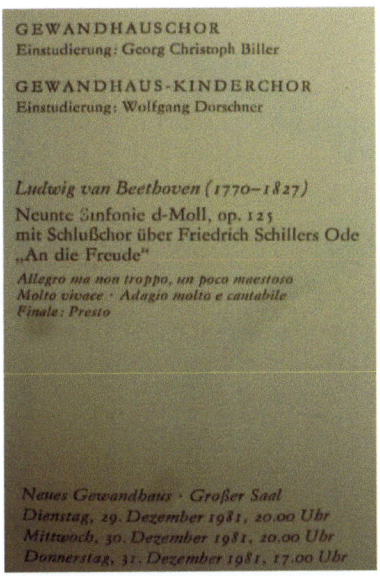

Res severa verum gaudium, diese Worte stehen über dem Orgeltisch im Neuen Gewandhaus. Wahre Kunst ist eine große Freude, das empfand auch Steffen immer, wenn er bei Konzerten im Haus, an anderen Orten und im Sozialistischen Ausland mitwirken konnte. Einige Jahre als Vorsitzender des Vorstandes konnte er sich mit Überzeugung und Freude am Gelingen einer für alle Mitglieder auch wichtigen, nicht künstlerischen Arbeit verdient machen. Eine gute Chorgemeinschaft lebt nicht nur vom Gesang allein. Viele, noch nach Jahrzehnten bestehende Freundschaften, sind ein unschätzbarer Reichtum.

Neue berufliche Aufgaben im Ausland nach der Wende zwangen Steffen zur Aufgabe der Mitgliedschaft im Gewandhauschor. Er hat aber noch weitere 10 Jahre bei den Jahresendkonzerten, mit dem Programm der 9. Sinfonie von Beethoven, mitgesungen.

Ein Jahr nach dem Tod des Sohnes Heiko und zwei Monate nach der Aufnahme in den Chor wurde der Sohn Falk geboren. Es war ein ereignisreiches Jahr. Steffen hatte noch vor der Geburt vorsorglich, obwohl nicht zwingend notwendig, einen Teil der kleinen Zwei-Zimmerwohnung der werdenden Mutti renoviert. Man wollte keinesfalls unangenehm auffallen, wenn die obligatorischen vor- und nachgeburtlichen Betreuungsbesuche der Mitarbeiterinnen der staatlichen Mütterberatung stattfanden. Diese Beratung war eine vorbildliche hilfreiche Einrichtung, aber sicher nicht für alle neuen Muttis so umfangreich notwendig, hat sie doch für die Babys nur Gutes bewirkt.

Hurra, ein neuer Erdenbürger war also da. Gleich nach einer Woche, in der auch noch Schneeflocken fielen, wohnte er am Wochenende in der 15 m² Gartenlaube mit seiner Schwester, Mutti und Steffen. Der alleinstehende helfende Opa kam oft auch noch hinzu. Ja, die relative Komfortlosigkeit bietet bei guten Willen von allen auch noch Freude. Jede freie Minute nutzte Steffen, um notwendiges Baumaterial für das massive Wochenendhaus zu beschaffen. Im Herbst des gleichen Jahres konnte Einzug gefeiert werden. Die Restarbeiten am Haus dauerten noch zwei weitere Jahre. Wie habt ihr das geschafft? Eine Frage, die oft von anderen Menschen aus dem Bekanntenkreis gestellt wurde. Wir haben es, ohne jemals Angst oder Streit zu haben.

Jahre vergingen, die Wende kam schnell

Noch 1981, dem Geburtsjahr des Sohnes Falk war also der Bau des Wochenendhauses so fortgeschritten, dass Einzug gefeiert werden konnte. Natürlich gab es für die Komplettierung der Fassade und des Gartenbereiches noch viel zu tun. Da nur wenige Freunde, Verwandte und Bekannte eine solche Oase, mit Badegelegenheiten in der Nähe hatten, wurde das gastliche Haus oft besucht. Ein Päckchen Kaffee 125 g für 7,50 Mark der DDR musste für den persönlichen Bedarf und die ersten Gäste reichen. Danach gab es schwarzen Tee und, wenn der selbstgebackene Kuchen alle war, Brot mit Fett. Manchmal brachten die Gäste auch ihre Kinder und Kuchen mit. Christel und Steffen und später auch die Kinder Nadja und Falk genossen das immer für alle Gäste offene Wochenendhaus. Eines der Probleme war aber das Bier. Es flockte nach 3-4 Tagen aus und wurde ungenießbar. Die Vorratshaltung war deshalb nur beschränkt möglich. Wenn ein größeres Familienfest vorbereitet wurde, stand immer die Frage im Raum, woher und wie die Getränke besorgen. Bekannt war, dass donnerstags 14 Uhr in einem Getränkegeschäft „gutes Bier", wie German Pils oder Radeberger, was einige Tage länger haltbar war, angeliefert wurde. Also, den Arbeitsplatz verlassen, mit dem Auto spätesten 13 Uhr am Geschäft stehen und möglichst gleich zwei Kästen von diesem guten Bier erhalten. So standen viele Werktätige auch bei Wind und Regenwetter an, um die „Sauferei" zu organisieren. Auch der normal zu kaufende Wein hatte keine allzu lange Haltbarkeitszeit. Im Neuen Rathaus der Stadt gab es einen riesigen Weinkeller. Die Kesselfahrzeuge aus Ungarn, Rumänien und Bulgarien pumpten ihre Ware in die Tanks. Diese Keller gehörten zum VEB *(Volkseigener Betrieb)* Getränkekombinat und wurde im Volksmund als " VEB Mansch und Pansch" bezeichnet. Der Wein muss alt und jung das Mädchen sein, als Liedtext bekannt, galt für den Wein in den Flaschen der „sozialistischen Bruderländer" und in denen von „Mansch und Pansch" garantiert nicht. Die Flocken in den Weinflaschen zeigten mehr oder weniger bald dessen Ungenießbarkeit an. Die Familienfeste zu runden Geburtstagen, Schulanfängen der Kinder , der Jugendweihe waren, wenn auch aufwendig, immer so gestaltet, dass alle gut satt waren und wenn angestrebt auch genügend Alkohol "intus" hatten. Fleisch zum Grillen wurde in Eigenregie aufwendig vorab gewürzt. Eine weitere Sonderaufgabe bestand darin, möglichst frühzeitig Holzkohle bei der Bäuerlichen Handelsgesellschaft (*BHG*) zu kaufen. Die Mund zu Mund Propaganda, dass wieder eine Lieferung dort eingetroffen ist, funktioniert meist recht gut.

Nach der politischen Wende ebbten die Besuchszahlen in Steffens Garten spürbar ab, da es jetzt für alle neue noch unbekannte Möglichkeiten der Wochenendgestaltung gab. Trotzdem wurde auch in den Folgejahren kräftig im Wochenendgrundstück gefeiert und von den Besuchern wurden und werden diese Treffen teilweise schon als legendär bezeichnet. Regelmäßige Nachbarschaftstreffen und größere Gartenfeste mit Partyzelt sind leider ein Auslaufmodell, da die Demografie ihren Tribut fordert. Bei beiderseits voller Berufstätigkeit war jedes Jahr auch noch der zweiwöchige sommerliche Jahresurlaub außerhalb von Wohnung und Garten und auch noch eine Woche Wintersport möglich. Zu den begrenzten Urlaubsmöglichkeiten in der Republik ist schon viel publiziert und gesprochen worden. Auch Steffen hatte, leider unrealisierbar, Sehnsucht, einmal karibisches Flair zu genießen und die Alpen zu sehen. So verbrachte man die Ferien in Einrichtungen der Betriebe, der Gewerkschaft und mehrmals im Bungalow auf dem Zeltplatz oder in den sogenannten sozialistischen Bruderländern. Keine Chance gab es, jedes Jahr einen Ferienplatz an der Ostsee zu erhalten. Für Arbeiter mussten dafür mindestens 5 Jahre Wartezeit ausgehalten werden und für die sogenannte Intelligenz und Büroarbeiter war es noch wesentlich länger und oft gänzlich ungewiss. Schwer nachzuvollziehen ist die unterschiedliche Behandlung der Arbeiter und der Intelligenz, zumindest ab der 2. Generation in der DDR. Das gute Bildungssystem gestattete für alle bei gleicher Ausgangsbasis eine weitere fast kostenfreie Qualifikation auf verschiedenen Bildungswegen. Der Arbeiter, der dann ein Fach-oder Hochschulabschluss erworben hatte, musste dann mit Nachteilen auskommen. Er war kein Arbeiter mehr und gehörte zur Intelligenz.

Trotzdem, wenn man nicht so anspruchsvolle Ziele hatte, waren es jedes Mal ohne Einschränkungen, erfolgreiche, erlebnisreiche und preiswerte Urlaubstage. Selbst, wenn zum mangelndem Komfort manchmal der Faschingstext „Zimmer mit Komfort, bietet FDGB *(Gewerkschaft/Ferienplatzvergabe)* dir nur, Waschgeschirr (*Schüssel und Kanne*) mit inbegriffen auf dem Plumpsklo wird ge…setzt", war man nicht unglücklich. Speziell für die Kinder wurde viel getan. Die Erwachsenen hatten dankenswerter Weise immer ein gutes Gemeinschaftsgefühl ohne Standesdünkel. Gemeinsame Abende oder Sportspiele wie Volleyball wurden erlebt. So konnten Steffens Kinder das Langlauf- und Abfahrtslauf-Skifahren lernen.

Sie konnten auch, wie schon über die Kindheit von Steffen beschrieben, analog die Erlebnisse in betrieblichen Kinderfernlagern genießen.

Ein herausragendes Fest, mittags in einem Gasthof und anschließend auf der Datsche, war Steffens Vermählung mit seiner Partnerin Christel 1985. Nach sechseinhalb Jahren harmonischen, problemlosen Zusammensein, war Steffen überzeugt, dass es eine gute Entscheidung ist, "sich noch einmal einfangen zu lassen". Christel hatte versprochen, nach der Hochzeit „die Katze aus dem Sack zu lassen", was Steffen mit der Hoffnung negierte, dass es nicht so schlimm werden kann. Die Hoffnung hat sich erfüllt und die Katze verschwunden ist, gab es bis heute niemals ernsthaften Streit. Die Kinder waren damals 7 und 4 Jahre alt und Töchterchen erhielt einen neuen Familiennamen. Christel hatte vorher, juristisch alleinstehend mit zwei Kindern, von ihrer Wohnungsbau- Genossenschaft noch 1981 eine 3-Zimmer Neubauwohnung erhalten. Steffen war Mitglied in einer anderen Wohnungsgesellschaft und es war nicht möglich, die Mitgliedschaft zu wechseln und eine gemeinschaftlich größere Wohnung zu erhalten. So malerte und tapezierte er nicht nur die Dreiraumwohnung, sondern auch eine Einraum- Neubauwohnung, in der er nicht eine einzige Nacht verbrachte. Bei den moderaten Mietpreisen von vielleicht 40,-bis 80,- Mark Warmmiete, war die Variante mit zwei Wohnungen ohne Bedenken akzeptiert. Nur die pünktliche Reinigung der Treppe, die geregelte Aufgabe jedes Mieters waren, war für Steffen eine lästige Angelegenheit. Die neue Familie beschloss, die zwei Wohnungen gegen eine größere zu tauschen.

Ein Glücksumstand, gleich beim ersten Anlauf eine Frau in der Wohnungstauschzentrale getroffen zu haben, die einen solchen Tausch nach ihrer Scheidung suchte, war mehr als nur ein Volltreffer.

Diese Altbau- Wohnung war 137 m² groß, hatte 5 Zimmer, lag nahe der Innenstadt und wurde vom nahe gelegenem Kraftwerk mit Wärme versorgt. Der Mietpreis, warm für 150,- Mark, war äußerst lukrativ. Einzig das Problem, dass die alten Heizungsrohre in einer oberen kleinen Wohnung des Mietshauses öfter platzten. Steffen und ein anderer Hausbewohner konnten als „gelernte DDR Bürger" die Notreparaturen schaffen. Ein anderer Hausbewohner hatte gute Beziehungen zu einem Handwerksbetrieb, so dass bei Havarie Hilfe kam. Steffen hatte die Aufgabe übernommen, täglich in Abhängigkeit der Außentemperatur, ein Ventil für den Heißdampf angemessen zu öffnen. Am Rauschen des Dampfes durch das Ventil schätzte er die Umdrehungen des Handrades zum notwendigen Durchlass ein. Die Alternative wäre gewesen „volle Kraft voraus" und wem es zu warm wird, der macht die

Fenster auf. Keine Mark Mehrkosten wären entstanden, aber das Verantwortungsgefühl zum minimierten Energieverbrauch war vorhanden. Mit dem Zuzug in diese schöne große Wohnung hatte Steffen ein weiteres Erbe angetreten. Die Vormieter waren die sogenannten Hausbeauftragten und damit zur Führung des Hausbuches verpflichtet. Neben den ständigen Bewohnern des Hauses, die sich darin mit ihren persönlichen Daten einzutragen hatten, sollten auch alle Besucher, die länger als drei Tage blieben, erfasst werden. Speziell war daran natürlich an Westbesucher und Messegäste gedacht. Es musste damit gerechnet werden, dass nach Hinweisen der Staatssicherheit der Abschnittsbevollmächtigte *(Polizist im Wohngebiet)* die Eintragungen im Hausbuch überprüfte. Dazu war jeder Besuchte verpflichtet und nicht der Hausbuchführer. Angedacht war sicher, dass der Buchführer etwas aufmerksam und kritisch die Besucherbewegungen im Haus im Auge hatte. Mit Sicherheit, Steffen hat sich dafür nicht interessiert.

Das Hausbuch war ein kleines Beispiel, wie die Menschen im sozialistischen System eingeführte und gewachsene Dinge ganz selbstverständlich hinnahmen, ohne sie auf ihren eigentlichen Zweck zu hinterfragen. Es war halt so!

Die Existenz eines Abschnittsbevollmächtigten war hauptsächlich als positiv zu bewerten. Dieser Polizist war allen Bewohnern in seinem Verantwortungsbereich bekannt und für alle kleineren und größeren Dinge ein meist gefragter Ansprechpartner. Auch wenn er nicht alles regeln konnte, so gaben die Gespräche vor allem den älteren Bürgern das Gefühl, ernst genommen zu werden. Das der Herr Abschnittsbevollmächtigte Zug um Zug immer mehr auch von der Staatssicherheit zu „Vorkommnissen" in seinem Zuständigkeitsbereich befragt wurde, hat der Normalbürger sicher vermutet, dem aber keinen weiteren Gedanken gewidmet.

Dem Fassaden- und Straßengrau in der Stadt wurde nachts oft eine weitere Graustufe hinzugefügt. Im Kraftwerk hatte man wieder und wieder die Aschefilter geöffnet und so kam es vom Himmel, wie Flocken von Schnee und der Bürger konnte als Erstes am Morgen das helle Grau auf den Fensterbrettern erblicken, wenn er nach dem Wetter Ausschau hielt. Der Fahrtwind blies dann den Belag von Asche von der Autokarosse.

In der großen Wohnung hat Steffen viel Arbeit und Zeit investiert. Die alten Holzfußböden und das Parkett mussten mit verfügbarem Material aufwendig saniert werden. Zwischendecken wurden eingezogen und die normalen Maler- und Tapezierarbeiten waren selbstverständliche Heimwerkeraufgaben. Da die Baumwurzeln der wunderbaren großen Bäume vor dem Haus in die alten Abwasserleitungen unterhalb der Keller eindrangen, führte dies zu Verstopfungen und Wasserstau bis zur ersten Etage. Da Handwerkerhilfe nicht zu bekommen war, reinigte Steffen die Rohre aufwendig einige Tage mit einer Stahlspirale. In den Abwasserkanälen und wenig begangenen Kellerräumen gab es viele Ratten. Alles nichtmetallische Material eines abgestellten Kinderwagens war zerfressen.

Die Kinder und Eltern haben sich, trotz aller kleinen und größeren Unzulänglichkeiten, in der Wohnung sehr wohl gefühlt. Die Kinder hatten einen großen Freiraum und konnten jederzeit Freunde mitbringen. Das, was Steffen in seiner Kindheit verwehrt blieb, hat er, ohne dass es die Kinder bemerkten, genossen. Die Mutti hat, da meist nur bis zum frühen Nachmittag an der Hilfsschule als Lehrerin beschäftigt, sich mit mehr Zeitaufwand als Steffen um die Betreuung der Kinder bemüht. Im Nachhinein kann man überzeugt sagen, dass es keine nennenswerten Probleme bei der Erziehung gab. Die Tochter Nadja hat vier Jahre Leistungsschwimmsport und die schulischen Aufgaben mit scheinbarer innerer Ruhe gut bewältigt. Zu Hause war sie meist unauffällig aber aktiv beschäftigt. Sohn Falk war in seinen Kinderjahren etwas mehr zu umsorgen, weil immer aktiv wissbegierig. Er war ein fröhliches Kind. Die Sportarten Schwimmen und Leichtathletik wurden bald wieder aufgegeben, dafür blieb Rudern viele Jahre ein relativ gutes Erfolgserlebnis für den Sohn. Die Sportaktivitäten einschließlich der Wettkämpfe wurden natürlich in das Wochenendprogramm der Familie einbezogen. Normal war, dass sich die Kinder schon auf ihre Freunde im Ort der Datsche am Wochenende freuten, um mit Fahrrädern oder zu Fuß, immer der Natur nahe, ihre Zeit zu gestalten.

So vergingen die aktiven, erfolgreichen, von geschätzter Harmonie getragenen Jahre und für Steffen, ganz überraschend, ohne gravierende gesundheitlich zusätzliche Einschränkungen, viel zu schnell. Der normale Tages-Wochen- Monats- und Jahresrhythmus wurde als immer schneller werdend empfunden, da Familie, Arbeitsaufgaben, Chorarbeit, ständig Neues auf der Datsche, Volleyball und der Faschingsclub keine Entschleunigung zuließen. Trotzdem, das linke Hüftgelenk wurde immer weniger beweglich, die Hexe im gesamten Bereich von Hals bis Steißbein schlug auch einige Male schmerzhaft zu, das rechte Ellenbogengelenk musste längere Zeit in seiner Beweglichkeit zwangspausieren und der Ballen des rechten Fußes senkte sich in der Mitte schmerzhaft. Aber solche Erscheinungen nahm Steffen mit relativer Gelassenheit an, zwingen ihn aber noch nach Jahrzehnten zu besonderen belastenden Verhaltensregeln. Bei einer vierwöchigen Heilkur in Baile

Felix in Rumänien 1988 hatte Steffen einen sehr engagierten Physiotherapeuten. Er war 28 Jahre alt und wollte zu jeder Behandlung das in der DDR verbotene Lied „Vor der Kaserne, vor dem großen Tor…"singen. Aber eine andere viel wichtigere und prägende Empfehlung hat er Steffen mit auf den weiteren Lebensweg gegeben und bleibt so in dankbarer Erinnerung. Steffen, du musst in Zukunft jeden Tag vor dem Aufstehen im Bett eine kurze Gymnastik machen. Alle Gelenke müssen, speziell die Wirbelsäule, bevor sie belastet werden, bewegt und damit geschmiert werden. Auch alle Muskeln sollten leicht, ohne große Belastung gedehnt sein. Selbst, wenn du nachts einmal raus musst, erst die Beine anziehen und den Körper seitlich leicht verwinden. Seit nunmehr fast 40 Jahren befolgt Steffen diese Ratschläge ohne jegliche Unterbrechung und hat toi, toi, toi keine solch extremen, lang andauernden, schmerzhaften Ausfallerscheinungen im Rückenbereich, wie manch Jahre zuvor, wieder ertragen müssen.

Noch schneller flogen die Ereignisse der Wende 1989/90 *(Wandel vom sozialistischen zum kapitalistischen Staatssystem)* in der Nachbetrachtung vorbei. Jedes Ereignis war von prägnant einschneidender Bedeutung. Zur ersten ganz großen Demonstration begab sich Steffen bis zum Ort des Anfangs des „Demonstrationszuges der 70000". Der Blick in die Seitenstraßen, wo die Polizei mit ihrer Schild- Schlagstock- und Waffenausrüstung standen, hielten ihn von dem weiteren Marsch ab. Nicht weil er überzeugt war, etwas Wichtiges nicht zu tun, sondern der Angstgedanke, wenn es zur Massenpanik und er zu Fall kommt, totgetrampelt zu werden. Seine steifen Hüften hätten keine Chance gelassen, wieder aufzustehen. Deshalb hat er zur nächsten Montagsdemo seinen Schwager gebeten mit zu marschieren und ihm, im Bedarfsfall zu helfen. Am folgenden Montag war es so weit. Mit großem Herzklopfen reihte sich Steffen in den Demonstrationszug ein. Bedenken zu, wenn die Sache schief läuft, verlierst du sicher deinen Arbeitsplatz, waren natürlich vorhanden. So ging der Blick zu den Stehenden am Straßenrand, ob dort vielleicht ein Spitzel steht, der dich kennt und dann „verpfeift". Diese Gedanken waren schon verflogen, als man den ersten Bekannten oder Kollegen im Demonstrationszug erblickte, sich toll freute und umarmte. Das Rufen von Kurztexten, wie „Stasi in die Volkswirtschaft", ging Steffen nicht gut über die Lippen, aber wenn gesungen wurde, „Schnitzler *(ungeliebter Fernsehkommentator)* in den Tagebau", erfolgte dies aus voller Kehle.

Vor einigen der ersten Demonstrationen hat sich auch ein Großteil der Mitglieder des Gewandhauschores und sein Vorstandsvorsitzender Steffen gesanglich an den in verschiedenen Kirchen stattfindenden Montagsgebeten beteiligt. Anfänglich war kein Gedanke an eine Währungsunion oder Deutsche Einheit vorhanden. Ziel aller Demonstranten war es, die Strukturen der Altherrenriege in Berlin aufzubrechen, vor allem das mehr als kostenintensive und penetrante Wirken der Stasi einzudämmen. Die Wirtschaft effektiver zu gestalten, gegen Wahlfälschungen aufzutreten und natürlich die Sehnsucht nach Reisefreiheit auch einmal praktisch zu erfüllen, waren weitere Ziele. Die Welle des Neuen überrollte die Menschen in der DDR und forderte auch permanent neue Anpassungen von Steffen und der Familie. Der ersten großen euphorischen Reisewelle der DDR-Bürger von Ost nach West hat sich Steffens Familie nicht sofort angeschlossen, sondern noch 20 Tage gewartet, um dann die Neugier zu befriedigen . Bei starkem nasskaltem Schneefall wurde sich geduldig an einer Auszahlstelle angestellt, um die ersten 100,- DM je Person des sogenannten Begrüßungsgeldes in Berlin dankbar zu empfangen. Völlig überfordert suchten die Kinder in der für sie überwältigenden Spielwarenabteilung eines Warenhauses nach einem Kaufobjekt. Die Tochter entschied sich für ein nicht sehr billiges Kassettengerät. Die Spieldauer bescherte jedoch alsbald eine Ernüchterung. In der Weihnachtszeit war dann eine Autofahrt zum Christkindlmarkt nach Nürnberg fällig. Um einen großen zu erwartenden Stau zu vermeiden, wurde früh 4 Uhr gestartet. 40 Km vor Nürnberg frühstückte die Familie im Auto. Bald darauf las der Fahrer bei der Ortsdurchfahrt Rückersdorf „Hier Begrüßungsgeld". Im Rathaus der Stadt wurden nicht nur die 40,-DM bayerische Sonderzahlung ausgehändigt, sondern die Neuankömmlinge mit einem üppigen Frühstück bewirtet. Leider waren die Mägen der Kinder und Eltern schon auf dem Autobahnparkplatz gefüllt. Bananen, das „kultige Obst", was in der DDR Seltenheitswert hatte, wurden für die Weiterfahrt mitgegeben. Ohne Stadtplan erfolgte die Weiterfahrt Richtung Innenstadt Nürnberg. Die erste Begegnung mit einer Bürgerin dieser Stadt, die nach dem Weg gefragt wurde, überraschte die Kinder. Sie gab jedem 5,-Mark West. Beim Rat der Stadt Rückersdorf hat sich Steffen schriftlich für den liebevollen Empfang bedankt.

Ein musikbegeisterter Holländer aus Zwolle hatte schon vor der politischen Wende versucht, einen Choraustausch des Gewandhauschores mit dem städtischen Chor Zwolle zu arrangieren. Diese vergeblichen Mühen wurden wieder belebt und so fuhr Steffen als Chorvorsitzender mit seiner Frau zur Vorbereitung nach Holland. Da nur noch wenig Westgeld (*D-Mark*) vorhanden war, die Währungsunion erst in Planung war und der Wartburg mit einem Benzin/Ölgemisch betankt werden musste , bunkerte Steffen 160

Liter Kraftstoff für die 1300 km lange Hin-und Rückfahrt. Leider wollten auch die Gastgeber etwas über das Fahrzeug wissen. Sie waren mehr als erstaunt über die mit Kanistern gefüllte fahrende Sprengladung. Es musste etwas peinlich zusätzlich offenbart werden, kein verwertbares Geld zu besitzen. Für einen Ostbürger wurde die Gastfreundschaft zu einem nachhaltigen Erlebnis. Eine bis dahin unglaubliche Begebenheit war, als der Chorvorsitzende, der auch Polizeikommandeur war, mit seinem PKW durch die automatische Schrankenanlage ins Polizeirevier fuhr. Im Beisein der Gäste nahm er aus seinem Schreibtisch die Pistole, steckte viel Munition ein und lud zum Schießen in den Übungskeller ein. Anschließend durfte noch ein Probesitzen in einer Arrestzelle, ausgestattet nur mit Kübel und nackter Steinpritsche, erlebt werden. Nachdem ein dumpfes Gefühl nach dem Einschluss eintrat, war man froh, dass sich die Tür wieder öffnete.

Die Währungsunion bescherte bald allen Bürger, ihr Ostgeld in Westmark zu tauschen.

Über den sofort einsetzenden Prozess der Abwicklung der DDR-Wirtschaft, den Zusammenbruch des Osthandels wurde viel publiziert. Deshalb will Steffen nur seine Erlebnisse und Gefühle beschreiben. Gefühlt, aber sicher auch tatsächlich, haben sich die eigenen Landsleute aus West mehr im Osten bereichert als Ausländer nach gewonnen Kriegen. Aber ohne die staatlich verordneten Unterstützungen wäre noch mehr, bei aller positiven Gesamtbilanz, schief gelaufen. Das Wirken der Treuhandanstalt kann, selbst bei bestem Willen, im Zeitgeschehen nicht positiv dargestellt werden.

Zwei Jahre in Frankreich

Vergleichbar mit einem Tsunami überrollte eine Welle der Ungewissheit alle Bürger der neu-strukturierten östlichen Bundesländer, die der Bundesrepublik beitraten. Was wird aus mir und wie geht das Leben auch für die Kinder weiter, war die ständig präsente Frage auch bei Steffen. Ein gewisser Sicherheitsgedanke war, dass seine Frau hoffentlich weiter lernbehinderte Kinder unterrichten wird und somit die Familie nicht verarmen wird. Die Gehälter in den Betrieben wurden recht schnell mit Abstrichen den Erfordernissen angepasst, aber im gleichen Tempo verloren auch die Mitarbeiter nach und nach ihren Arbeitsplatz und die schrittweise und dann folgend stürmische Abwicklung der Betriebe begann. Die Hauptaufgabe der Treuhandanstalt war, die Ostwirtschaft als Wettbewerber auszuschalten und die erhaltenswerten Teile, an westdeutsche Investoren fast zu verschenken.

Steffen als Abteilungsleiter musste zunächst festlegen, welche seiner Mitarbeiter in Kurzarbeit „Null" und welche in „Kurzarbeit 50" gesetzt werden. Für ihn ein schlimmes Ereignis, als er vor den Versammelten seine Entscheidung vortragen musste. Gelassenheit, Enttäuschung oder Wut war in den Gesichtern abzulesen und für ihn schwer zu ertragen. Natürlich kamen auch die Fragen „warum gerade ich", denn jeder hat das Recht sich nicht extrem selbstkritisch zu hinterfragen. Bald sollte aber auch Steffen das Gefühl Kurzarbeit „Null", wenn auch mit einem dicken Hoffnungsschimmer gepaart, erfahren. Auf jeden Fall war es gefühlt ein Psychogrollen. Der Vorgesetzte, der Steffen mehr als ein Jahr zuvor absurd begründet hatte, warum er kein Reisekader, SW oder NSW werden kann, hatte sich der neuen Stelle als Personalchef bemächtigt. Er fragte Steffen, ob er sich vorstellen könnte mit der Familie für mindesten 7 Jahre nach Frankreich zu gehen, ein persönlicher Crashkurs an einem Sprachinstitut der Universität sei organisiert und deine Frau kannst du auch zum Lehrgang mitnehmen. Wir setzten dich aber auf Kurzarbeit Null. Zum Überlegen hast du bis morgen Zeit, aber du wolltest doch immer in das Ausland, so seine Worte. Die sofortige Familienentscheidung war, wir müssen die Gelegenheit beim Schopfe packen und für Christel parallel einen Lehreraustausch mit Frankreich organisieren. Eine Abmeldung aus dem Schuldienst in Sachsen wäre damals ein zu großes Risiko gewesen. So holte Steffen noch Ende 1990 nach der Schule seine Frau ab und beide fuhren zum Französischunterricht für Anfänger. Nach der ersten Woche spürte die Vormittags- Lehrerin und Nachmittags- Studentin eine doch arge Belastung. Auch Steffen merkte erneut, erinnert an seine Probleme mit Russisch, dass Vokabeln und Grammatik und überhaupt Sprachen nicht zu seinen Stärken gehört. Ab April 1991 folgte dann für Steffen ein zweiter Französischkurs in einer Gruppe nur junger Menschen. Da hatte der Alte so seine Schwierigkeiten, dem Unterricht zu folgen. Ein weiterer Kurs in La Rochelle sollte den Sprachschatz erweitern. Die gefühlte Verbesserung der Sprachkenntnisse war sehr bescheiden, dafür waren die neuen Eindrücke über die Stadt und deren Umgebung überwältigend. In Erinnerung geblieben ist das erstmalige Entdecken eines bis dahin nicht gekannten riesigen Einkaufsparkes. Noch im Februar 1991 wurde Steffen ein Topmanager aus Hannover vorgestellt, der zwischenzeitlich begonnen hatte, Marktanalysen in Frankreich zu bearbeiten, um die Sinnfälligkeit eines Auslandsbüros in Frankreich zu begründen. Am 05.März 1991 war ein unvergessener Tag gekommen. Steffen flog zu seiner ersten Auslandsdienstreise nach Paris und wurde vom Herrn aus Hannover zum Hotel begleitet. Am Abend holte der Herr seinen 320-er Mercedes aus der 4-stöckigen engen Tiefgarage und Steffen lernte gleich Paris bei Nacht kennen. Beide saßen bei ca. 17 °C im Trenchcoat vor einem Pariser Restaurant beim Rotwein. Für Steffen verlief dieser Tag wie ein Traum. Später hat er diese erste Tour de Paris fast sicher nachvollziehen können. Ohne die Hilfe des Herrn, in Folge Hans genannt, wäre Steffen die Gründung eines Auslandsbüros nicht gelungen. Hans sprach perfekt französisch und englisch, hatte nach dem Krieg ein Honorarstudium in den USA und Frankreich absolviert und viele Jahre eine Maschinenfabrik mit Exportschwerpunkt nach China geleitet. Sein Tageshonorar in Paris betrug 1500,-DM plus Spesen. Interessant die Entwicklung vom persönlichem Miteinander bis zur Freundschaft. Obwohl es kein Unterstellungsverhältnis gab, spürte Steffen doch das Chefgebaren von Hans. Mit Gelassenheit reagierte er darauf und erreichte, dass alle notwendigen nicht fachspezifischen Nebentätigkeiten zu gleichen Teilen erledigt wurden. Später äußerte Hans sich verwundert darüber, dass man auch Schwächen zeigen kann, sich über persönliche und familiäre Probleme unterhalten kann, ohne die Achtung voreinander zu verlieren. Er äußerte, dass er als Chef früher immer makellos erscheinen musste.

Ein Büro in Boulogne Billancoure nahe Paris wurde gemietet. Steffen mietete alsbald eine kleine möblierte Zweieinhalb-Zimmer Wohnung nahe dem Büro. Für die Renovierung der Küche hat er gefühlt viele Kilo Reinigungsmittel verwendet, um sich dann wohl zu fühlen. Hans war oft großzügig und nach einem gemeinsamen Besuch im Moulin Rouge, war die Basis für eine langjährige Männerfreundschaft gelegt. Steffen wurde der Aufenthalt mit Dienstreisespesen vergütet und so konnte er finanziell mit Hans im teuren Paris etwas mithalten.

Für das zweite Jahr in Frankreich war für Christel der Lehreraustausch vereinbart und für die Kinder der Besuch an einer Internationalen Schule, die das Fach Deutsch mit angeboten hat. Nachdem Steffen all das Notwendige geregelt hatte, wurde seitens der neuen Geschäftsleitung die Frage aufgeworfen, ob es überhaupt noch zweckmäßig ist, das Büro in Frankreich weiter zu halten.

In den Chefetagen, die nun ausschließlich mit Personen aus den alten Bundesländern besetzt waren, war sicher schon klar, dass weitere Betriebe des ehemaligen Großkombinates (*Konzern*) liquidiert werden. Von ehemals 35 Betrieben mit über 36000 Mitarbeitern gab es zu diesem Zeitpunkt nur noch 4 Betriebe mit ca. 7000 Beschäftigten. Trotzdem, koste es was es wolle, erhielt Steffen einen Einjahresvertrag.

Frau Christel startete mit Sohn als Beifahrer im Trabant, ein großer Möbel-LKW dahinter und Steffen mit der Tochter an seiner Seite im Dienst-Renault kamen in der Banlieuestadt Sevres südwestlich von Paris gemeinsam an. Die Möbelräumer zweifelten vor dem Start der drei Fahrzeuge an, ob und wenn mit welchen Unannehmlichkeiten der Trabi die Strecke von 1070 km schafft. Das Fahrzeug lief ohne einen einzigen Aussetzer und der Sohn lobte seine Mutti als Fahrerin mit „gut gemacht".

Sie unterrichtete Deutsch als Muttersprache an 3 Schulen und fuhr jeden Tag mit dem oft bewunderten himmelblauen Trabant ca. 8 km in eine nicht so stark belastete Verkehrsrichtung. Die Schule der Kinder war nur 800 m von der Wohnung entfernt und Steffen musste nur 5 km den massiven Verkehrsstrom zum Büro gelassen ertragen.

Wer da glaubt, dass es nur in der DDR plattenbauähnliche Wohngebäude gibt, sollte sich einmal in Frankreich und anderen westeuropäischen Städten umsehen. Eine komfortable 4- Raum Wohnung im 5. Stockwerk wurde angemietet. Sehr angenehm, dass für den Wohnblock ein sehr nettes älteres Ehepaar als Concierge immer ansprechbar war.

Mit dem neuen Arbeitsvertrag entfielen auch die günstigen Tagesgelder für Dienstreisen und so erklärte Steffen dem Hans, dass er nicht so oft mit in die Gaststätte zum Mittagstisch gehen kann. Dies war der Ausgangspunkt, sich einmal mit ihm ganz offen über die privat verfügbaren Finanzen auszutauschen. Er bewunderte Steffen und Familie, wie man mit aus seiner Sicht relativ geringen Einkünften, das gesamte Familienleben angenehm gestalten kann. Die freundschaftlichen Kontakte beschränkten sich nicht nur auf die Zeit in Frankreich. Bis zu seinem Tod 2016 gab es bei gegenseitigen Besuchen immer zu Politik und Privates interessante Ost- West Dialoge. Steffen wurde vom ihm immer als Vorzeigeossi in seinem großen Bekanntenkreis gepriesen.

Der Besuch der Deutschen Schule bei Paris wäre für die Kinder auch möglich gewesen, nur sie hätten kaum Französisch gelernt. Nadja und Falk waren gezwungen, sich schnell die Sprache anzueignen. Als ehemalige DDR- Bürger waren alle Familienmitglieder voller Erwartung, aber auch sehr blauäugig, in Bezug auf erwartete Hilfe im Ausland. Speziell die Tochter, nun 15- jährig in einer 9. Klasse, hat den pubertär weiblichen französischen Kampf ertragen müssen. Ihre Gelassenheit ergab, dass sie die stärksten Widersacherinnen immer mehr als Freundinnen gewann. Am Schuljahresende erhielt sie das Zeugnis für den französischen Hauptschulabschluss. Um beim Sohn schneller sprachlichen Fortschritt zu erzielen, nahmen ihn die Lehrer aus der Klasse mit einigen deutschen Kindern. Er hatte nur noch direkten Kontakt zu Franzosen und Engländern.

Auch er schaffte wie seine Schwester, die beide anfänglich keine nennenswerten Französischkenntnisse hatten, das Schuljahr mit Erfolg. Nach einem Jahr sprachen sie umgangssprachlich besser als ihr Vater.

Hans war nun zunächst nur noch eine Woche pro Monat im Büro Paris. Er unterstützte Steffen hauptsächlich bei der Regelung mit Behörden und für Terminvereinbarungen mit Kunden in ganz Frankreich. Zu Kundenbesuchen fuhr Steffen dann schon meist allein mit Auto oder TGV (*Hochgeschwindigkeitszug*) durch ganz Frankreich. Die Gespräche verliefen nur sehr zäh, aber immer mit vollem Verständnis der französischen Techniker zu Sprachlücken bei Steffen. Viel aufwendiger war die Erstellung von schriftlichen, oft viele Seiten umfassende, technisch kommerziellen Angeboten. Dank einer Sekretärin, die für mehrere Büros zuständig war und die auch gut deutsch sprach, konnten die Angebote korrekt erstellt werden. Wenn Steffen die meist rot eingetragenen Korrekturen verbessern musste, standen schon manchmal die Wut- oder Verzweiflungstränen in seinen Augen. Keinesfalls sollte ein berufliches Scheitern an den noch stark verbesserungswürdigen Sprachkenntnissen liegen. Große Aufträge standen kurz vor der Vergabe, scheiterten aber immer daran, dass manche Verantwortlichen noch nicht die alte DDR Denkweise abgelegt hatten. Sie glaubten noch, dass die gesamte Fertigung der Ausrüstungen in den eigenen Betrieben erfolgen muss. Nur das Ingenieurring und die hochtechnischen Teile beizustellen und den einfachen Stahlbau in einem dem Endkunden nahen Betrieb fertigen zu lassen, war noch nicht in den Köpfen.

Unweit des Büros in Frankreich gab es auch ein größeres Büro des Konzerns MAN. Im Gespräch mit dem Verantwortlichen erfuhr Steffen, dass die Übernahme eines letzten Teiles des alten Kombinates TAKRAF durch MAN bevor steht. Steffen war sofort klar, dass nach einem Jahr sein Vertrag nicht verlängert wird, zumal auch für das Büro von MAN eine Reduktion seiner Mitarbeiter im Gang war. So ist der Fall dann auch eingetreten. TAKRAF schrumpfte kontinuierlich weiter und Steffen und Familie fuhren mit Renault, Möbelwagen und Trabant wieder in die alte Wohnung. Die Wohnung war zwischenzeitlich an Wessi-Mitarbeiter eines Forschungsinstitutes untervermietet. Christel als Deutschlehrerin war in der französischen Schule erfolgreich, denn ihr wurde angeboten den Einsatz als Muttersprachlerin zu verlängern. Dazu eine positive Entscheidung stand aber bei Betrachtung der Gesamtsituation nicht in Rede.

Trotzdem, die zwei Jahre in Frankreich waren ein voller Erfolg. Die Familie rückte noch näher zusammen und den privaten Besuchern oder einigen Kollegen wurde vom „besten Parisführer Steffen" die Stadt gezeigt. Steffen sang über die gesamte Zeit in dem Städtischen Chor „La Lupinelle". Das Repertoire bereitete ihm Freude und keine Probleme. Nur direkte persönliche Kontakte, sind mit den Franzosen nicht so schnell zu finden. Der Chorleiter war hauptberuflich im Pariser Kirchenbereich Notre Dame tätig, so auch als Vorsänger bei Messfeiern verantwortlich.

Die verlängerten Wochenendproben fanden dann direkt in Paris in der Kirchenmusikschule statt.

Sonntags musste Steffen mit dem Trabant in die Stadt fahren, weil der Renault wieder einmal seinen Dienst versagte und parkte in Kirchennähe. In der Mittagspause beobachtete er, wie viele motorisierte Einheimische und Touristen den himmelblauen Trabant fotografierten. Der Verkauf des Trabant in Frankreich scheiterte, da die Zulassung des Zweitaktmotors verweigert wurde und das Alter als Oldtimer noch nicht erreicht war.

Am Wochenende spielte Steffen in der Deutschen Schule im Nachbarort Volleyball und Kontakte mit anderen deutschen Landsleuten gab es für alle Familienmitglieder auf verschiedenen Wegen.

Mit dem Auto in Paris unterwegs war, in diesen Jahren und auch nochmals später, für Steffen immer ein ein Vergnügen. Als Abwechslung wurde im Zweiwochenabstand Metro gefahren, um die neusten großen Werbeplakate in den Stationen anzusehen und damit auch die Sprache zu üben. Aber Land und Leute kennen zu lernen war nicht nur auf Paris und Umgebung beschränkt. Das ganze Land wurde bereist.

Die Stasiakte

Die Neugier musste von Steffen befriedigt werden, was sich wohl in seiner Stasiakte für interessante oder ernüchternde Informationen befinden. 1996 stellte er den Antrag auf Akteneinsicht. Im Jahr 2000 durfte er dann unter Aufsicht eines Beamten in seiner Akte blättern und die nicht abgedeckten Seiten als Kopien bestellen. Abgedeckt waren Informationen, die zwar Steffen betrafen aber in der Dienststelle der Ehefrau erfragt waren. Ihm wurde als erstes mitgeteilt, dass zwar eine Akte seit 1968 geführt wurde, aber diese bis zum Zeitraum 1980 nicht auffindbar war. Gerade aber die Zeit bis 1979 wäre auch interessant, da das kritische Verhalten im Faschingsclub und die Arbeit für Projekte des Panzer-Reparaturbetriebes vermutlich ausgiebig dokumentiert wurde. Das „demokratische Ventil" des Faschingsclubs wurde sicher auch offen gehalten, da eigene einflussreiche Mitglieder die direkte Verbindung zur Stasi hatten. Vermutlich haben diese Herren auch ganz schnell die Unterlagen ihrer Faschingsfreunde verschwinden lassen, um sich nachträglich nicht schämen zu müssen.

Der interessanteste und kurioseste Teil einer Befragung in der Schule der Ehefrau zum Antrag von Steffen, dienstlich ins Ausland fahren zu dürfen stand auf der letzten Seite. Diese war versehentlich nicht abgedeckt. Hier befürworten die drei Vertreter der Schulleitung, dass Steffen aus ihrer Sicht ins Ausland fahren darf. Nur sie kannten ihn nicht und er hatte auch zu ihnen niemals Kontakt. Man möchte fast nachträglich den Parteigenossen dieser Schule Dank sagen, obwohl der Antrag letztendlich abgelehnt wurde. Warum, dazu gibt es keinen Eintrag. Einen handschriftlichen ausführlichen Bericht gibt es über das Gespräch mit dem Vorgesetzten zum Thema, Nichteinsatz zum Hauptabteilungsleiter. Darin steht unter anderem, dass Steffen sein Fachwissen teilweise überschätzt. Der gleiche Herr hatte ihm aber kurz zuvor erklärt, dass man Steffen nicht ins Ausland schicken kann, weil er ein zu großes Fachwissen hat und man Gefahr laufen würde, dass man im Ausland versuchen würde, dies abzuschöpfen. Er hat Steffen dann nach der Wende auch den Weg nach Frankreich geebnet. An der Handschrift erkannte Steffen sofort den Berichterstatter. Trotzdem hat er beantragt, den Klarnamen des IM (*Informeller Mitarb*eiter) „Josef Bischof" zu erfahren. Kurze Zeit darauf wurde seine Vermutung bestätigt.

Umfangreich die Informationen, wann und zu wem seine betagten Eltern nach Westdeutschland fuhren, einschließlich deren Geburtsdaten sind dokumentiert. Die Personalfragebogen aus dem Betrieb waren exakt erfasst und Auszüge aus dem Melderegister der Stadt mit Eintragungen zu den Eltern vollständig notiert. Aus einer sogenannten Wohngebietsermittlung, zwei Stasivertraute wurden befragt, hat Steffen erfahren, was er für ein toller Familienvater, seine Frau eine gute Mutter ist und die Kinder wohl erzogen sind. Eine bessere Familie kann es nicht geben.

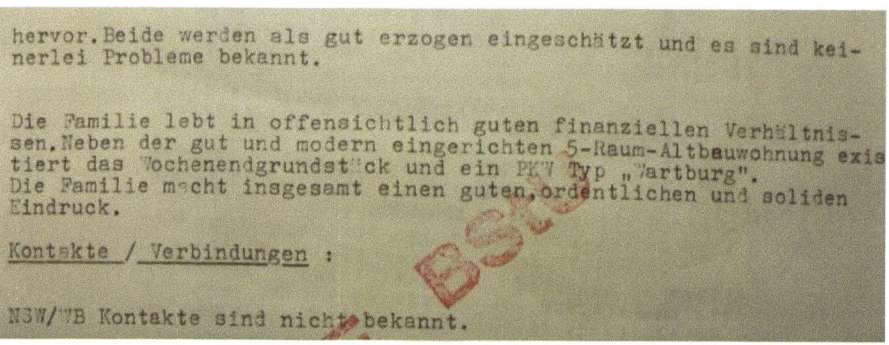

Aber einen Makel hat die Sache. „Eine Beflaggung an Staatsfeiertagen und anderen staatlichen Anlässen wurde nicht festgestellt", steht geschrieben. Man stelle sich vor, man hat mit den befragten Hausbewohnern auch nur die geringsten Probleme. Dies hätte bewirken können, die Lebensplanung mehr als negativ zu beeinflussen. Steffen hat deshalb immer versucht, zu Hausbewohnern einen freundlichen Kontakt zu pflegen und im Hinterkopf die Erkenntnis gehabt „je besser man sich kennt, desto besser kennt man auch die Probleme und kritische Haltung des anderen".

Zunächst hatte Steffen vermutet, dass auch Eintragungen zu seinem Wirken im Gewandhauschor vermerkt sind. Er hatte während der jährlich stattfindenden Chorwochenendlagern einen Teil der sehr kritischen Faschingstexte und Lieder vorgetragen. Er wurde angenehm überrascht.

Die verfügbare Stasiakte hat 161 Seiten. Allein diese Tatsache kann jetzt nach Jahrzehnten nur mit grinsendem Kopfschütteln bedacht werden. Eine weitere Anfrage, ob noch Akten aufgetaucht sind, war leider negativ, wurde zweimal wiederholt und die weitere Suche als nicht erfolgversprechend beschrieben.

Neue Herausforderungen

Steffen vermutete richtigerweise, wie es auch Realität wurde, dass der Arbeitskräfteabbau sich in Folge der Wende in seinem Betreib fortsetzen wird. So hatte er in Saarbrücken ein interessantes Gespräch mit einem Vertreter einer renommierten Personalvermittlung, die in der FAZ annoncierten. Wenn auch keine Arbeitsstelle vermittelt wurde, so gab es doch den sehr wohlgemeinten Rat, dass man bei solchem Fachwissen keine Stelle suchen sollte, die eine Umschulung erforderlich macht. Wörtlich sagte der Berater „Schuster bleib bei deinem Leisten."

Bei einem Personalgespräch sagte der neue Geschäftsführer seines Betriebes, jetzt war es ein Wessi, dass Steffen nach Rückkehr aus Frankreich ihm direkt unterstellt wird. Die Aussage wurde noch mit dem Zusatz ergänzt, dass man auf die Auslandskader nicht verzichten wird. Als dann Wochen später das neue Einsatzgebiet mit dem Personalchef, ebenfalls ein Wessi, besprochen werden sollte, wusste dieser von nichts. Der Chef hatte ein neues Aufgabengebiet in den USA erhalten. Die Bitte erging an Steffen, sich mit seinen Erfahrungen, sicher ohne Probleme, eine neue Arbeit zu suchen. Die angebotene Abfindung schien zunächst verlockend. Nach Wochen der Bemühungen gab es noch keinen Erfolg und der Personalchef wurde etwas ungehalten. Dann doch, im Dezember 1993 eröffneten sich drei Möglichkeiten. Für eine, der nach Steffens Hochschulabschlüssen fachlich entsprechenden Stelle als Außendienstmitarbeiter, für eine größere Firma in Südwestdeutschland. Passend war auch die Vorgabe, dass das Büro in der Heimatstadt, möglichst im Haus oder Wohnung, sein sollte. Es bewarben sich 80 Personen. Zwölf davon kamen in die Grobauswahl und wiederum drei dieser Personen wurden einzeln zur Geschäftsführung eingeladen. Steffen wurde vom Flughafen in Mulhouse abgeholt. Nach einigen fachspezifischen und sonstigen verhaltensnormativen Gesprächen flog Steffen mit einem unterschriebenen Arbeitsvertrag nach Hause. Er hatte unter Beweis gestellt, dass ein Ossi mit Messer und Gabel essen kann, sich keinen Schnaps zum Abendessen bestellt und die technischen Produkte des Unternehmens effektiv nach technisch kommerziellen Notwendigkeiten vermarkten wird. Nur das angebotene Gehalt stimmte nicht mehr mit dem im Erstgespräch vom Personalchef überein, war aber für einen Neuling Ost noch akzeptabel.

Die Realität verlangt, dass man die Gnade der Geburt anderer, wenn auch grummelnd, akzeptiert. Viele der Altbundesbürger sind aber der Meinung, schon dadurch bessere Menschen zu sein. Die zugesagte Büro- Hilfskraft wurde von der Personalliste gestrichen und die zugesagten Gehaltsanpassungen wurden stark minimiert. Niemals anerkannt wurde auch die erschwerte Marktsituation in den östlichen Bundesländern, sondern es zählte nur der Gewinn, der zwar vorhanden, aber nicht so groß wie angestrebt ausfiel.

Steffen hatte in der DDR vergebens Anträge gestellt, einen Telefonanschluss zu erhalten. In den ersten 4 Monaten seiner neuen Tätigkeit hat er seinem Betrieb und den Kunden den Anschluss der Wohnungsnachbarin, die schon im Rentenalter war, angegeben. Gleich nach der Wende hatte sein neuer Arbeitgeber es verpasst, den Markt in den angegliederten Bundesländern aktiv zu bearbeiten. Die Wettbewerbsunternehmen hatten sich in seinem Vertriebsgebiet einen großen Marktvorteil gesichert. Trotzdem war für Steffen der Besuch in unzähligen Betrieben, kein Industriezweig blieb unberücksichtigt, hochinteressant. Keine Probleme hatte er mit der Technik und der Kombination der Produktvielfalt. Als sogenannter gelernter DDR- Bürger war ihm ein alle Möglichkeiten ausschöpfendes kombinierendes Projektdenken gegeben. Vom ihm beklagt wurde, dass die technische Beratung, die Abstimmung zu Vertragsmodalitäten in den Betrieben seines Vertriebsgebietes stattfand, also seine Aufgabe war. Die Einkäufe und damit die Umsatzzuordnungen erfolgten jedoch durch die Zentralen der Unternehmen in den alten Bundesländern. Viele Beispiele belegten, dass Steffen die Arbeit tat und die Westkollegen die Umsatzprämien kassierten. Ein Beispiel soll diese Praxis belegen. In verschiedenen Servicewerken der Deutschen Bahn beriet Steffen zu Investitionsprojekten und Ausrüstungen. Die Bestellungen dazu wurden meist mit großen Zeitverzögerungen, teilweise bis zu drei Jahren und mehr, von der Zentrale in Frankfurt am Main ausgelöst. Steffen erfuhr davon erst, wenn er wieder einmal den Ausrüster besuchte. Die eigene Geschäftsführung scheute den Aufwand, etwas für die Gerechtigkeit zu tun. Bei einem Auftrag von über 1 Million Euro, vertraglich in und für einen Betrieb in seiner Heimatstadt abgeschlossen, kam dann die Bestellung aus Nürnberg. Hierzu hat dann Steffen doch erfolgreich eine gerechte Zuordnung erwirkt.

Sehr selten, aber wenn vorhanden sehr spürbar, war das zwischenmenschliche Problem Wessi- Ossi. Steffen hatte manchmal das Gefühl, der alten Unfreiheit dankbar entgangen zu sein, eine neue Unfreiheit zu spüren. Äußerst vorsichtig musste man mit einer Meinungsäußerung umgehen. Die Abhängigkeit, ggf. in Ungnade zu fallen und damit seinen Arbeitsplatz zu verlieren, war doch permanent vorhanden. Also galt auch hier, Demut vor dem Fall sicher zu praktizieren. Allgemeine Gespräche mit Kollegen über alle möglichen Dinge des Lebens endeten öfter mit dem Fallbeilkommentar,

„ihr im Osten habt ja keine Ahnung oder was wisst ihr denn schon". Das erinnerte Steffen gleich an die Diskussion, wenn die Parteikader in der DDR sich etwas in ein Argumentationsloch versetzt fühlten und dann ihren Abschlusskommentar platzierten „du musst deine ideologische Einstellung überprüfen oder wir müssen sie kontrollieren".

In Deutschland, Österreich und der Schweiz waren 12 Außendienstbüros der Firma verteilt. Drei oder viermal jährlich traf man sich im Stammbetrieb im Dreiländereck Deutschland, Frankreich, Schweiz oder an einem anderen Ort in Deutschland zur Auswertung der Geschäftsergebnisse, Information zu neuen Produkten, PC Neuheiten und sonstigen Schulungen zu Verkaufsstrategien. Die Verkaufsschulungen waren wenig praxistauglich, da alle Referenten in ihren Aussagen sehr oberflächlich blieben und den eigentlichen Schwierigkeiten im Vertriebsgeschehen nicht auf den Grund gingen. Mit allen Außendienstkollegen hatte Steffen ein gutes und teilweise nach einem Jahrzehnt noch anhaltendes freundschaftliches Verhältnis. Zwei intrigante Versuche von zwei älteren Kollegen konterte Steffen souverän bei Gesprächen mit seinem Vorgesetzten. In den zwölf Jahren Tätigkeit von Steffen in diesem Unternehmen wechselten auch mehrmals die Vorgesetzten. Einer davon war nicht nur nach Meinung von Steffen ein absoluter Narzisst. Egoismus, Arroganz und Selbstsüchtigkeit standen neben viel Betriebserfahrung und Fachwissen. Spürbar stellte er Steffen einige an Mobbing grenzende Stolperfallen, die zwar mental schmerzhaft waren, aber durch die Seltenheit der Begegnungen und die sonst weite Aktionsfreiheit der selbstständigen Berufsausübung als Außendienstmitarbeiter zu verschmerzen gelang. Gehe nie zu deinem Fürst, wenn du nicht gerufen wirst oder die alte Weisheit aus Russland „Moskau ist weit weg", war auch Steffens versuchte Handlungsweise, da es ihm zuwider war und ist, sich anderen anzubiedern. Leider ist diese Eigenschaft selten von Vorteil im Leben. Steffen hat bei aller Kontaktfreudigkeit dazu nie eine Lösung gefunden.

Die Zusammenarbeit mit allen Mitarbeiterinnen und Mitarbeitern des Innendienstes und auf den Montagebaustellen dieser Firma war äußerst angenehm. Das gesamte Arbeitsklima änderte sich spürbar in der Zeit von zwölf Jahren. Ging anfänglich noch der Chef Manfred, gebürtiger Sachse, der die Firma 1959 gründete und zu einem weltweit agierenden Unternehmen ausbaute, durch den Betrieb, hatten alle Mitarbeiter ein gutes vertrauensvolles Gefühl. Als die Firma dann von altgedienten Mitarbeitern geführt wurde, war das Klima auch noch recht angenehm. Es herrschte ein sehr guter Firmengeist. Mit der Übernahme durch externe Geschäftsführer, die sich kaum noch in Verwaltungs- und Produktionsbereichen sehen ließen, um Gespräche mit Mitarbeitern zu führen, war erkennbar, dass die menschliche Komponente der Mitarbeiter nur noch einen geringeren Stellenwert besaß. Für alle Mitarbeiter unrealistisch, wurden auch praktisch sehr fragwürdige Strategien verwirklicht. Erstmalig in der Firmengeschichte wurde Außendienstmitarbeitern gekündigt, oder sie verließen von selbst die Firma. Die Vertriebsgebiete wurden erweitert und Steffen musste vom Norden, z.B. Rostock, bis fast nach Regensburg im Süden des Landes fahren und es sollten nur noch Großkunden direkt betreut werden. Die doch großen Entfernungen bedeuteten neben den Kostenerhöhungen vor allem den Verlust von Zeit für die Fachaufgabenbewältigung. Großkunden mit den Einkaufabteilungen im Osten des Landes und Nordbayern gab es nicht. Für Steffen blieb es weiterhin wichtig, die vielen bisherigen „Kleinkunden" ordentlich zu beraten. Die sogenannten Kleinkunden meist Serviceunternehmen, brachten auch nachweisbar vielfach einen Zugang zu den größeren Betrieben. Solche Fragen interessierten die nur umsatz-und gewinnorientierten Chefstrategen nicht. Die Fluktuationsrate stieg in allen Bereichen des Unternehmens spürbar.

Grundsätzlich war es eine für Steffen tolle Arbeitsaufgabe, bei der er seine Kenntnisse der Diplomabschlüsse, zur Betriebs- Mess- und Steuer- und Regelungstechnik sowie der Fördertechnik, voll anwenden konnte. Nur die Preisverhandlungen, die bis zu Aufträgen in Millionenhöhe notwendig waren, erhöhten ständig den Stresspegel. Dieser führte sicher auch zu noch schmerzlicheren körperlichen Reaktionen. Obwohl der Arbeitsvertrag eine Beschäftigung bis zum 65. Lebensjahr vorsah, reifte bei Steffen der Gedanke, sich von der Firma mit 62 Jahren zu verabschieden und als Schwerbehinderter abschlagsfrei seine Altersrente zu beziehen.

In aktiver Vorbereitung war auch schon die Erstellung von Unterlagen des speziellen Fachgebietes „Flexible Energiezuführungen", um an Berufsschulen, Fachschulen und Technischen Hochschulen dazu Schulungen durchzuführen. Dies wäre ein effektives Schulungsprogramm an all diesen Bildungseinrichtungen gewesen. Eine aktive lohnende Betätigung in den frühen Rentnerjahren, wäre auch von Vorteil gewesen. Leider konnte dieses Vorhaben aus gesundheitlichen Gründen, die linkseitige Ertaubung nahm ihren Lauf, nicht realisiert werden.

Der Kündigungsabsicht von Steffen kam ein Angebot des „geliebten Chefs" zuvor, der von den Obersten der Firma den Auftrag hatte, sich Kosteneinsparungen einfallen zu lassen. Eineinhalb Jahre zuvor hatte Steffen ein neues Hüftgelenk bekommen, und der Chef fragte als Gesprächseinstieg, wie es mit der Gesundheit steht. Ungewohnt von ihm solche Fragen zu hören, hatte Steffen gleich den richtigen Riecher, wohin die Reise geht. Im weiteren Gespräch platzierte Steffen, dass sein Vertag noch fast 4 Jahre gilt und er, wenn überhaupt, eine angemessene Ausgleichzahlung erwartet. Nach Bestätigung der Summe wurde ein Termin für den Aufhebungsvertrag zunächst mündlich vereinbart. Der Narzisst hatte scheinbar seine Kompetenzen überschritten. Der Personalchef meldete Wochen später an Steffen, dass es mit dem Abgang scheinbar nichts wird. Jetzt schien für Steffen, er hatte sich innerlich schon auf die Zukunft orientiert, die Welt aus den Fugen geraten zu sein. Weitere Wochen später, nachdem er den neueren Stand der Dinge beim Personalchef sehr bedauert hatte, kam dann doch eine Bestätigung. Die Ausgleichsumme wurde neu, sogar etwas höher vereinbart. Drei Monate voll bezahlter Freistellung und die private Nutzung des PKW, vor dem ersten Anspruch der Rentenzahlung, war eine dankbar genutzte Großzügigkeit des Unternehmens.

Die Verabschiedung durch die Geschäftsführung erfolgte mit einer sehr schönen feierlichen Stunde, zu der auch die Ehepartnerin eingeladen wurde und mit vielen anerkennenden Worten und Geschenken.

Die doch alles in allem in guter Erinnerung bleibende Tätigkeit war leider auch von schweren gesundheitlichen Beeinträchtigungen überschattet. Der berufliche Werdegang nach der Wende forderte sicher die größte Aufmerksamkeit. Doch auch andere neue Anpassungen wie zum Steuerrecht, Eigentumsverhältnisse, grundsätzliche Preisänderungen und Gesundheitswesen mussten bewältigt werden. Leider konnten nicht alle Bürger diesen immensen Wendedruck problemlos überstehen. Einen wesentlichen Wandel brachte die Miet-und Eigentumspolitik. Während des familiären Aufenthalts in Frankreich konnte Steffen die noch im staatlichen Besitz befindliche große Wohnung untervermieten. Der Wohnraum war noch knapp in der Stadt und so konnte zwei zugereisten Altbundesbürgern, die auch wissenschaftliche Institute leitend besetzten, geholfen werden.

Alsbald kamen aber Doktoren aus München, die als Nacherben eines früheren Schokoladenfabrikanten mit Meißner Porzellan handelten. Die Eigentumsrechte an dem recht attraktiven, in Zentrumsnähe liegenden Mehrfamilienhaus konnten sie geltend machen. Mehr als aufreibende harte Verhandlungen wurden notwendig, als diese Herren den Auszug aller Mieter aus dem Haus forcierten. Trotzdem konnte eine angemessene Finanzierung des Aufwandes, die Beschaffung einer neuen Wohnung, deren Renovierung und der Umzug mit den neuen Hausbesitzern geregelt werden. In den Monaten der Renovierung vor dem Einzug in die neue Wohnung wurde wenig Elektroenergie verbraucht, was vom Versorger mit einem beträchtlichen Betrag wegen Mindermengenabnahme bestraft wurde. Die Verlogenheit, dass Energieeinsparung Vorteile bringt, wurde erstmalig bewusst gemacht, denn jeder Mehrverbrauch steigert den Umsatz des Energieanbieters. Andere Beispiele sollten unkommentiert in den weiteren Jahren folgen. 1995 wurde dann die Wohnung direkt am großen Marktplatz der Stadt bezogen. Oh toll, waren die ersten Aussagen von Freunden und Bekannten. Beginnend ab diesem Jahr fanden aber unzählige Feste auf diesem Platz statt. Bis dahin war es nur der Weihnachtsmarkt. Open Air Konzerte bis weit nach Mitternacht und andere Feste wurden zur argen Lärmbelastung. Die Verwaltung der Stadt reagierte nur widerwillig auf Beschwerden wegen Lärmbelästigung in der Nacht. Der nächtliche Abbau der Weihnachtsmarktbuden mit schwerem Gerät und fallen lassen der Holzwände waren unerträglich. Wenn man ständig Tag für Tag „Kling Glöckchen…." vom Kinderkarussell hinter geschlossenen Fenstern hören muss, wird es selbst einem Musikliebhaber zu viel. Zweimal hat Steffen nach Mitternacht die Polizei angerufen, sie möchte das laute und falsche Spiel eines Akkordeonisten im gegenüberliegenden Wirtshaus unterbinden. Es kam immer die Frage der Polizei, sollen wir bei ihnen vorbeikommen. Die Antwort war natürlich nein, sie sollen die Sache in der Kneipe regeln. Sie haben es getan. Auch das Parkproblem war ein entsetzliches und die Süd- Ost Lage der Wohnung zwang dazu, des Nachts zu lüften. Trotzdem war in Küche und Eckzimmer beim späteren Auszug, Schimmelbefall nicht zu übersehen. Die Zimmer bildeten eine sogenannte Atelieranordnung. Vater und Mutter schliefen in dem 42m² großen kombinierten Wohn-Schlafzimmer. Brachten die mittlerweile jugendlichen Kinder ihre Freunde mit, mussten diese an den elterlichen Betten vorbeilaufen. Dies war amüsant und es gab niemals Probleme. Steffen fühlte sich aber von den von außen kommenden nächtlichen Ruhestörungen, den Temperaturen und Parkplatzsituationen nach und nach immer genervter. So entstand der Wunsch nach einem eigenen Heim. Die Vertragsabschlüsse und vor allem die Begleitung der Bauphase waren für den technisch geschulten Steffen Monate mit absolutem Stress. Es ist unbegreiflich, wie man mit solch qualitativ hochwertigem Baumaterial solch einen Pfusch produzieren kann. Schon zu einer Versammlung aller 14 Bauherren dieser Straßenseite, hat Steffen der Baufirma und dem Generalunternehmer deren Pleite vorausgesagt. Von effektivem Baumanagement war in den Monaten der Errichtung der Häuser absolut nichts zu spüren. Die Insolvenz der Firmen ließ nicht lange auf sich warten.

Es konnte kein Eigentümer irgendwelche schon vereinbarte Nachbesserungen oder Garantieansprüche geltend machen. Das größte Ärgernis war, dass kurz vor Aufbringen des Bodenbelages im Erdgeschoss ein Rohrbruch unterhalb der Estrichschicht eine komplizierte Entwässerung und Trockenlegung notwendig machte. Der Umzug in das neue Haus war aber schon vertraglich gebunden. Nach und nach nimmt man die Unzulänglichkeiten hin. So ist ein angenehmes Wohnen im eigenen Haus seit vielen Jahren gegeben, auch wenn das Wohngebiet vom öffentlichen Nahverkehr durch die „Stadtväter" zwei Jahre später abgekoppelt wurde.

Wieder sichtbar behindert

Ab einem gewissen Alter ist es fast unausweichlich, dass sich die Menschen nach der Begrüßung und der Floskel „wie geht's", wenn Zeit dafür ist, ausgiebig über ihre Wehwehchen, Befindlichkeiten und Krankheiten unterhalten. Steffen kann fast in jedem Fall meist direkt oder indirekt mit seinen Erkenntnissen dazu beitragen. Während die indirekte Mitsprache sich meist auf Angehörige, Freunde und Bekannte bezieht, verfügt er über außerordentlich viele Erfahrungen aus seiner Kindheit und Jugendzeit. Seit 1996 beginnend, zwangsweise leider auch über einen großen erweiterten Erfahrungsschatz. Oft unterbricht Steffen solche Gespräche dann mit der Schmunzeln oder Lachen auslösenden Frage, „was macht eigentlich die Liebe". Die Darstellung der gesundheitlichen Probleme und deren Aufarbeitung oder Akzeptanz sollen anderen Mut machen, niemals aufzugeben, um eine akzeptable aktive Teilnahme am Leben nach persönlichen Interessen zu gestalten. Sicher kann man solche psychischen oder physischen Kräfte nicht von allen Menschen erwarten. Viele ergeben sich in eine schicksalhafte Abhängigkeit. Nicht alle verfügen über Mitmenschen in ihrem Umfeld, als wohl wichtigste aktive oder stille Helfer, die in prekären gesundheitlichen Situationen ihnen zur Seite stehen.

In der Mitte der Neunziger Jahre beginnend setzten bei Steffen plötzlich, zum Beispiel beim Autofahren, unerträgliche Kopfschmerzen meist linksseitig ein. Starke Schmerzmittel wirkten nach ca. 30 Minuten und die Arbeit konnte fortgesetzt werden. Ein halbes Glas Sekt oder Bier bewirkte immer, dass Steffen nach ca. 70 Minuten aus dem ersten Tiefschlaf gerissen wurde, weil es den Kopf gefühlt fast zerschlug. Abstinenz, die als solches nicht schlecht ist, war angesagt. Viel wichtiger aber war, die täglichen Attacken auszuschließen. Eine größere Nasenhöhlen OP, die nicht ohne fieberhafte Nachfolge ablief, erbrachte, dass die Schmerzen ausblieben, aber dafür der Geruchssinn leicht eigeschränkt blieb. Es gab also eine weitere Unzulänglichkeit, die Steffen einfach akzeptieren lernte. Von der Klinik fuhr Steffen mit dem Auto nach Hause. Plötzlich setzten starke Blutungen ein. Der Not gehorchend stellte er sein Auto im Parkverbot ab, um schnellstens in die Horizontale zu kommen. Unausweichlich kam das Strafknöllchen, was aber nach schriftlicher Erläuterung des Vorganges von der Bußgeldstelle dankenswert annulliert wurde. Ja auch das gibt es.

Das rechte große Zehengelenk, machte immer mehr schmerzhafte Probleme. Also OP und Schmerzen weg. Die Ursachen dazu stammen aus der Kindheit, als Steffen drei Jahre im Vollgips lag. Die Zehen und Gelenke wurden in diesen Jahren nicht belastend bewegt. Von Jahr zu Jahr wurde auch die Beweglichkeit der Hüftgelenke immer schlechter. Bis zum 60. Lebensjahr stand wöchentlich Volleyball im Programm. Dann war ein neues Hüftgelenk zwingend notwendig. Der Herr Professor operierte am Spätabend, da das tuberkulöse Hüftgelenk spezielle Hygienemaßnahmen erforderlich machten. Die anschließende Rehabilitation erstreckte sich über 5 Wochen. Die täglich möglichen Bewegungsübungen in einem Warmwasserbecken waren besonders hilfreich. Anschließend nutzte er noch privat Übungsmöglichkeiten in Bayern. Er verabschiedete sich von seinen Volleyballfreunden und hält noch nach Jahrzehnten zu einigen guten Kontakt. Ein Jahr danach erwischte es Steffen, wie es vielen Männern geht. Die erste Prostata- OP wurde notwendig. Nach Tagen, kurz vor der Entlassung aus dem Krankenhaus, musste erneut an der empfindlichen Körperregion ein narkotischer Eingriff erfolgen. Aus dem Krankenhaus entlassen, kam es am übernächsten Tag, Steffen nahm gerade an einem jährlich stattfindenden Skatturnier teil, zu einem Harnröhrenverschluss. Steffen packte seine Tasche und weckte seine Frau. Vor dem Gang in die Klinik war der Druck in der Blase schon mehr als schmerzhaft und ein letzter Versuch ihn zu minimieren war erfolgreich, denn der blutige Verschlusspfropfen platzte heraus. Der Vollständigkeit halber zu diesem Thema bleibt hinzuzufügen, dass acht Jahre später ein erneuter Eingriff an diesem Organ notwendig wurde. Dieses Mal ohne weitere Komplikationen. Ein weiteres Jahr später schmerzten in der Nacht oft der Daumen und die zwei daneben liegenden Finger und führten zum Erwachen. Ein absolutes Taubheitsgefühl konnte nach aktiver Bewegung überwunden werden. Also waren wieder Arztbesuche und eine OP des Karpaltunnels notwendig. Ein weiteres Jahr später trat das gleiche Syndrom an allen Fingern der linken Hand auf. Wieder Untersuchungen und Operation.

Im Jahr der ersten Operation an der Hand begann auch das lebenslang quälende Thema des Hörverlustes. Im November, zwei Monate vor Erreichen des Ruhestandes, waren Steffen und seine Frau zu einer Rundreise in Australien. Mitten im Outback sagte Steffen, dass er wohl Wasser im linken Ohr habe oder vielleicht noch Watte, die er wegen des starken Windes in sein Ohr gesteckt hatte.

Er hörte nur noch vielleicht 50 % aus Umgebung und Sprache. Zu Hause angekommen, war der Besuch beim Ohrenarzt notwendig. Diagnose „klassischer Hörsturz". Tagelang eine Spritze und später für mehr als 1000,-€ als Selbstzahler, der Versuch einer Therapie in einer Hochdruckkammer, noch etwas zu retten blieb erfolglos. Jahre später hörte Steffen von vielen Fachärzten, dass ein Hörsturz, der nicht innerhalb von 24 Stunden nach spezieller Behandlung wieder ein verbessertes oder vollständiges Hören bringt, irreparabel ist. Viel Zeit und Geld und vergebliches Hoffen wären erspart geblieben.

Die Freunde aus dem Gewandhauschor, der zwischenzeitlich völlig neu strukturiert wurde, sangen im Lehrerchor der Stadt und baten Steffen, der nun Rentner war, wieder aktiv zu singen. Hier muss erwähnt werden, dass die Mitglieder dieses Chores meist aus nicht pädagogischen Berufen kommen. Trotz Hörverlust ein Wagnis von Steffen, trotz Handicap, seinem Hobby nach zu gehen.

Da die Hälfte des Hörverlustes durch ein Hörgerät ausgeglichen werden kann, wurde ein solches angepasst. Gut ein Jahr nach dem Hörsturz zahlte Steffen früh den Eigenanteil (1800,-€) für dieses Hörgerät. Am Abend des gleichen Tages nach einem weiteren Hörsturz war und blieb die linke Seite völlig taub.

Hier war schon einmal die Frage erlaubt, warum trifft es mich so hart. An einem Tag so viel Geld für umsonst auszugeben, ist auch für Steffen keine nur lockere Übung. Die gesamte Hörfähigkeit auf einem Ohr zu verlieren, war schon ein harter Schlag. Zusätzlich wurde auch festgestellt, dass das Hörvermögen auf dem anderen Ohr nachlässt. Kann man eigentlich so viel Pech auf einmal ertragen? Niemand, auch nicht die nächsten Angehörigen, können eine solche Situation nachempfinden. Danach wurde aber kein Stillstand dieses Prozesses erreicht. Mit der Ertaubung setzte, nach und nach stärker werdend, ein Tinnitus im ertaubten Ohr ein. Rauschen wie am stürmischen Meeresstrand mit vom Wind zerfetzten Sprachgeräuschen wurden teilweise so stark wirksam, dass man verspürte, wie der Schall über die Knochen am hinteren Kopf noch zum rechten Ohr geleitet wurde. In unterschiedlichen Tagesabständen kam noch ein Schwindelgefühl auf, was zur sofortigen Ruhe zwang und in der Magengegend unliebsame Erbrechengefühle hervorrief. Wer schon einmal richtig seekrank war, kennt diese Gefühle. Die Abstände dieser Zustände wurden nach und nach immer kürzer. So stimmte Steffen zu, man klammert sich in solch Situation an den letzten Strohhalm, einen von einem bekannten Professor vorgeschlagenen operativen Eingriff vorzunehmen. Dieser war wohl kontraproduktiv, denn danach wurden die Schwindelattacken immer häufiger bis zu zwei Mal täglich und dauerten auch länger. Die notwendige Medikation wurde immer stärker, um überhaupt eine Hilfe zu haben. Ein Treffen vor einem Chorkonzert war unmöglich, da mit Betreten des Raumes ein Schwindelanfall einsetzte. Noch bis zum Auto geschafft, ein Zusatzmedikament geschluckt, erforderte eine Stunde im Auto warten, bis die Sache vorbei war. Am Wochenendhaus baute Steffen einen großen Wintergarten an. Unzählige Male musste er die Arbeit für Stunden unterbrechen, um die Schwindelattacken zu überstehen. Der Komposthaufen nahm dankbar Vorverdautes an.

Der Körper passte sich wahrscheinlich an den Verlust des Gleichgewichtsorganes im linken Ohrbereich an. Medikamentös behandelt, wurde der Schwindel weniger. Sicher half auch sein morgendliches Anti-Schwindeltraining vor dem Aufstehen. Der Tinnitus ließ nicht locker und wurde immer lästiger. Die sicher richtige Meinung der Fachleute, man muss den Tinnitus einfach ignorieren, funktioniert bis zu einer gewissen Intensität. Ab einer doch recht massiv empfundenen Lautstärke wird er vordergründig.

Auch in diesen leidvollen Jahren besuchte Steffen regelmäßig das Zentrum für Reha- und Gesundheitssport. 2009 wird leider unvergessen bleiben. Schon zu Jahresbeginn wurde die Möglichkeit angeboten, wieder zu schwimmen. Steffen ehrgeizig, spulte die 50m Bahnen im Kraul- Rücken- und Bruststil ab. Nach und nach, nach 6 Wochen recht massiv, wurden die Schmerzen in den Schlüsselbeingelenken beginnend, im rechten Ellenbogen, der schon in der Kindheit nach OP- Pfusch geschädigt war, und in beiden Schultern fast unerträglich und nur durch starke Medikamente gelindert. Steffen fühlte sich wieder in die Zeit der Berufstätigkeit versetzt, nur dass er nicht täglich arbeiten musste, sondern als Hauptbeschäftigung von Arzt zu Arzt lief. Einzig eine Rheumatologin gab ihm das Gefühl, glaubwürdig zu sein und die Medikamente waren ein wenig hilfreich.

Umfangreiche Ganzkörper- und Blutuntersuchungen ergaben keine präzisen Befunde außer Aussagen zu einer beginnenden Arthrose. In dieser Zeit besuchte Steffen auch ein Schmerztherapiezentrum. Hier wurden schon bekannte Schmerzmittel und Antidepressiva verschrieben. Diese Antidepressiva brachten nur eine noch größere Abgeschlagenheit des ganzen Körpers und eine erste Herzinsuffizienz und massives Vorhofflimmern mit sich. Ein erster Elektroschock unter Narkose war notwendig. Diese Art der Schmerzbehandlung war mehr als fraglich. Die arroganten Reaktionen in der Schmerzklinik veranlassten Steffen, diese zu meiden.

Der Versuch die Schmerzen im rechten Ellenbogen operativ zu lindern, misslang vollständig, da man erkennbar den Eingriff an einer falschen Stelle vornahm. Der körperliche Allgemeinzustand, die absolute Leistungsschwäche und Schmerzen ließen Steffen erstmalig kapitulieren und von einer Anzeige wegen Ärztepfusch Abstand nehmen.

Seit einigen Jahren fahren Steffen und weitere Freunde im Oktober nach Spindl Mlyn in das Riesengebirge, um ausgiebig und anstrengend zu wandern. In diesem Jahr war es Steffen unmöglich, auch nur annähernd kürzeste Strecken mitzuhalten. Während die anderen die Wälder und Berge durchstreiften und sich in den Bergbauden vergnügten, blieb Steffen im Hotel und besuchte täglich ein kleines Thermalbad. Auch im Folgejahr war noch an den meisten Tagen der vor Ort Verbleib angesagt. Im gleichen Jahr musste auch etwas mit der rechten Schulter geschehen. Aber wie könnte es auch anders sein, Steffen fing sich einen Klinikvirus ein. Eine Zweit-OP war erforderlich. Nach einigen Wochen, am Tag der ersten Rehabehandlung, brach die Wunde erneut auf und eine sofortige Folge OP war wieder erforderlich. Die anschließende Wundbehandlung war erstaunlich erfolgreich. Die ambulante Reha, um die schmerzfreie Beweglichkeit der Schulter wieder zu erlangen, war nicht wie gewünscht erfolgreich. Der Heilungsprozess wurde erst fast ein Jahr später bei einer stationären Rehabilitation abgeschlossen. Vier Wochen konnte Steffen jeden Abend sein Bewegungs- Schulterprogramm in einem Warmwasserbecken absolvieren. Diese Kurmaßnahme hatte aber einen anderen Hauptzweck. Dessen Vorgeschichte ist es wert zu beschreiben, da die Mühle der Bürokratie einmal mehr als unrund lief.

Von einer Bekannten hatte Steffen den Hinweis bekommen, wegen des Tinnitus sich einmal in der Spezialklinik in Hannover vorzustellen. Dort wurde ihm ergebnisorientiert gesagt, dass er der richtige Patient ist für ein Cochlea- Implantat ist, um einmal wieder auf dem linken Ohr etwas zu hören und die größte Wahrscheinlichkeit besteht, den Tinnitus auszuschalten. Nach der zweitägigen stationären Untersuchung begann der Hürdenlauf mit der Bürokratie. Der Antrag wurde von Seiten der Krankenkasse und speziell durch den Medizinischen Dienst der Krankenkassen, nach Einsprüchen und Vorlage neuer Empfehlungen, immer wieder, aber nur nach Aktenlage abgelehnt. Die mehrfachen Bitten, den Patienten einmal selbst anzuhören wurden ständig ignoriert. Nach fast einjähriger Dauer des „Erstrundengefechts" schien die Sache erledigt. Steffen eröffnete jedoch die nächste Antragsrunde und der Aktenordner wurde immer voller. Selbst als Steffen erfuhr, dass er auf der Prioritätenliste der Klinik an erster Stelle steht, und es eine Vereinbarung gibt, dass die Klinik über die Vergabe eines Cochlea-Implantats entscheiden darf, und der OP-Termin danach vereinbart war, kam vom Medizinischen Dienst noch ein ablehnender Bescheid. Diesen hat dann Steffen einfach ignoriert. Alle ablehnenden Schreiben von der Kasse und dem MDK kamen aus den verschiedensten Städten in Deutschland. In Medienbeiträgen und durch bei privaten Gesprächen wurde wiederholt bestätigt, dass viele ablehnende Bescheide zum Standardrepertoire der Krankenkassen gehören. Glaubt sich der Patient im Recht, ist oft ein ausdauerndes Widerspruchsprozetere nervlich zu bestehen.

So wurde Anfang Dezember die Elektronik in die Schädeldecke implantiert und eine erste Anpassung des Außengerätes verlief erfolgversprechend.

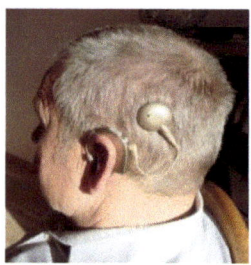

Sichtbar hängt nun ein kleiner Computer mit Mikrofonen und Akkumulator über seinem linken Ohr. Einige Zentimeter darüber haftet ein Magnetübertrager, der die Größe eines 2,-€ Stückes hat an seiner Schädeldecke. Unter der Haut befindet sich, in den Schädelknochen eingelassen, ein etwa 2x 2,-€ großes Gegenstück und eine sehr dünne Elektrosonde endet in der Hörschnecke.

Eine andere **sichtbare Behinderung ist wieder da**. Dieses ist eine Behinderung, die Steffen als wesentlich belastender findet, als die unübersehbare in seiner Kindheit. Der Leidensdruck ist permanent wesentlich größer, sicher auch, weil ihm die Unbekümmertheit der Kinderjahre fehlt. Er ist auch noch nicht bereit, sich komplett einzuigeln. Er könnte sich noch die Haare länger wachsen lassen, um diese Sichtbarkeit der Behinderung etwas zu kaschieren. Bei Verständigungsproblemen und diese gibt es leider sehr oft, kann er durch Zeigen und wenigen Worten auf seine Probleme aufmerksam machen. Die Personen gegenüber erkennen meist sofort das Problem und handeln meist danach. Leider haben sie schon nach kürzester Zeit, noch im Gespräch, den Hinweis vergessen. Wie unbedacht Reaktionen erfolgen, soll ein Beispiel aufzeigen. An der Kasse in einem Supermarkt sagte Steffen der Kassiererin, dass er ihre Worte nicht verstanden hat. Die Reaktion der Dame war:" hätte ich es Russisch sagen sollen"? Daraufhin Steffen: „Auch wenn sie es Englisch oder Französisch gesagt hätten, hätte ich es akustisch nicht verstanden und zeigt auf sein Ohr und die daran hängende Technik". Schweigen! Die Erfahrung aus Gesprächen mit Leidensgenossen zeigt, dass diese, meist Frauen, aus optischen Gründen ihr Handicap nicht zeigen wollen und natürlich bei Gesprächen mit fremden Personen mehr Erläuterungsbedarf haben.

Der Tinnitus war weg, welch Freude, die aber nicht lange anhielt. Kurz nach der Entlassung und Heimfahrt aus Hannover setzte eine solche Schwindelattacke ein, die Verständnis aufkommen lässt, dass mancher Seekranke sterben möchte. Mit dem Notdienst in ein Krankenhaus und tagelang am Tropf, ist erst nach Tagen eine Besserung eingetreten.

Krankenhaushygiene

Bevor die Fortsetzung der Leidensgeschichten von Steffen erzählt wird, lohnt es sich vielleicht, einige Gedanken zur erlebten Krankenhaushygiene zu äußern.

Wenn auch nicht professionell, glaubt Steffen, dass er zumindest seine Beobachtungen zu diesem Thema aufschreiben sollte. Das derzeitige Dauerthema des wahrscheinlichen Defizites an Hygiene hat aus seinen Erfahrungen, neben den von ihm nicht zu beurteilenden medizinischen Aspekten, auch klare täglich direkt beeinflussbare Verbesserungsmöglichkeiten. Bei dem zuletzt erwähnten einwöchigen Aufenthalt zur Behebung des Schwindels lag Steffen in einem größeren 6- Bettzimmer. Am ersten Abend saß ein Patient am kleinen Esstisch. Er hatte Koordinationsproblem im Mundbereich. Essenreste fielen auf die Tischplatte, und er beseitigte diese mit einer Serviette. Zur Entlassung, 5 Tage später, musste sich Steffen beim Anziehen auf dieser Tischplatte abstützen und spürte ein merkliches Kleben. Der Tisch war an keinem Tag abgewischt worden.

Aus den Kleiderspinden kam ein sehr unangenehmer Geruch. Dank gebührt einem jungen Sozialdienstleistenden, der es bemerkte und ohne Aufforderung die leeren Spinde desinfizierte.

Steffens Besucher beklagten einen unangenehmen Zimmergeruch. Steffen erinnerte sich an frühere Zeiten im Krankenhaus, wenn die Schwestern hereinkamen und riefen, hier riecht es nach Altmännerhaus und rissen zum Lüften die Fenster auf. Steffen und ein Bettnachbar veranlassten, dass zumindest ein Oberlichtfenster offen blieb.

Die Raucher, es gab zwei, gingen des Öfteren auf die Straße und brachten den unangenehmen Duft mit. Mit ihren Straßenschuhen verschmutzten sie permanent die Fußböden und auch den Fliesenboden im Bad. Neben der Toilette hingen die Handtücher im Spritzbereich der Stehendpinkler. Steffen hat dort keines seiner Handtücher platziert. Er hat aber die Reinigung des Kombiraumes mit Dusche, Waschbecken und Toilette in diesen Tagen mehrfach beobachtet. Mit einem Lappen bewaffnet stürmte die Reinigungskraft in das Bad, um es nach 40 Sekunden wieder zu verlassen. Diese Zustände hat Steffen bildlich dokumentiert. Er kann denen, die immer die Hygiene in Kliniken preisen, ein gegenteiliges Beispiel zeigen. Nicht nur Kritisches war zu beobachten. Als eine Reinigungskraft exakt arbeitete und auch die Zimmertüren desinfizierte, lobte Steffen sie.

Nicht nur in dieser Klinik war zu beobachten, dass immer die gleichen Stellen des Fußbodens, meist in den Zimmerecken, unberührt blieben.

In der Klinik, in welcher sich Steffen an der Schulter die Infektion einhandelte, sind die Gänge mit Teppichen ausgelegt und der Vorraum von je 2 Zimmern hat einen Parkettfußboden. Zur Hüft-OP, war die Klinik gerade eröffnet und das Parkett fest verlegt. Nach Jahren (Schulter OP) war im Sonnengegenlicht bei Betreten, der aufsteigende Staub aus den Parkettritzen zu sehen.

Nicht jede modere Klinik hat ein separates Fernsehgerät an jedem Bett. Das FS- Bedienteil wird von Patient zu Patient gereicht, unbeachtet, ob der Geber z.B. gerade seine Urinflasche genutzt hat. Nicht ein einziges Mal konnte Steffen beobachten, dass das Gerät desinfiziert wurde.

Sicher soll es nicht wie vor Jahrzehnten in der DDR sein, dass die Krankenschwestern täglich die Nachttische und sonstiges Einrichtungen im Zimmer gründlich reinigen. Man hatte aber damals das Gefühl, dass das Thema Hygiene allen fest anerzogen war und selbstverständlich gelebt wurde.

Viele Plakate und Parolen haben den Sozialismus auch nicht besser gemacht, und so werden Losungen zu Hygienemaßnahmen und deren Einhaltung in den Stationsbereichen nicht viel ändern.

Sollte diese Zeilen ein Verantwortlicher für diesen Bereich lesen, so spürt Steffen schon den Hauch der versuchten Rechtfertigung und Schönfärberei, was alles getan wird. Steffen schlägt konkret vor, dass alle Patienten, auch wenn sie das Bett verlassen dürfen, den Klinik Ein-und Ausgang nicht überschreiten dürfen. Das gilt auch für die Raucher. Der lockere, zeitlich kaum eingegrenzte Besucherstrom, muss wieder auf 2x wöchentlich 2 Stunden begrenzt werden. Selbstverständlich kann nach begründeter Anmeldung auf Station der gesonderte Zugang kurz aber kontrolliert gewährt werden.

Es ist auf jeden Fall zu vermeiden, dass Angehörige, außer im Palliativbereich, stundenlang neben dem Patientenbett sitzen oder den Patienten, der vielleicht noch Ruhe benötigt, in der Sitzecke der Station länger als nötig belasten. Ob Eltern ständig bei ihren Kindern sein müssen sollte ebenfalls kritisch hinterfragt werden. Diese Frage darf Steffen, nach seinen drei Jahren Kindheitserinnerungen im Krankenhaus und voll ans Bett gefesselt, stellen. Ihn schmerzt heute der Gedanke, dass manche Kinder überhaupt keinen Besuch hatten oder andere nur in größeren Wochenabständen. Seine Eltern kamen damals regelmäßig jeden Sonntag.

Es gibt noch weitere Beobachtungen zu verbesserungswürdigen und patientendienlicheren Fakten. Die Bürokratie wird vieles ausbremsen.

Steffen wird sich, wenn möglich, dann die Klinik aussuchen, in der er die besseren Erfahrungen gemacht hat.

Hoffnung nach weiteren Erkrankungen

Zwei Wochen nach der negativsten Krankenhauswoche zur Überwindung des Schwindels, es war ein ganz schnell immer nach rechts drehendes und dann zurückschnellendes Gesamtbild des Gesichtsfeldes und zwei Tage vor dem Weihnachtsfest, prasselte eine neue Schmerzattacke auf Steffen ein. Ein Nierenstein hatte den Harnleiter verstopft. Ab ins Krankenhaus, Narkose und eine lange Harnleiterschiene wurde eingesetzt. Das Weihnachtsfest war gerettet. Warum es noch weitere 3 Narkosen im monatlichen Abstand erforderliche machte, bleibt bei allen medizinischen Schwierigkeiten, die es geben kann, beim heutigen Stand der Operationstechnik für Steffen nicht nachvollziehbar. Es war ein relativ kleiner Stein, so die Aussage der Ärzte. In Schwaben würde man sagen, die Sache hat ein kleines „Geschmäckle" und Geld spielt sicher eine Rolle.

Für den schon erwähnten dritten Eingriff an der Prostata wählte Steffen ein anderes Krankenhaus. Dort war noch etwas mehr das Flair vom gesunden medizinischen Geist zu spüren ist.

Ein weiteres Jahr später war das große Zehengelenk links schmerzbedingt einem Eingriff zu unterziehen. Nach Narkose, OP und Heilungsprozess in einer empfohlenen angeblichen Spezialklinik waren zwar die Schmerzen weg, aber der Zehenstand muss dauerhaft mit einem Hilfsmittel korrigiert werden, um Entzündungen durch Reibung vorzubeugen. Eindeutig gab es da wohl wieder bei der OP Zeitmangel und infolge Ärztepfusch. Der Operationsarzt war nach mündlichen Aussagen nur einmal wöchentlich in der Klinik. Der Informationsfluss Klinik – Patient war auch mangelhaft.

Eine Beschwerde oder Klage einzureichen, erschien für Steffen zu aufwendig. Sicher könnte man nachoperieren, aber schon stand der nächste operative Eingriff auf dem Programm. Die Schmerz- und Bewegungsprobleme der linken Schulter mussten behoben werden.

Außerdem signalisierten die sich verschlechternden Herzprobleme, auf Narkosen zu verzichten. Die Mediziner äußerten wiederholt, dass nach jeder Narkose etwas Negatives, wenn auch nicht immer erkennbar, zurück bleibt.

Auf zum hoffentlich letzten Narkosegang, in die schon positiv erwähnte bevorzugte Klinik. Dort erfolgte der Eingriff an der Schulter. Wie schon nach der anderen Schulter- OP erlebt, war eine Langzeittherapie zur Erreichung der Schmerzfreiheit und einer akzeptablen Beweglichkeit notwendig.

Glücklicherweise war nerviges Ringen nach Ablehnungsbescheiden mit der Krankenkasse, um einen Platz in der Rehaklinik zur weiteren Verbesserung des Hörvermögens zu erhalten, letztendlich positiv. Die Kureinrichtung war aus der ersten Reha nach dem Setzen des Cochlea- Implantates bekannt. Dort konnte die betroffene Schulter sehr erfolgreich allabendlich im warmen Therapie- Wasserbecken zur gewünschten Beweglichkeit trainiert werden.

Nach über 4 Jahren ohne operativen Eingriff scheint für Steffen ein Wunder geschehen und lässt hoffen, dass es noch lange so bleiben möge.

Was er alles dafür getan hat und kontinuierlich aktiv betreibt und welche Probleme dauerhaft bleiben, wird noch zu berichten sein.

Probleme im rechten Knie signalisieren aber keinen positiven Stillstand.

Humanitas Erbe und Gegenwart

Die einprägsamen Kindheitserinnerungen, die trotz allen Leidens nicht auch das Positive dieser Zeit vergessen lassen, waren ausschlaggebend, eine neue aktive ehrenamtliche Aufgabe zusätzlich anzugehen. Nach der Rückkehr aus Frankreich und der berechtigten Hoffnung, dass der Arbeitsplatz wahrscheinlich relativ sicher ist, wollte Steffen dafür Kraft und Zeit aufwenden. Schon mit 14 Jahren hatte er auf den Bettenstationen in der Klinik auf seinem Akkordeon Weihnachtslieder für die Kinder gespielt.

Der Humanitas Verein, ursprünglich gegründet 1909 von den Freimaurern, wurde nach der Wende 1989 als Humanitas e. V. Förderkreis für körperlich behinderte Kinder neu ins Leben gerufen. Jetzt firmiert er unter dem Namen Humanitas e.V. Förderkreis für Körper-und Mehrfachbehinderte. Angeschlossen ist die Humanitas gGmbH mit über 240 Angestellten, die ein großes Spektrum sozialer Aktivitäten, wie Integrationskindergärten, Frühförderungen, Therapieangebote, Heimbetreuungen und Betreutes Wohnen anbietet.

1995 wollte Steffen symbolisch und aktiv etwas zurückgeben für die Fürsorge, die er als Kind 3 Jahre im Krankenhaus, der Behindertenschule und auch danach erfahren hatte.

Nur zahlendes Mitglied zu sein, war nicht seine Sache und so bot er dem Vorsitzenden aktive Unterstützung an. Er fuhr Behinderte zu Veranstaltungen, Weihnachtsfeiern und zum Rollstuhltanz, der in einer Sporthalle trainiert wurde. Ein weiteres Aufgabengebiet war der Kontakt bei öffentlichen Präsentationen und als Delegierter zu Fachtagungen und Wahlen bei übergeordneten Verbänden. Seine Aktivitäten wurden auch bei einem Jahresempfang für ehrenamtliche Helfer beim Oberbürgermeister der Stadt gewürdigt.

Für die nächsten anstehenden Vorstandswahlen erklärte er sich bereit, dort mitzuarbeiten. So beteiligte er sich u.a. aktiv bei den Vergabeausscheiden für die Betriebe beim Bau eines neuen Behindertenwohnheimes und bei der Organisation und Durchführung des jährlichen Sommerfestes des Vereins. Für diese seine Aktivitäten erhielt er eine persönliche Anerkennung des Bundespräsidenten Johannes Rau. Diese Veranstaltung fand im ehemaligen Plenarsaal des Bundestages im Alten Wasserwerk Bonn statt.

Ein größeres Vorhaben war es, den 100. Jahrestag seit Gründung des Humanitas e.V. vorzubereiten. Es war zunächst die Aufgabe gestellt, mit 22 Problem- Jugendlichen, die wieder in eine normale Arbeitswelt eingegliedert werden sollten, eine Chronik für den Humanitas e.V. zu erstellen. Diese Arbeits- Beschaffungsmaßnahme (*ABM*), wurde federführend im Schulungszentrum einer IT Firma durchgeführt. Zunächst galt es aber, alle verfügbaren verstreut und völlig ungeordnet an verschiedenen Stellen gelagerte Unterlagen aufzuspüren, zu sichten und nach Zeitachsen zu sortieren. Die Anleitung und Betreuung der Jugendlichen im Rahmen der ABM übernahmen zwei sehr engagierte Betreuerinnen. Steffen war der Ansprechpartner und Betreuer seitens Humanitas.

Nur zäh und schleppend ging die Erfassung der Daten in die Informationstechnik voran. Die Mehrheit der Jugendlichen, die auch viel Schulung für die Computeranwendung erhielten und etwas über das Vereinsleben und Betreuung der Behinderten kennen lernen sollten, hatte bald „keinen Bock mehr" mitzuarbeiten. In den letzten Wochen der halbjährlichen Maßnahme waren nur noch 8 von 22 an der Mitarbeit interessiert. Steffens Frage an die nicht gerade glückliche Anleiterin, was gegen diese Faulheit zu tun ist, da nach Information auch noch über 500,-€/Monat an jeden gezahlt wurden, konnte sie nur mit Aussagen zur Ohnmacht beantworten. Der Schreibaufwand, die Rückfragen, die Ansprache zu jedem der Verweigerer und die einzelnen Vorgänge in Verbindung mit den Ämtern, waren objektiv nicht zu bewältigen. So erhielten die Faulen einige Monate Geld für das Nichtstun.

Aus anderen, noch später zu erläuternden, Fakten hatten zwei bedauernswerte, hauptamtliche Mitarbeiter des Vereins die Kündigung erhalten. Die hochmodern gekleideten, mit dem Auto vorfahrenden Jugendlichen, erfuhren verständlicherweise durch diese Mitarbeiter auch keine Unterstützung mehr.

Ein Jahr vor dem Vereinsjubiläum wurde eine weitere ABM- Maßnahme gestartet. Wieder mit IT- Schulungen und dem Ziel, die verfügbaren Unterlagen als Humanitas-Archiv zu erfassen und eine Präsentation zu erstellen. Steffen hatte einen Tag/ Woche für die Betreuung des Vorhabens fest eingeplant. Die 21 ABM- Leute waren zwischen 25 und 55 Jahre alt und hatten alle einen Berufsabschluss. Hier waren es die zwei Anleiter, die gefühlt eine längere Zeit vor dem Schulungszentrum standen, um zu rauchen, anstatt mit ihren Leuten zu arbeiten.

Steffen fühlte sich bei seinen Besuchen in die Zeit des Beginns seiner Tätigkeit im Bereich des Anlagenbaus zu DDR- Zeiten versetzt. Die Pausenzeiten wurden von den Teilnehmern mehr als ausgedehnt und die privaten Erledigungen und Raucherpausen hatten wohl auch Priorität. Steffen erzählte darüber bei Humanitas und im Bekanntenkreis, dass sicher die Hälfte der ABM- Teilnehmer, die laut Aussage mehr als 900,-€ im Monat für 6 Monate Dauer erhielten, es überhaupt noch nicht verstanden haben, was für eine kontinuierliche Arbeit notwendig ist. Andere wiederum taten ihm wirklich leid, dass sie trotz ihres Wissens und Fleiß keine Aussicht auf einen Arbeitsplatz erhalten werden. Eine Frau, 55 Jahre und sehr engagiert beklagte das und merkte an, dass sie sich sicher von ABM- zu ABM- Maßnahme bis zur Rente durchkämpfen muss.

Fakt war letztendlich, dass die Chronik wiederum nicht fertig gestellt war. Steffen engagierte privat einen jungen Mann aus der ABM- Gruppe, um mit ihm gemeinsam die Chronik fertig zu stellen. Der finanzielle Aufwand konnte teilweise über einen minimalen 3-Monatsvertag von Steffen mit dem Humanitas Verein kompensiert werden. Schade, dass solch ein junger Mann mit so wertvollen IT-Kenntnissen einen adäquaten Arbeitsplatz auch nach vielen Jahren nicht gefunden hat.

Die Präsentation lief dann als Dauerschleife im Festzelt zur 100 Jahrfeier und wurde als Geschenk an Interessenten und an, sich in dem Verein verdient gemachte Personen und Gäste, überreicht.

Noch einige Jahre wirkte Steffen aktiv im Vorstand des Vereins mit und ist Mitglied geblieben. Er würde seine Erfahrungen für Einzelaufgaben trotz seiner Hörprobleme weiter zur Verfügung stellen. Die wiederholten Anfragen, ob er wieder im Vorstand mitarbeitet, kann er leider nicht mit ja beantworten.

Der Humanitas- Verein beschloss ein neues Wohnheim für mehrfach behinderte Jugendliche und Erwachsene zu bauen. Über die Verbände, die Stadt und das Land Sachsen wurden Fördermittel in Höhe von 6,3 Millionen € beantragt und bewilligt. Steffen war bei den Ausschreibungen für die verschiedensten Baumaßnahmen und Ausrüster mit anwesend. Da, nach staatli-

chen Vorgaben immer nur der billigste Anbieter den Zuschlag für die Realisierung erhalten darf, prophezeite Steffen schon zu Beginn, die noch während Realisierungszeit eintretenden Pleiten von 1-3 Firmen. Zwei Firmen hat
es dann getroffen. Ein Bauleiter, der ständig vor Ort war, wurde leider nicht
bewilligt. Der Architekt engagierte sich und suchte operativ nach effektiven
Lösungen, um den Termin der Inbetriebnahme einzuhalten. Sein positives
Engagement wurde Humanitas zum Verhängnis. Rechtsanwälte sicherten
sich nach Fertigstellung des Hauses die Insolvenzrechte der Pleitefirmen und
stellten extreme Nachforderungen. Obwohl die Gesamtbausumme nicht ausgeschöpft war, war der Vorgang für die staatlichen Geldgeber abgeschlossen. Humanitas als Bauherr scheute richtigerweise, kostenintensive Gutachten um strittigen Kosten nicht noch zu erhöhen. Um die Beträge aufbringen
zu können, wurden zwei hauptamtliche Mitarbeiter entlassen. Ein Baustein
war gegeben, um an dem sogenannten Rechtsstaat zu zweifeln.

Eine Mitgliedschaft und innere Verbundenheit zu dem Humanitas e.V.
wird bei Steffen erhalten bleiben.

Freiheit, neuer (Un) Rechtsstaat, Abgasskandal

Steffen ist zu dem eindeutigen Ergebnis gekommen, dass das Leben in der 1990 erweiterten Bundesrepublik wesentlich angenehmer und erfolgreicher ist als das in der DDR. Damals war seine Einstellung nicht staatsfeindlich, aber sehr kritisch. Er kann nur hoffen, dass solche politischen Verhältnisse endgültige Vergangenheit sind, muss aber auch hinnehmen, dass es im für ihn nunmehr nicht mehr neuen politisch, wirtschaftlichem System „schreiende" Ungerechtigkeiten gibt. In seinem Umfeld spricht man nicht vom Rechtsstaat, aber von einem „Rechtsanwaltstaat".

Blauäugig vertraut hat Steffen, aber auch Bürger aus den alten Bundesländern, nach der Wende den Immobilienhaien, den Finanzberatern, den Kaffeefahrtabzockern und anderen Unternehmungen.

Unrecht ist und bleibt, wenn ein Bauunternehmer Familien beim Hausbau um das lebenslang Ersparte bringt, weil er pfuscht, dann Pleite geht und ein anderes Familienmitglied dann die Firma weiter führt, als wäre nichts gewesen.

Steffen hat sich auch an einem geschlossenen Immobilienfonds zur Errichtung eines großen Parkhauses beteiligt. Der vielversprechende Vertrag wurde, kurz vor Fertigstellung von Seiten des Bauausführenden durch Flucht ins Ausland mit Millionenbeträgen, hinfällig. Ein vom Gericht bestellter Verwalter hat die rund 150 Eigentümer wiederum ungestraft betrogen. Ein Rechtsanwaltbüro überredete viele Geschädigte, dass es eine Musterklage führt. Nichts, außer Tausende von Mark zu kassieren, haben diese Herrschaften zu Wege gebracht.

Als Alternativlösung wollte Steffen sogar für die als Vermittler des Parkhausbaues auftretende Firma Capital Conzept arbeiten. Die aggressiven Verkaufsschulungsmethoden und die Art, wie neue Kunden abgezockt wurden, hat Steffen nach kürzester Zeit angewidert und von dieser Arbeit Abstand nehmen lassen. Das gleiche Unternehmen vermittelte sogar zu Projekten, die mit staatlichen vermögenswirksamen Leistungen gefördert wurden. Diese Projekte, wurden nach der Täuschung der vielen zahlenden Bürger in die Insolvenz getrieben. Erstaunlich, Vater Staat interessierte sich nicht für sein Geld. Für das Betreiben des Parkhauses zahlen die Eigentümer noch nach über 20 Jahren, obwohl jeder Parkplatz schon über 20000,-€ Verlust gebracht hat. Vermittelt wurde auch gleich eine Bank als Kreditgeber, die natürlich bei 12,6% Zinsen der große Gewinner war. Die vertraglich zugesicherten monatliche Ausschüttung 100,- DM/ Monat für weitere 5 Jahre, war nachdem sich der Bauherr angeblich mit 4,7 Mio DM ins Ausland abgesetzt hatte, auch vom Winde verweht.

Die bis vor kurzem bestehende Meinung, dass offene Immobilienfonds sichere Anlagemöglichkeiten sind, hat sich auch als unwahr erwiesen. Über manch andere widerliche Rechtsprobleme wurde schon in anderen Zusammenhängen berichtet. Eines beschäftigt Steffen, obwohl er nicht betroffen ist, es ist das Rentensystem. Nicht so sehr die immer wieder von der Regierung versprochene Rentenanpassung Ost/West, als vielmehr die Ausgrenzung in der DDR geschiedener Frauen. Man spürt förmlich, wie eine Regelung ignoriert wird und man die Todeslösung abwartet. Berechtigt sind die Gedankensprünge, dass für Bankenrettung und Auslands- und Ausländer Kriminalitätsbekämpfung Milliarden von Euro verfügbar sind, aber für die wenigen Frauen keine Rentenanpassung erfolgt. Diese Art von Kriminalitätsbekämpfung stellt sich mehr als kostenintensive Kriminalitätsverwaltung dar.

Bei Diskussionsrunden im Freundes- und Bekanntenkreis über die immer neuesten Möglichkeiten, wie „der Staat" hauptsächlich den sogenannten Normalbürger zur Kasse bittet, sagt Steffen dann oft, dass sich seit dem Mittelalter dazu nicht viel geändert hat. Schon die damals Herrschenden haben ihre Vasallen ausgeschickt, um immer neue Steuern einzutreiben. Nichts anderes passiert heute, wenn Steuern und Abgaben massiv erhöht werden. Es ist schon manchmal bewundernswert mit welchen Begründungen und in welchen Zeitfenstern, unliebsame Reformen eingeführt werden. Die Zeitfenster können die Urlaubszeit, nach Neuwahlen oder sportlichen Großereignissen sein oder man nutzt eine lange Konfrontationszeit, um die Bevölkerung langsam darauf einzustimmen. Positives wird natürlich vor Wahlen eingebracht.

Ein Beispiel, wie die Völker der Europäischen Union systematisch mit Duldung der Regierungen, die den Lobbyismus für die Automobilwirtschaft nicht in die Schranken weist, betrogen und „an der Nase herumgeführt" werden, soll stellvertretend dargestellt werden. Steffen hat sich ein Auto gekauft, das nach Verkaufsangaben im Drittelmix 5,3 Liter Diesel/ 100 Km verbrauen soll. Trotz moderater Fahrweise und allen Vorgaben und Empfehlungen zu einer Sprit sparenden Fahrweise, liegt der Verbrauch bei 8,3 Liter.

Bevor Steffen Klage einreichte hat ein Kfz-Meister verkündet, dass das Fahrzeug bei der Fahrt, je ein Drittel über Landstraße, Autobahn und Stadtstraßen einen Verbrauch von 6 Liter hat, wenn er nicht über 100 Km/Std auf der Autobahn fährt. Das Ergebnis war ein Verbrauch von 7,24 Liter/100 Km.

Der Klageantrag führte zu einer offiziellen gerichtsverwertbaren Prüfung beim TÜV Lausitz.

Bei Kenntnis der erläuterten Prüfbedingungen nach EU-Norm war Steffen schon klar, dass es für ihn zu keinem verwertbaren Anklagepunkt kommt. Das Fahrzeug wurde auf dem Prüfstand 16 Stunden in einem vollklimatisierten Raum bei 23,5 °C und einer Luftfeuchtigkeit von 42,5% vor der eigentlichen Prüfung stationiert. Alle Verbraucher wie Klimaanlage, Gebläse, Sitzheizung, Beleuchtung, Radio u.a. wurden ausgeschaltet. Als Fahr- und Rollwiderstandswerte werden diese nach Herstellerangaben in das Computerprogramm eingegeben, also keine wechselnden und maroden Straßenbeläge beachtet. Keine Kurvenfahrt wird berücksichtigt. Es wurde ausgeschlossen, dass während der Prüfungsphase die Regeneration des Rußpartikelfilters, durch den Prozess steigt der Verbrauch um 0,3 bis 0,4 Liter/100 Km, stattfindet. Der Dieselkraftstoff wurde abgepumpt und ein hochreiner Kraftstoff, ein Liter kostet ca.5,-€, zur Prüfung verwendet. Steffen kommentierte, dass man eine Königin im weißen Hochzeitskleid hinter den Auspuff stellen kann und danach keinen Schmutzfleck sieht. Bei einem simulierten Fahrzyklus wurden in 20 Minuten 11 km, also eine Durchschnittsgeschwindigkeit von 33 km/h absolviert. Ab 10% über 5,3 Liter/100Km hätte eine Klage vor Gericht angestrebt werden können. Dass für die Prüfung noch ein Spezialgerät des Autoherstellers gebraucht wurde, der Regionalvertreter der Automarke mit anwesend war und nach 3 Tagen ein geänderter Computerausdruck für gültig erklärt wurde, hatte schon ein gewisses „Geschmäckle". Zunächst war ein Mehrverbrauch von 12 % dokumentiert, der plötzlich bei nur noch 8% lag. Fazit nach längerer Pause ist, dass Steffen ein Jahr vor dem Dieselskandal von VW diesen Problemen schon den Kampf angesagt hat, wobei es ihm vordergründig darum geht, dass auch bei anderen Automarken die falschen Verbrauchsangaben einem Mehrausstoß von Schadstoffen bringen.

Schlimmer empfindet er jedoch die betrügerischen, staatlich gestützt, zulässigen Falschangaben zum Kraftstoffverbrauch. Wenn Steffen an jedem Liter verkauften Kraftstoff den Hauptanteil verdienen könnte, würde er es sicher dem Staat gleichtun. Die ohnmächtige Wut zu diesem Thema ist mittlerweile aus der Gefühlswelt von Steffen gewichen, und so fährt er gern weiter mit seinem Auto, als immer noch das für ihn schnellste, komfortabelste und preiswerteste Fahrzeug in seiner Heimatstadt. Selbst, wenn zu den nächsten Nahverkehrsmitteln der Fußweg von derzeitig 25 Minuten verkürzt würde, möchte er darauf nicht verzichten. Eine seiner Hoffnungen im Alter ist, so lange wie möglich ein sicheres Fahrgefühl zu behalten.

Um die Abgaswerte in seiner Heimatstadt und in Deutschland zu minimieren, wird an allen möglichen Symptomen laboriert. An der Idee, kurzfristig Baumaßnahmen für Schnellstraßen, Tunnel und Technik an Ampelkreuzungen z.B. Grüne Welle, die den Verkehr flüssiger machen, scheinen die Verantwortlichen nicht ernsthaft zu arbeiten.

All die negativen, nur vielleicht nach „ständigen Kampf" sich ändernden Dinge, unterliegen im Volk der Gefahr der schleichenden Gewöhnung. Diese wird von den Konzernen und der Regierung bewusst ausgenutzt.

Vier Ebenen des Lebens, Kriminalitätsimporte, Gefahr der schleichenden Gewöhnung

So wie Steffen viele für ihn kritikwürdige Fakten aus der Zeit der DDR beschrieben hat, so kann er auch, die aus seiner Sicht veränderungsnotwendigen Dinge der Jetztzeit gedanklich nicht aus seinem Kopf bekommen. Warum er sich so intensiv mit den nachfolgend aufgeführten Themen beschäftigt, weiß er selbst nicht. Wahrscheinlich ist ein inneres Verantwortungsbewusstsein für die Zukunft seiner Kinder und Enkel, gespeist aus dem Wissen, um die negativen Ereignisse aus der Geschichte und sein Ärger über viele Politiker, die scheinheilig nur ein Komplexdenken vortäuschen. Erstaunlich ist schon, dass fast alle negativen Voraussagen, die in seinem Bekannten- und Freundeskreis schon vor längerer Zeit diskutiert wurden, erst zeitversetzt auch in den Köpfen der meisten Politiker abgeschwächt ankommen. Der Normalbürger kann sich einfach nicht vorstellen, woraus sich die Ignoranz dieser Verantwortlichen ergibt. Aber sicher sind es verschiedene Faktoren.

Eine derzeitige Befürchtung, sollte hoffentlich nicht eintreten. Der Kriminalitätsimport seit der Wende und die Flüchtlingsproblematik polarisieren in der Gesellschaft. Die sich selbst so fühlenden Gutmenschen, ganz grob gesagt grün- und links orientiert, hinterfragen nicht die damit einhergehenden Probleme der Kriminalität und zu den Kosten der Kriminalitätsverwaltung und der ansatzweise vorhandenen Kriminalitätsbekämpfung. Die radikal Rechten werden von den demokratischen Möglichkeiten, die Probleme zu lösen, nicht mehr überzeugt werden können. Wenn die derzeit noch regierenden Volksparteien dazu keine Programme mit gesetzgebendem Charakter durchsetzen, werden sie weiter die noch flexibel denkenden Wähler verlieren. Leider würde sich dann Geschichte in Richtung Rechtsextremismus wiederholen. Die Volksparteien, nach Steffens Verständnis, CDU/CSU, SPD und FDP haben doch das Land über Jahrzehnte vorteilhaft gut regiert.

Bei den vier Ebenen des Lebens könnte man auch von Interessensebenen sprechen.

Die erste und wichtigste Ebene für jeden Menschen ist die Grundsicherung eines materiellen Auskommens, also hauptsächlich des beruflichen Wirkens, die Altersversorgung, die Familie, die Schulen, der private Wohnbereich sowie die Gesundheit und medizinische Versorgung.

Die zweite Ebene umfasst den Gesamtbereich der sofort verfügbaren Medien, der Kultur, des Sportes, der Kirchen, der Mitgliedschaft in Vereinen und Verbänden und den freizeitlichen Angeboten im weiteren Wohnumfeld.

In diesen zwei Bereichen pulsiert das Leben, was von jedem Bewohner als unbedingt schützenswert ohne unliebsamen Ereignisse verlaufen sollte.

Die dritte Ebene ist das Wissen um das Geschehen im Bereich der Kommunal-und Länderaufgaben.

Die vierte Ebene ist der Bereich der Staatspolitik und Weltpolitik.

Die Hauptaufgaben der Verantwortlichen der dritten und vierten Ebenen müssen also sein, für seine Bürger das objektiv Beste ohne wesentliche Störung verlaufende Leben in der ersten und zweiten Ebene zu sichern. Dies scheint aber mit dem seit der Wende galoppierenden Werteverfall in unserer Gesellschaft immer mehr aus dem Focus derjenigen, die sich dafür wählen lassen, zu verschwinden.

Diese, so von der Mehrheit der Menschen gefühlt, befriedigen hautsächlich ihren Geltungs- und Autoritätstrieb und die Absicherung ihres zukünftigen eigenen Seins in der ersten und zweiten Ebene. Sie spüren selbst nicht, in ihrem geschützten Bereich lebend, die wahren Probleme.

Vorerst nur zwei Beispiele. Da wird sicher auch für gutes Honorar von sogenannten Experten verkündet, dass gerade in den östlichen Gebieten Deutschlands, wo kaum Ausländer leben, die Menschen sich besonders viel an oppositionellen Veranstaltungen beteiligen und keine etablierte Partei wählen. Man hat das Gefühl, dass diese Prominenten nur von mittags bis 12 Uhr denken und dafür keine Ursachen erkennen. Dieses Gefasel ist so absurd und gibt den Bewohnern noch mehr die Gewissheit, recht zu tun.

Kurz nach der Währungsunion *(DDR- Mark war abgeschafft)* überzog eine Welle von Einbrüchen in Sparkassenfilialen das Gebiet der scheidenden DDR. Der Kunstraub in den Museen hatte ein großes Ausmaß angenommen. Die ehemalige Volkspolizei war nach massivem Personalabbau nicht mehr in der Lage darauf angemessen zu reagieren. In der DDR waren solche kriminellen Aktivitäten kein Problem.

Von einer Firma, die das sechste oder gar achte Mal von ausländischen Kriminellen um ihren Werkzeug- und Großmaschinenpark „erleichtert" wurde, und die Polizei im Zugriffsrecht auf die Verbrecher eingeschränkt ist, erhalten die Bewohner in einem sehr großen Einzugsbereich Kenntnis. Es bedarf nicht eines ausländischen Bewohners oder Asylbewerbers, um die Erkenntnis zu bestätigen, die schaffen das nicht und die Absurdität des Slogans „Wir schaffen das".

Viele der Erwachsenen in der Großstadt scheuen sich, abends mit öffentlichen Verkehrsmitteln zu fahren und verzichten lieber auf die Befriedigung kultureller Interessen. Allein schon die gefühlte Situation an belebten „Brennpunkten" lässt jeden Normalbürger ängstlich um sich blicken. Ständige Polizeipräsenz und ein Kontrolleur (*vgl. Straßenbahn in Amsterdam*) wären sicher eine, wenn auch nur, Symptomlösung. Die Ursachen bekämpfen können nur die an den Machthebeln Sitzenden der ersten und zweiten Ebene.

Das derzeitig, wir schreiben das Jahr 2017, die Nation berührende Thema Kriegsflüchtlinge, Asylproblematik und Ausländerkriminalität emotionslos und voll umfassend zu beschreiben, ist absolut nicht möglich. Aber Steffen versucht Gedankenlinien zu schildern, wie er sie leider in allen Massenmedien und vor allem in den sogenannten Talkrunden nicht erlebt.

Erschwerend bei den Talkrunden im Fernsehen kommt hinzu, dass sich viele der Teilnehmer deutscher Parteien und türkischer Vertreter und Verbände völlig undiszipliniert verhalten und ständig versuchen, den momentan sprechenden sofort aus dem Konzept zu bringen und zu überstimmen. Sie vertreten oft nur extreme Meinungen, die sie aber den extrem Rechten oder Linken natürlich richtigerweise absprechen wollen. In allen Sendungen, bis auf eine Ausnahme, sitzen die meist Streitenden rechts und links vom Talkmeister(in). In nur einem Fall steht der Gesprächsführer vor seinen 5 oder 6 sogenannten Themenspezialisten. So hat er die Gesprächskultur, wenn auch mit viel Anstrengung, einigermaßen von Angesicht zu Angesicht unter Kontrolle, es sei denn eine Gesprächsteilnehmerin, meist grün oder rot, lässt ihn durch ständige Zwischenreden dazu auch keine Chance.

Bei dieser Thematik kommt bei Steffen, abschweifend zur in Rede stehenden Problematik die Frage auf, ob in allen Schulen nicht doch hauptsächlich im Frontalunterricht gelehrt werden sollte, und ob der Lehrer noch den effektiven Überblick behält, bei fast chaotischer Sitzordnung der Schüler. Die dauerhaft verdrehte Körperhaltung der Kinder und Jugendlichen in Richtung Lehrer wird wohl auch von den Orthopäden nicht gern gesehen. Wie schön muss es sein, wenn man sich im Unterricht, ohne direkt vom Lehrer beobachtet zu werden, selbst ablenken kann! Die Effektivität der gruppenweisen Sitzanordnung schließt sich bei bestimmten Aufgaben natürlich nicht aus.

Immer öfter dokumentieren die Fernsehsendungen den Fortgang des allgemeinen Werteverfalls in unserem Land. Einer Bundesvorsitzenden der Grünen und anderen Politikern der Grünen und Linken müsste man bei ihrem oftmaligen realitätsfremden Gerede zur Kriminalitäts- und Ausländer-problematik das Wort verbieten, damit sie nicht noch mehr Bürger in die Hände der Rechten treiben. Leider ist das denen nicht bewusst, welches Eigentor sie schießen. Damit kein undemokratischer Eindruck entsteht, muss auch betont werden, dass in diesen Parteien auch realitätsdenkende Frauen und Männer wirken.

Jahrelang produzieren sich den noch an Politik interessierten Bürgern immer wieder in den Medien dieselben Personen. Da fragen oft auch Journalisten ihre Berufskollegen statt einmal ausführlich Bürger. Die letztendlich ins Leere laufenden gebetsmühlenartig vorgetragenen Diskussionsbeiträge bringen selten Neues, und so ist die beste Lösung „umschalten oder aus". Die immer wieder gestellte Frage, was eigentlich die Mehrheit der Bevölkerung beschäftigt, wurde bisher weder verbal noch in den gedruckten Medien umfassend, effektiv und wahrheitsgetreu beantwortet. Fast alle mitdenkenden Bürger im Bekannten- und Verwandtenkreis von Steffen sind der Meinung, dass eine völlig falsche, nennen wir es sehr vereinfacht, katastrophale „Ausländerpolitik", betrieben wird.

Natürlich sind auch Themen wie schnell verfügbarer Internetanschluss, Rentenreformen, Bildung, Steuergerechtigkeit und sozialer Wohnungsbau wichtig. Erstaunlich, dass zum Thema kurz- und mittelfristige Kriminalitätsbekämpfung immer nur kleinste Schritte ansatzweise erwähnt werden. Eine weniger als halbherzige Realität ist objektiv sichtbar. Die Gedanken, Ängste, Lösungsvorschläge in der Mehrheit der Bevölkerung sind so vielschichtig, dass es nicht möglich ist, sie symbolisch wie an einem roten Faden durchziehend zu beschreiben. Es ist wie ein Irrgarten, man steht mittendrinn und sucht nach Auswegen. Deshalb nachfolgend einige Beispiele.

Nach über 25 Jahren Deutsche Einheit behaupten sogenannte Spezialisten, dass es im Osten keine Erfahrung mit Ausländern gibt und deshalb eine so starke Protestbewegung (Rechte und Pegida) entstanden ist. Es wird also suggeriert, dass alles halb so schlimm ist und nur der OSSI nicht mit den Problemen umgehen kann. Ist es aber nicht so, dass die Altbundesbürger durch, die schleichend über sie gekommenen Situationen, anfangs gab es nur engagierte Gastarbeiter, aus Gewohnheit in Protestabstinenz gefallen sind? Die DDR Bürger waren auch Jahrzehnte in ihre negative Situation gewohnheitsgemäß hinein gewachsen, ohne gleich zu protestieren. Man hatte sich an die Missstände, z.B. Zerfall der Bausubstanzen, allmählich wie die Altbundesbürger an die Probleme mit Ausländern gewöhnt. Wenn dann bei Demonstrationen die Forderung gezeigt wird, „wir wollen keine Verhältnisse wie in westdeutschen Städten", so ist dies Ausdruck von Weitsichtigkeit, nicht von Unerfahrenheit, nicht von Rechtsradikalismus und nicht zu verurteilen. Die Ostdeutschen, gerade diejenigen aus den Gebieten an den Ostgrenzen lassen seit Jahren Crashkurse der Ausländerkriminalität über sich ergehen. Da werden seit Jahren Firmen verschiedenster Art mehrfach ausgeraubt. Die Autodiebstähle die bei ca. 100/Tag in Deutschland liegen, haben in den ersten Jahren der Wiedervereinigung hauptsächlich die ostdeutschen Städte getroffen. Fahrraddiebstähle betrafen ebenfalls die ostdeutschen Länder und speziell die Großstädte mehrheitlich. Ende 2015 wurde gemeldet, dass sich in den baltischen Staaten 1,2 Millionen, der in Deutschland gestohlen Räder befinden. Marodierende Banden, die hauptsächlich aus dem südosteuropäischen Raum stammen und neben Wohnungseinbrüchen hauptsächlich in Einfamilienhäusern räubern, nehmen von Jahr zu Jahr zu. 460 Wohnungs- und Hauseinbrüche jeden Tag werden in Deutschland gemeldet. Zweimal durfte auch Steffen schon den Aufbruch seines Autos und den Diebstahl seines Navigationssystems der Polizei melden. Sie sind mit Sicherheit im Ausland gewinnbringend verkauft.

Die Wut der Bürger wird genährt, wenn er immer öfter zur Kenntnis nehmen muss, dass verlangt wird, seine Wohnung zum Sicherheitstrakt oder sein Haus zur Festung auszubauen. Eine Zeitungsüberschrift: „Junkies und Banden: Polizei rät zum Einbruchsschutz". Warum wird der Bürger zusätzlich zur Kasse gebeten, nur weil eine Vielzahl von einflussreichen Politikern die Ausländerkriminalität nicht in den Griff bekommen oder überhaupt wahr haben wollen. Die Lobbyisten aus dem großen und wachsenden Bereich Sicherheit und Sicherheitstechnik leisten im Bundestag wahrscheinlich hervorragende Arbeit. In schmalzigen Reden und in manipulierten Artikeln wurde längere Zeit das widerliche Argument zur Entschuldigung herangezogen, dass es in Deutschland auch Kriminelle gibt.

Steffen hat dann immer in Gesprächen mit anderen bemerkt, dass es natürlich eigene Kriminelle gibt. Niemand kann und hat jemals verlangt, dass wir diese Leute exportieren. Wir müssen schon selbst mit denen fertig werden. Wir dürfen aber auch keinen zusätzlichen Kriminalitätsimport dulden. Über 60% dieser Verbrechen von eigenen Landsleuten geschehen wegen Drogenbeschaffung. Ja, woher kommen denn die fast 100% der Drogen? Aus dem Ausland. Damit steht auch hier Auslandskriminalität als Ursache fest.

Die Anschuldigung von „Lügenpresse" sollte unterbleiben ohne dabei zu übersehen, dass eine oft schönfärbende Manipulation aktiv betrieben wird.

In Artikeln war aber meist bei Schilderungen von Kriminalfällen nur mit Altersangabe des Mannes und nicht der Nationalität die Rede. Eine Zeit lang, nach den Silvesterereignissen in Köln, war und ist oft noch von handelnden südländischen Typen die Rede. Jetzt gibt es wieder eine Phase, in welcher oft keine Herkunftshinweise zu lesen sind. Südländischer Typ, welche Zartheit steckt in dieser Bezeichnung, etwa die „Zwei kleine Italiener", wie im Lied aus den 50-er Jahren? Ganz moderat wird versucht, Meinungen über die Ausländerkriminalität flach zu halten.

Leider negativ ergänzt und aktiviert wird das Thema noch vom Menschenhandel, z. B. ausländische Prostituierte, von ausländischem Tierhandel z.B. Hunde, von übervollen Angeboten von Warenplagiaten, von Medikamentenschmuggel, von Zigarettenschmuggel, von Scheinehen und ausländischen Mafia Organisationen in der Altenpflege, von übergroßen kriminellen Familienclans, und von Parallelgesellschaften mit eigenen Rechtverständnis. Das ungestrafte Wirken von Hasspredigern (*Iman*)zur Bekämpfung unseres Staates ist für die meisten Bürger ein unfassbarer Skandal.

All diese vorgenannten Negativitäten wirken also schon seit mehr als zwei Jahrzehnten massiv auch in den neuen Bundesländern. Die Anzahl der Polizeibediensteten wurde trotzdem gesenkt. Die Aufklärungsquote aller Straftaten konnte leider nur unbedeutend gesteigert werden. Ein Bürgermeister (Linker) der Stadt hat tatsächlich dokumentiert, dass eine berüchtigtes Straßenviertel, im Sprachgebrauch der Bevölkerung als Kleinbagdad bekannt, nicht stigmatisiert werden darf. So die Aussage, "es ist eine Straße wie jede andere". Einige Tage später berichtet eine Bekannte, die ihren Enkel dort zur Sporthalle zum Handballtraining begleitet hat und auf einer Bank wartet, dass innerhalb von 90 Minuten 6 Polizeiautos Streife gefahren sind und trotzdem unzweifelhaft der Drogenhandel aus vorfahrenden Autos, die die Polizeipausen nutzten, florierte. Nur wenige Monate später, nachdem der Bürgermeister (*nicht der OB*) diesen Unsinn von sich gab, ist diese Straße und das Wohngebiet europaweit als Kriminalitätshochburg mit ausländischen Bandenkriegen und Familienkämpfen und leider auch Todesfällen bekannt. Den ignoranten Bürgermeister gibt es aber immer noch! Die Konfliktfälle häufen sich.

Da wird polemisiert, dass man weitere Parallelgesellschaften verhindern muss. Keiner der Verantwortlichen hat darauf jemals die Antwort gegeben, wie? Im Nordwesten der Stadt bildet sich schon jetzt ein neues „Kleinbagdad II". Unzweifelhaft, an einer großen Hauptstraßenkreuzung sind viele arabisch geführte Geschäfte und Spielotheken angesiedelt und werden ständig mehr. Auch Steffen und seine Frau essen dort gern einen Döner beim netten Türken. Da in relativer Nähe von diesem Wohngebiet noch drei Flüchtlingszentren eingerichtet sind, wird garantiert in Zukunft dort ein weiteres Problemgebiet entstehen. In Rede steht auch der Bau einer Moschee in nur wenige hundert Meter Entfernung. Bei dieser Blauäugigkeit der Verantwortlichen darf man sich über Proteste nicht beschweren und sollte den aufmerksam Engagierten, statt sie gleich als Ausländerfeinde zu beschimpfen, dankbar sein. Gibt es keine Gewerbeaufsicht, die solch verdichtete Geschäftsansiedlungen verbieten kann?

Ein weiteres Thema, was einen Bürger in diesem Land erzürnt ist die Tatsache „Ohnmacht der Polizei". Sie ergreift Täter und nach Wochen, Tage und manchmal Stunden und muss sie erneut respektvoll zu den neuen Straftaten im Polizeirevier befragen. Vom respektlosen Umgang, den die Polizistinnen und Polizisten ertragen müssen, ist dieser Zustand nicht nur für sie, sondern auch für alle mitdenkenden Bürger unerträglich. Wenn wieder ein Artikel über einen Auslandskriminellen in der Zeitung steht, orientiert sich Steffen sofort auf die letzten Sätze und muss meist, nunmehr schon schmunzelnd zur Kenntnis nehmen, dass der Rückfalltäter schon polizeibekannt ist. Bei wem kommt da nicht der Gedanke, sofort raus mit dem oder denen aus Deutschland?

Steffen hat das aggressive Verhalten von Bürgern gegen die Polizei miterlebt. Vor 20 Jahren wollte Steffen zwei Berufskollegen, die erstmalig die Stadt besuchten, am Abend gegen 19 Uhr das Stadtzentrum zeigen. Die Hauptgeschäftsstraße war mehr als sonst belebt. Er glaubte, dass die Rollbrettfahrer ein Fest feiern. Nach ungefähr 50m kamen den drei Männern Jugendliche entgegen und traten mit ihren Stiefeln zunächst die zwei Kollegen in die Kniekehlen und Oberschenkel. Steffen drehte sich und wollte mit sächsischem Dialekt bitten, dies zu unterlassen. Daraufhin wurde auch er massiv getreten und als er sich erneut umdrehte, erhielt er mit einem Schlagring einen brutalen Schlag auf die Unterlippe, ging zu Boden und eine Blutlache bildete sich schnell. Am Boden liegend, nach kurzer Orientierungslosigkeit, war der erste Gedanke, schnell eine Hockstellung einzunehmen und das Gesicht schützen. Durch seine steifen Hüftgelenke war eine schützende Hockhaltung leider nicht möglich. Kurz danach waren zwei Polizisten vor Ort. Diese fragten natürlich nach der Täterbeschreibung. Der über 1,90m große junge Mann, der mit einem schwarz- weiß karierten Schal und karierter Mütze bekleidet war, war natürlich verschwunden. Aber die Polizei verdächtige und befragte noch andere. Diese, erkennbar mit Betäubungsmitteln gedopt, nahmen ihre Hände an die Seite und bedrängten die Polizisten mit massiven Schulterstößen. Selbst in ihrem Drogen- oder Alkoholzustand hatten sie ja nicht die Hände gegen die Staatsdiener erhoben. Nach diesen Aktionen und den Verbalattacken blieben die Polizisten bewundernswert ruhig. Für sie schon das Selbstverständlichste der Welt, sich beschimpfen, beleidigen und körperlich attackieren zu lassen. Verbandszeug war keines im Polizeiauto. Im angeforderten Rettungswagen erfolgte die erste Wundversorgung und in der Klinik wurde die Wunde mit 13 Stichen genäht. Die erste Reaktion der Kollegen aus Baden-Württemberg war, diese Stadt hat sich für uns erledigt, was sicher nachvollziehbar ist. Am nächsten Morgen hat Steffen die Stelle, an der er KO gegangen ist, besichtigt. Die Blutlache konnte man nicht übersehen. Eine Polizistin, sie hatte die ganze Nacht dort Dienst, erkannte Steffen wieder und erklärte, dass dies eine vom Stadtrat genehmigte Mahnveranstaltung der Hausbesetzer-, Aussteiger-, und Linksextremistenszene der Stadt ist. Das da mitten in der Hauptgeschäftsstraße Zelte zum Übernachten standen, Lagerfeuer branden und viele Stellen für Menschen und Hunde zur Notdurft reichten, ist also ganz normal. Steffen meinte auch, dass nach solchen Gewalttaten zum Schutz der Bürger solche „Veranstaltung" polizeilich sofort aufgelöst werden müsste. Das schon, aber „uns sind die Hände gebunden", beschweren sie sich bitte bei der Stadtverwaltung war die Antwort.

Eine Woche Dienstausfall und niemals eine zufriedenstellende Heilung waren und sind die Folge des völlig überraschenden Straßenüberfalls. Eine für Steffen große Lächerlichkeit folgte Wochen später. Er sollte anteilig den Krankentransport bezahlen. Die Rechnung schickte er mit einem Bericht an seine Krankenkasse, sie möchte sich bitte das Geld vom Stadtrat holen.

Leider wird auch 20 Jahre später in den Medien auch über große" rechtsfreie Bereiche" in den Großstädten berichtet, wo die Polizei nur noch hinter imaginären Vorhängen steht.

Steffen geht heute nicht mit Angst, aber immer mit dem Gefühl, besonders aufmerksam sein zu müssen, wer da wohl in seiner Nähe ist, durch die Straßen. Diese „linke Bewegung" ist in 20 Jahren weiter gewachsen, agiert jährlich mit massiven Schäden verursachenden Aktionen, die immer stärkeren Polizeieinsatz erforderlich machen. Schade, dass die Stadtverantwortlichen diese Szene und die brutalen rechten „Antworten" darauf nicht in den Griff bekommen. Geht natürlich auch nicht, da die lasche Strafgesetzgebung in diesem Land dies gar nicht zulässt. Die ist übrigens auch ein Faktum, was viele Bürger ggf. nach „einem starken Mann" rufen lässt. Fast täglich werden ganz normale Bürger, besonders aber ältere Frauen und Männer, ja sogar behinderte Menschen im Rollstuhl überfallen. Die Brutalität und die geringe Ausklärungsquote hat ständig zugenommen. Das ist verständlich Nahrung für die Rechtspopulisten und beschäftigt die Bürger auch mit der im Zusammenhang ständig steigenden Ausländerkriminalität. Die Ohnmacht des Staates dagegen und die im Gegenstrom sich etablierende Rechte lässt die Mehrheit der Bürger nur ohnmächtig diskutieren und schimpfen.

Nachdem schon seit der Wende bestehenden, aber nur ansatzweise beschriebenen Problematik, verschärfte sich die ganze Sache mit der großen Kriegs- aber hauptsächlich Wirtschaftsflüchtlingswelle. Sie ist aber nicht, so glaubt Steffen, das zentrale Problem.

Vorausschickt muss zunächst werden, dass die skandalösen Todesfälle der Flüchtenden an Land und auf dem Meer ein wirklicher Ohnmacht auslösender Vorgang sind. Trotzdem muss der aufkommende Frust in der Bevölkerung nicht nur zur Kenntnis genommen werden, wenn sie die mehrheitlich gut gekleideten jungen Männer mit ihrer elektronischen Ausstattung auf Booten ankommen sehen. Zu hinterfragen ist auch, wie sie bei ihrer angeblichen Armut 5-15000,-€, so Medienberichte, an die Schleuser zahlen können. Mit diesem Geld könnte man als Familie längere Zeit in afrikanischen Staaten leben. Als wiederkehrende Begründung wird dann angegeben, dass in den Großfamilien Geld gesammelt wird und dann die jungen Männer, in Erwartung späterer materieller Unterstützung, nach Europa geschickt werden. Für sie besser noch wäre der Nachzug der ganzen Familie. Fast, so schnell wie die Aussage sich in der Welt verbreitet hat, dass alle bei uns willkommen sind, Kriminelle wurden damit auch herbeigerufen, könnte auch die Nachricht, dass afrikanische und südosteuropäische Sozialflüchtlinge nicht willkommen sind und abgewiesen werden, die Bewegung bremsen.

Dann wurde noch polemisiert, dass gerade wir Deutschen auch Flucht und Vertreibung kennen. Auch Steffen hat in seinem Bekanntenkreis Menschen, die ohne genauer darüber nachzudenken, sich so äußerten. Steffen argumentierte, dass es eine Anmaßung ist, so zu sprechen und die Mütter, die damals mit ihren Kindern flüchteten, eigentlich damit gedanklich nachträglich beleidigen. Es waren damals über neun Millionen mehr, die bei den Flüchtlingsströmen ständig damit rechnen mussten, beschossen zu werden. Sie haben nur Leid und Elend, zerstörte Städte und Dörfer, Tote am Wegesrand erlebt. Wie versorgten wohl in dem Winterhalbjahr die Mütter ihre Kinder mit Nahrung und warmer Kleidung? Sie hatten keine gesunden jungen Helfer, die mit Sorge tragen und die Utensilien transportieren konnten. An ihrem gewählten oder zugewiesenen Zielort angekommen, wollte man die Ostflüchtlinge trotz der gleichen Sprache und kulturellen Übereinstimmung auch nicht haben. Symbolisch kann man sagen, diese hungernden Frauen und Kinder hatten den Krieg zweimal verloren. Millionen, die in ihrer Heimat den Krieg überstanden hatten, wurden, nachdem sie Hoffnung geschöpft hatten, durch die neuen Machthaber brutal vertrieben. Sie wurden nicht mit einem Paket mit weißer Wäsche, Sanitärutensilien und einem Bett empfangen, täglich ausreichend verpflegt und konnten sich nicht in geheizten Räumen aufhalten. Sie hatten auch keine Möglichkeit mit ihren Lieben zu kommunizieren. Die Artmutsjahre nach dem Krieg mussten auch noch von den meisten Kriegswitwen und ihren Kindern überstanden werden. Selbst in der reichen Bundesrepublik hat es bis in die 50-iger Jahre noch Holzbaracken- Massenunterkünfte gegeben.

Diese, alle bei Diskussionen entsetzlichen totschlagenden Reden zu den damaligen Kriegsflüchtlingen, sind auch langsam verstummt. Es bleibt leider, dass heutige nicht kriminelle Flüchtlinge aus Kriegsgebieten in ihrem Land auch negative Extremerfahrungen machen mussten und müssen. Ihnen galt und gilt es auch einen hoffungsvollen Empfang, aber dann bitte verteilt auf alle reichen europäischen Staaten, zu bereiten.

Nach der Masseneinwanderung von über einer Million Flüchtlingen, aber mehrheitlich sogenannten Wirtschaftsflüchtlingen, wurde die Angst vor steigender Kriminalität und anderen Problemen in den Massenmedien versucht, von Seiten der Regierung gestützt, „klein zu reden".

Völlig unverständlich ist, dass nur der überwiegende Teil der mitdenkenden Bevölkerung schon mit Beginn der Flüchtlingswelle die Probleme voraus sah, die verantwortlichen Politiker aber „Scheuklappen vor den Augen" hatten und haben. Steffen zitierte schon damals „der Ignorant missachtet die Belehrung und wird zur Dummheit noch Macht gesellt, scheut er kein Mittel der Zerstörung", wie er es auch im System der organisierten Verantwortungslosigkeit der DDR aussagte.

Jetzt hat das System der organisierten Kompetenzlosigkeit den Vorrang. Der ehemalige Bürgermeister von Berlin – Neukölln, der sehr viel Erfahrung mit Ausländerkriminalität und sich bildendenden Parallelgesellschaften hat und den zwingenden Handlungsbedarf einfordert, dass es keine weiteren solche Erscheinungen geben darf, wird einfach durch machtpolitische substanzlose Diskussionen übergangen. In diesen Diskussionen hört man immer wieder „man muss, man sollte, man könnte, wir müssen Gesetze anwenden, wir dürfen nicht dulden und anderes. Klare überzeugende Realitäten werden nicht geschaffen und die Probleme nicht an ihren Wurzeln erfasst, sondern immer nur versucht, an den Symptomen zu drehen.

Zwei längere Reden der Bundeskanzlerin wurden medial gelobt. Steffen hat versucht zu analysieren, was hat sie eigentlich Substanzielles ausgesagt hat. Auch hier wieder die ganz wichtigen Aussagen, wie, man muss die anderen ernst nehmen, die Gesetze einhalten, man darf nicht dieses oder jenes und dann kommt zum Schluss das Bekenntnis, dass sie an ihrer Meinung aber nichts ändert.

Hier kann die Gültigkeit des Spruches von Albert Einstein „Kein Problem kann durch dasselbe Bewusstsein gelöst werden, das es geschaffen hat" nur bestätigt werden. Noch funktioniert die Demokratie teilweise von unten nach oben. Die objektive Realität zwingt die Parteiführungen, um letztendlich ihren Geltungs- und Machterhaltungstrieb zu befriedigen, wenn auch äußerst zählebig, dem gesunden Volksempfinden nahe zu kommen. Ganz langsam, viel zu langsam findet ein Umdenken bei den Politikern statt. Noch lange nicht voll in die Richtung, was die Mehrheit der Bevölkerung schon vor 3 Jahren und auch vorher dachte und spürte. Alle Lebewesen dieser Welt schützen sich vor drohenden Gefahren durch Farbanpassungen, Schutzhaltungen, Schnelligkeit, Gift oder Gegenreaktionen. Nur bei dem vernunftbegabten Wesen Mensch, scheint dieses Schutzbedürfnis auf der staatspolitischen Ebene erst zu funktionieren, wenn es zu spät ist. Da die menschlichen Gesellschaften komplex sehr unterschiedlich sind, ist natürlich nicht alles vorhersehbar. Aber das Wissen, dass die meisten Menschen den Weg des geringsten Aufwandes und Widerstandes nutzen, sollte in intelligenten Gesellschaften genutzt werden, um zeitnah gegen zu steuern. Der unaufhaltsame Abwärtstrend der Wirtschaft in der DDR war auch für das Volk erkennbar. Nur die an der Macht glaubten an die angeblich richtige unantastbare Auslegung des Marxismus- Leninismus und scheiterten damit.

Es wurden in der Anfangszeit der Flüchtlingswelle Statistiken veröffentlich, die immer wieder versuchten darzustellen, dass die Kriminalitätsrate der Asylsuchenden nicht signifikant größer ist als die der Deutschen. Steffen hat damals schon vorausgesagt, dass, wenn diese Menschen erst einmal „warm geworden sind" und von den Möglichkeiten der butterweichen Rechtanwendungen in diesem Staat erfahren, diese Statistiken sich eklatant ändern werden. So ist es auch gekommen und manch einer der Kriminellen lebt im Knast recht gut. Deren Forderungen in den JVA´S, z.B. zur Verpflegung und Übergriffe auf viel zu wenig Bedienstete, werden auch noch mehr und mehr.

Ein Libyer, der polizeibekannt schon mehrere Straftaten begangen hat, hat erneut einen Koffer aus einem Linienbus gestohlen. Er wurde festgenommen, kam erneut auf freien Fuß und kann angeblich, weil er keinen Pass hat, nicht abgeschoben werden.

Jeder Normalbürger stellt sich die Frage, wenn nicht berichtet wird, außer dass der Delinquent im Gefängnis gelandet ist, was aus ihm trotz Wiederholungtaten geworden ist. Die fast 100%-ige Meinung ist dann „raus". Hier sollte man keine Gefühlsduselei mehr walten lassen, sondern klare Kante bei der Abschiebung zeigen. Die von Steffen mehrfach gehörte Variante „ins Flugzeug, Luke auf und runter" hat er immer mit dem Zusatz kommentiert „gebt ihnen aber einen Fallschirm und öffnet diesen über deren Heimatland oder einen Kilometer vor der Küste". Die Antwort: Du bist aber human.

Erst kürzlich gab es in der Zeitung den Diskussionsbeitrag, ob man die wahrscheinlichen Betrüger, die keine Personaldokumente vorweisen können, ermitteln kann. Ihre wahrscheinlich falsche Angaben zur Staatsangehörigkeit, alle wollen Syrer sein, wäre über das Auslesen ihrer Handys möglich. Im Text stand, nein, da es sich nur um wenige handelt. In dieser Ausgabe war dann aber zurückliegend von 150000 Fällen die Rede. Der Leser empfindet nur Wut im Bauch und fordert innerlich selbstverständlich, dass alle Kontrollmöglichkeiten ausgeschöpft werden müssen.

Schon damals hat auch Steffen prophezeit, dass es zu massiven sexuellen Übergriffen durch viele von den über eine halbe Million zugewanderten jungen Männern kommen wird. Er war einige Male in arabischen Ländern und hat gesehen, dass die jungen Männer in Cafés oder am Straßenrand sitzen und die schwarz gekleideten Frauen sicher bei ihnen keine Regung auslösen. Spätestens im Sommer, wenn auch diese jungen Männer hier in Deutschland „mutiger" geworden sind und die hübsch, locker bekleideten Frauen sehen, wird bei ihnen der „Samenkoller" ausbrechen, so Steffens Vorhersagen. Hinzu kommt noch, dass sie in den Massenunterkünften ausgeruht, das Thema Sex und Frauen stark präsent, sicher nur schwer Plätze für die Selbstbefriedigung finden. Die Ereignisse in der Silvesternacht von Köln, so traurig sie sind, hat auch Steffen zu so einem frühen Zeitpunkt nicht erwartet. So verachtenswert die Angelegenheit war und ist, eins hat sie bewirkt, dass die ganze Nation aufgewacht und zum Nachdenken angeregt wurde. Widerlich ist jedoch, dass nach über einem Jahr immer noch öffentlich nach irgendwelchen Fehlhandlungen der Polizei gesucht wurde. Eine polizeiliche Auswertung der Ereignisse und zukünftiger Handlungsempfehlungen wird sicher von den bei der Polizei Verantwortlichen erarbeitet. Statt diese Analysen in die Öffentlichkeit zu tragen, wäre es zwingend erforderlich, die Ursachen solcher Erscheinungen herauszufinden und gar nicht erst aufkommen zu lassen.

Die Mitglieder einer europaweit agierenden Bande, die massenhaft Handys bei Großkonzerten gestohlen hat sind weiter auf freiem Fuß. Diese „Antänzer" werden weiter ihr Unwesen treiben und den Leser dieser Zeitungsnachrichten „einen dicken Hals" garantieren.

Pausenlos wird mit viel Überzeugung versucht, über gelungenen Eingliederungen von Ausländern zu berichten. Natürlich ist es lobenswert, wenn einer junge Asylantin oder einem Asylanten Positives gelingt. So etwas wird medial überdimensioniert ausgeschlachtet. Wie wäre es denn mit ausführlichen Dokumentationen zu Straftaten von Ausländern. Man könnte manchen der derzeitig im Überfluss gezeigten Kriminalfilme einsparen. Da nicht alle Handlungen der kriminellen Ausländer als Dokumente vorliegen, hätten die Schauspieler noch genug Aufgaben und die Filme wären brandaktuell.

Dann wird im Fernsehen gezeigt, dass in ein Flugzeug, was eine Kapazität von 180 Plätzen hat, 15 oder 20 Personen einsteigen und ein enormer Finanzbedarf dafür notwendig ist. Handelt es sich um Kriminelle, die abgeschoben werden sollen, ist es ein kaum zu glaubender organisatorisch technischer Aufwand. Für jeden dieser Straftäter sind noch drei Sicherheitsbegleiter notwendig. In allen Sanitäreinrichtungen, die die Kriminellen frequentieren, werden Spiegel, scharfkantige Armaturen und sonstige Ausrüstungen entfernt, damit die Abzuschiebenden keine Möglichkeit haben sollen, sich kurz vor Ultimo noch selbst zu verletzen und die Abschiebung zu verhindern.

Angeblich konnte man lt. Gesetz auf die anderen Personen, die mit abgeschoben werden sollten nicht zugreifen, z.B., deren Wohnungen nicht aufbrechen. Wem als normal denkenden Bürger überkommt nicht bei solchen Tatsachenberichten ein nur müdes Lächeln und der Kommentar „unfassbar" über die Lippen.

Selbst der „Focus" schreibt: "Angst kann rational sein- Ist Furcht vor steigender Kriminalität nur Hysterie? Zahlen der Polizei beweisen, dass sich die Bürger völlig zu Recht vor Gewalt im öffentlichen Raum fürchten. Wer ihnen dieses Gefühl ausreden will, macht sie noch wütender." Aber es ist nicht nur die Kriminalität, die viele Bürger hinterfragen lässt, woher das ganze Geld für die Betreuung und der Kriminalitätsverwaltung für die Zugewanderten kommt. In Rede stehen bisher 22 Milliarden Euro/Jahr. Für Schulen, Kultur und Sport fehlt es, so jeden Tag jammervoll zu lesen, an

Geld. Die größte Sporthalle der Stadt war auch betroffen, wurde aber für viele hundert Menschen als Asylunterkunft genutzt. Nach Auflösung dieser Unterkunft war plötzlich Geld für die Sanierung im hohen sechsstelligen Eurobereich vorhanden. Der Versuch von Steffen manchem zu erklären, dass es sich um verschiedene Finanztöpfe handelt, hat niemals überzeugt. Ob bei den 22 Mrd. schon die Kosten für die Kriminalitätsverwaltung inklusiv sind, konnte Steffen noch nicht erfahren. Er glaubt es nicht.

Er hat dann noch versucht zu berichten, dass es doch recht positiv ist, dass unser reiches Land so viel Katastrophenmaterial seit den 50-iger Jahren bereit hat, um auch jetzt die Flüchtlinge mit Empfangspaketen und Betten zu versorgen und es damit Zeit ist, dieses alte Material wieder moderner zu ergänzen.

Es ist noch nicht offiziell exakt analysiert worden, welche Personengruppen sich zu Gegendemonstrationen zu Legida und Pegida formieren. Steffen und andere glauben, aus den immer wieder als positiv hervorgehobenen Bildberichten zu erkennen, dass es sich hauptsächlich um jüngere Menschen handelt, von denen die wenigsten ein Verantwortungsgefühl für eine eigene Familie haben. Trotzdem wurde in großen Lettern in der Tageszeitung der Slogan mit den Inhalt „wann kommt denn nun der Aufstand der Anständigen" veröffentlicht. Gemeint waren die Gegendemonstranten. Dies war gleichzeitig eine Beleidigung aller und mit Bestimmtheit in der Mehrheit verantwortungsvoll denkender Bürger. Diese trauen sich nicht, sich „Pegida &Co" anzuschließen, um nicht den Makel angehaftet zu bekommen, Rechtsextremisten zu sein und Gefahr zu laufen, von extremistischen Gruppen attackiert zu werden. Dieser Vernunftprotest bleibt leider aus, überlässt den bedingungslos Multi-Kulti fordernden Idealisten das Feld und stärkt damit die rechten Propagandisten.

Wollen wir eigentlich Multi-Kulti oder den Erhalt der mitteleuropäischen Lebensweise? Grüne, Linke und andere frohlocken, dass sich Deutschland multikulturell verändern wird. Die gleichen Personen sind aber auch dafür, dass die traditionelle Lebensweise der Eskimos, Regenwaldbewohner und Ureinwohner in Papua- Neuguinea erhalten bleibt.

Dem demographischen Wandel zu begegnen, sollte in erster Linie mit einer kinder-und familienunterstützenden Politik erfolgen. Wir sind doch schon mit einem Ausländeranteil von 9,5% aus 200 Staaten, zuzüglich 11,5% mit Migrationshintergrund ausreichend Multi Kulti. Wir werden uns einen gewissen weiteren Wandel, durch fortschreitende Globalisierung nicht entziehen können, aber müssen uns nicht, wie auch auf anderen Gebieten, den sich lauthals agierenden Minderheiten beugen.

In unserem Land hat die Mehrheit der verantwortlich Denkenden das Gefühl, dass nicht sie die Erhörten sind, sondern die, die es als normal ansehen, dass ausländische Kriminelle ihr Unwesen treiben, dass Graffitischmierer weiter die Mehrheit des Volkes in ihren Empfindungen verletzen, dass 11% der Jugendlichen keinen anerkannten Schulabschluss schaffen, dass bis zu 5 % Schulschwänzer sind, dass die Brutalität und andere Werteverluste klein geredet werden, und der Wolf, Hamster oder Eisvogel absolute Priorität genießen müssen.

Jedes dieser Erscheinungen müsste aktiv bekämpft werden. Stattdessen wird orakelt, dass es auch deutsche Kriminelle gibt und man sich sein Wohnumfeld technisch sichern kann. Man ist also selbst schuld, wenn eingebrochen wird und der Wolf massenhaft Nutztiere reißt.

Deutschland hätte mit Sicherheit kein oder ein nur geringes Fachkräfteproblem, wenn das zerstückeltes Schulsystem, so viele, nicht oder nur bedingt ausbildungsfähige Jugendliche ins Erwachsenenleben entlässt. So sollen 25% der jungen Menschen nicht den technischen Ausbildungsanforderungen eines handwerklichen Berufes gewachsen sein und ein weiterer großer Prozentsatz nur bedingt ausbildungsfähig sein. Wie wäre es denn mit einem in ganz Deutschland geltenden einheitlichen Grundlagen- Bildungssystem auf höchstem Niveau, unabhängig vom Bundesland. Das schließt natürlich Spezialschulen wie für Sport, Kunsterziehung, Musik, Naturwissenschaften u.a. nicht aus. Grundsätzlich sollte man aber alle privatgeführten Schulen abschaffen, um für alle Kinder eine Chancengleichheit zu geben. Ein klares Autoritätsgefälle Lehrer/Schule muss wieder hergestellt werden. Hierzu gehört auch, dass Erziehungsmaßnahmen und Anweisungen der Lehrer wirklich nur in Ausnahmefällen von Eltern oder gar Rechtsanwälten hinterfragt werden dürfen. Alle Kinder lernen bis zur 8. Klasse gemeinsam, um dann die weiteren Bildungswege sicher zu bestreiten. Lernschwächere Kinder sind als Normalität zu behandeln, gute Schüler nicht als Streber. Sozialarbeiter in den Schulen sind leider auf Grund der entstandenen Situation notwendig. Wäre es nicht sinnvoller, ein System zu etablieren, wo das Laborieren an solchen Symptomen nicht notwendig ist. Das Fachwissen dieser Kräfte, sollte zum Beispiel im Bereich der Ganztagsschulen genutzt werden. Gebildete junge Menschen lassen sich auch nicht so schnell von Extremisten einfangen.

Aktuell heißt es immer noch, wir müssen bis zu 500000 Menschen in ihre Herkunftsländer schicken. Ja, das ist sicher richtig. Viel dringender ist es jedoch wie ein Asylsuchender kürzlich schrieb: Wer Probleme macht muss gehen, wer keine Probleme macht soll bleiben. Was gibt es eigentlich gegen die Forderung „Kriminelle Ausländer raus" zu sagen. Deshalb kann nur richtig sein, all diejenigen, die radikal straffällig waren und die unsere Sozialsysteme missbrauchen, sofort, ohne Wenn und Aber abzuschieben. Das darf auch uns nicht wehtun, denn diese Personen kennen auch keine Skrupel. Nach Aufdeckung von falschen Herkunftsangaben sofort raus. Was gibt denen eigentlich das Recht, ohne gültige Personalnachweise in unserem Land zu bleiben, das können die dann auch in ihrem angegebenen Herkunftsland. Personaldokumente können tatsächlich in Kriegsgebieten ohne Verschulden verschwinden. Ausländer mit kleineren Fehlhandlungen kann man ermahnen. Alle anderen nicht Integrationswilligen sind auf den Heimweg schicken.

Es wird immer die Frage gestellt, ob wir die massenhafte Integration schaffen. Auch das klingt, wie eine Schuldzuweisung an das eigene Volk, als wenn wir, die eigenen Landsleute uns integrieren müssen. Nein, die Asylsuchenden müssen es wollen und tun. Natürlich müssen und werden dazu Angebote von uns gemacht werden. Es ist unbegreiflich, dass die Ausländer laut Fernsehdokumentation, bis zu fünf Behördengänge absolvieren müssen, um ihre Antragsprobleme zu lösen. Ein Integrationsangebot wäre, eine Koordinierungs- und Anlaufstelle zu benennen, die vernetzt mit den anderen arbeitet, um einmal dem Ausländer viel Leerlauf zu ersparen und zum anderen das Aufnahme- bzw. Abschiebeverfahren zu beschleunigen. Für die Integrationsangebote ist natürlich viel Geld erforderlich, das aber scheinbar mehrheitlich für die allgemeine Problembewältigung und Kriminalitätsbremsung und Kriminalitätsverwaltung ausgegeben wird. Die Bremse funktioniert leider nicht.

Steffen hat schon vor zwei Jahren erklärt, dass er die Patenschaft für einen Jungen übernimmt, der ein tatsächliches syrisches Kriegsflüchtlingskind ist. Er wird diese Hilfe aber erst erweisen, wenn kein Geld mehr für die Problemasylsuchenden ausgegeben wird.

Schon unser Dichterfürst Goethe hat geschrieben:" Wer sich den Gesetzen nicht fügen will, muss die Gegend verlassen, wo sie gelten." Damals war dies durch die Kleinstaaterei möglich. Dies gilt noch heute, aber nicht mehr für die eigenen Landsleute.

Mark Twain (amerik. Schriftsteller) schrieb:" Der Jammer mit den Welt-verbesserern ist, dass sie nicht bei sich selbst anfangen:" Dies würde als Empfehlung gelten, die sich für ein bedingungsloses „Alle sind willkom-men" einsetzen. Bitte nehmt, jeder einzelne von euch, kriminelle Ausländer oder andere zur Problembewältigung in persönliche Obhut.

Peter Rossegger (österr. Schriftsteller)schrieb: Nicht alles was wahr ist müssen wir sagen, aber alles was wir sagen muss wahr sein. Steffen möchte ergänzen: Auch die unliebsamen Wahrheiten müssen wir dann sagen, wenn daraus notwendige Handlungen zum Erhalt des inneren und äußeren Frie-dens in unserem Land erforderlich sind.

Was sollen Passanten, denen plötzlich auf der Straße ein Mikrofon vor den Mund gehalten wird und eine Kameralinse auf sie schaut auf die Fang-frage „Haben Sie persönliche Nachteile durch Flüchtlinge erfahren", die völlig überraschend gestellt wird, antworten? Steffen wüsste eine ausführli-che Antwort. Die meisten am Mikrofon unerfahrenen Bürger antworten mit nein. Das wird dann gesendet, anderslautende kritische Antworten kann man ja in der Sendung weglassen.

Der Bundeskanzler und die Minister der Regierung schwören bei ihrem Amtsantritt, dass sie ihr Kraft dem Wohle des deutschen Volkes widmen, seinen Nutzen mehren, Schaden von ihm wenden, das Grundgesetz und die Gesetze des Bundes wahren und verteidigen, ihre Pflichten gewissenhaft erfüllen und Gerechtigkeit gegen jedermann üben werden. Manche mit dem Zusatz: So wahr mir Gott helfe. Verstößt die Person, die den Schwur ge-sprochen hat dagegen, hat das leider keine rechtliche Bedeutung. Es kann nicht juristisch dagegen vorgegangen werden.

Natürlich gibt es auch international gültige Menschenrechte und Ab-kommen, die eingehalten werden sollten. Wenn diese aber zum Schaden des deutschen Volkswohles sind und den Gesetzen widersprechen, so darf der mündige Bürger dieses Landes von denen die geschworen haben erwarten, dass sie entsprechend handeln. Wo steht bitte geschrieben, dass wir Aus-landskriminalität dulden müssen oder viele Milliarden Steuergelder zu deren Bekämpfung dem deutschen Volk entziehen.

Als 2015 das G7 Treffen auf Schloss Elmau stattfand, gab es bei verstärk-ten Grenzkontrollen, trotz Schengener Abkommen, wieder erfolgreiche antikriminelle Erfolge. Alle Menschen sind also nicht schützenswert gleich. Steffen würde auch, zwar nicht gern, bei Grenzüberfahrten Wartezeiten ein-planen, wenn dadurch die innere Sicherheit seines Heimatlandes wieder massiv verbessert würde.

Wie schnell sich Handlungen und Blauäugigkeiten vergangener Jahre und Jahrzehnte zu Problemen wandeln können, zeigt auch die aktuelle Entwicklung in der Türkei und die zwingenden, aufwendigen Deeskalationsmaßnahmen hier in Deutschland. Wieso müssen wir in Deutschland uns mit den entstandenen Problemen zu dem Verfassungsreferendum in der Türkei überhaupt so intensiv beschäftigen? Eindeutige Antwort, wir sollten es nicht und die Türken, die Zweifel an unserem Grundgesetz haben, sollten in ihre Heimat zurückgehen.

Was will das Volk, nicht nur in Deutschland, bis auf die Minderheit der Extremisten? Es will im inneren und äußeren Frieden leben und das Leben ohne Angst in den eingangs beschriebenen Ebenen eins und zwei gestalten.

Steffen hatte nun das Gefühl das Thema als seinen Diskussionsbeitrag zu beenden, da erscheint absolut zeitnah in der Tageszeitung unter der Überschrift „Die importierte Kriminalität", ein Artikel über das erschienene Buch „Bandenland". Darin liefert der Journalist Olaf Sundermeyer eine schonungslose Analyse der Kriminalitätssituation in Deutschland. Steffen fühlt sich, so traurig das Gesamtproblem ist, in seiner Betrachtung bestätigt.

Voltaire, ein französischer Philosoph und Dichter, schrieb: Wenn einmal eine Nation zu denken beginnt, ist es unmöglich, sie daran zu hindern. Hoffentlich denken die Verantwortlichen im Sinne der Nation und handeln danach. Ob sich die Hoffnung erfüllt, das bleibt wiederum zu hoffen.

Gefühlt hatten noch viel mehr Personen den Gedanken die AfD wählen zu müssen, hatten aber Angst vor der eigenen Courage, in Erinnerung an die gelebte oder erfahrenen Rechts- und Linksdiktaturen in Deutschland. Wären alle ihren inneren Willen erlegen gewesen, das Ergebnis hätte auch Steffen nicht erfassen können. Die etablierte Partei, die den Willen und die Wege aufzeigt, die Ausländerkriminalität radikal einzudämmen, verhindert den Lauf zu einer rechten Diktatur.

Hierzu bedarf es ein zeitbezogenes Programm mit gesetzlichem Charakter. Erste Maßnahme müsste sein, alle kriminellen und nicht integrationswilligen Personen raus. Wege suchen und nicht ständig Ausreden finden, warum was nicht geht. Mit dem freiwerdenden Milliarden ein großzügiger Grenzkontrollausbau, der die Wartezeiten auf ein Minimum reduziert. Wenn Kontrollen an den Schengenerraum- Außengrenzen nicht funktionieren muss eine deutsche Alternative her. Wo steht eigentlich in den internationalen Abkommen beschrieben, dass wir Material zur Kriminalität und kriminelle Personen in unser Land kommen lassen müssen? Die nächste Stufe wäre die Abschiebung der Personen, die kein Asyl erhalten.

Vorsicht! Zunächst diejenigen, die den Sozialstaat ausnutzen. Denjenigen, die sich Wissen bei uns aneignen, muss aber auch klar gemacht werden, dass ihr Aufenthalt begrenzt ist und sie ihre Erfahrungen nutzbringend in ihrem Heimatland später einbringen sollen.

Gedanken, Gefühle, körperliche Probleme, Taubheit

Steffen will sich nicht mit den Gedanken beruhigen, dass es anderen noch schlechter geht als ihm. Natürlich gibt es sehr viele Menschen und je älter er wird, kennt auch er immer mehr deren Probleme, die nicht selbstverständlich zulassen, an erstrebter Lebensqualität teilhaben können. Auch ihm gelingt es nicht immer, aber er möchte sein Handeln, so lange wie noch möglich darauf orientieren. Dabei wird er selbstverständlich fast täglich an seine wachsenden alters- und gesundheitsbedingten Einschränkungen erinnert. Es gilt also, diese Schranken zum einen zu akzeptieren und zum anderen viel dafür zu tun, um sie immer einen Spalt weit offen zu halten. Einzelne problembietende körperliche Schwachstellen wären sicher locker zu ertragen, aber es ist die Vielzahl von Einschränkungen, die er physisch und psychisch bekämpfen muss. Es nervt schon, an alle notwendigen technischen Hilfsmittel, Salben und Medikamente im Tagesrhythmus zu Hause, bei kürzerer Abwesenheit von der Wohnung oder speziell bei Reisen ständig zu denken. Wenn es nur die vergessene Brille wäre, könnte man lächeln und den Nachbar fragen. Aber andere vergessene persönlich wichtige Dinge können schon zur Belastung werden. Aber deshalb sich einzuigeln, auf Geselligkeit, Veranstaltungen und Reisen zu verzichten dazu ist er noch nicht bereit.

Nur an Beispielen lässt sich für andere vielleicht nachvollziehbar die Problematik verstehen. Trotz künstlichem Hüftgelenk ist die Bewegungsmöglichkeit links zu 75% und rechts zu ca. 50 % eingeschränkt. Beim normalen Laufen erkennt man kaum die Probleme.Ein Bücken und beispielweise etwas vom Boden aufheben über die linke Seite war und ist nicht möglich. Also gilt es grundsätzlich, aber speziell wenn Menschenansammlungen bestehen, darauf zu achten, dass genügend Platz zum Ausstellen des linken Beines nach hinten besteht und niemand getreten wird. Leider nimmt mit dem Alter auch zu, dass immer mehr Dinge auf den Boden fallen. Bewusst läuft dann folgender „Film" ab. Wo liegt das Objekt, kann es mit dem Fuß in die Position geschoben werden oder muss der ganze Körper positioniert werden, damit es so liegt, dass beim Bücken über die rechte Hüftseite das Objekt gefasst werden kann. Vorher nicht vergessen, einen Stützenhalt mit der linken Hand zu suchen oder langsam den rechten Ellenbogen oder die linke Hand auf dem rechten Oberschenkel abzustützen. Dabei nicht vergessen, dass der wie auch immer geartete Vorgang des Bückens kontrolliert langsam erfolgt, damit sich nicht die früheren Erfahrungen der schmerzhaften Ausfälle im Rückenbereich wiederholen. Beim Heben schwerer Lasten ist ihm die immer propagierte gleichmäße Bewegung aus der Hocke nicht möglich, deshalb ist besondere Vorsicht und Kontrolle der Rückenmuskulatur bei solch einer Handlung notwendig. Der nächste Kühlschrank wird mit Sicherheit ein Produkt sein, was im Stehen zu überblicken ist. Derzeitig ist bei der Produktsuche oft der Gang in den Kniestand erforderlich. Die schmerzlichen Erfahrungen aus früheren Jahren, dass er nach unbedachten Bück- oder Hebebewegungen wochenlang massive schmerzstarke sogenannte Hexenschussprobleme hatte, konnte er bisher seit fast 30 Jahren, zumindest für akute Ausfälle, verhindern.

Bevor zum Thema Ertaubung noch einiges aufgezeigt wird, ist aus diesem Ursachenbereich noch ein Schwindelgefühl, was bei schnellem Bücken auftritt, ständig zu beachten. Beim Gehen sich umdrehen oder den Blick nach rechts oder links abschweifen zu lassen, bewirkt sofort ein Gleichgewichtsproblem.

Allmorgendlich im Bett, also noch vor dem Erheben in die Senkrechte, aktiviert er in einigen Minuten alle Gelenke durch unbelastete Bewegungen und möglichst viele Muskeln durch Dehnung. Selbst wenn im Krankenhaus morgendlich die Krankenschwestern zum schnellen Aufstehen drängten, hat er schnell noch einige Rückenübungen absolviert. Auch vor einem drängenden Kurzzeitnachtgang, der im Alter zum Standard gehört, sind einige Bewegungen bei ihm schon automatisch programmiert. Inhalt dieser allmorgendlichen Übungen sind auch Bewegungen, um zu trainieren den Bewegungsschwindel einzudämmen.

Trotz all der Aktivitäten bleiben noch ausreichend schmerzhafte körperliche „Problembaustellen", an denen ständig gearbeitet werden muss.

Viele Jahre, beginnend nach dem Implantieren des linken Hüftgelenkes, war der regelmäßige Besuch in einem Fitnessstudio mit Radtrainer, Kraftübungen und in der Sauna angesagt. Diese liebgewonnene Aktivität und wöchentlich einer Stunde Wassergymnastik in einer öffentlichen Schwimmhalle war alters- und körperlich bedingt nach 13 Jahren nicht mehr sinnvoll. Steffen geht nun zweimal wöchentlich in die Schwimmhalle zur Warmwassergymnastik. Richtig mitgemacht, ist es für ihn eine ermüdende Anstrengung. Das Anziehen von Strümpfen und Unterhosen funktioniert nur mit der „Einhandtechnik" durch Körperverrenkungen über die Außenbahnen des Körpers und ist nur im Stehen möglich. Auch beim An-und Auskleiden besteht die schon beschriebene Problematik beim Bücken. Ziel dieser Warmwasserübungen ist es, erfolgreich die derzeitig möglichen Bewegungsfreiheiten wenigstens nicht noch schlechter werden zu lassen.

Den linken Schnürschuh zu binden, ist seit Jahrzehnten für Steffen nicht mehr möglich. Es gilt also im Alltag Slipper zu tragen. Auf das Wandern in den Bergen möchte Steffen aber auch noch nicht verzichten, wenn auch die Tageskilometer weniger werden. Die orthopädischen Wanderschuhe schnürt ihm seine Frau. Nach anstrengender Tagestour wenn die Hüften, die Füße und der Rücken schmerzen ist ein Saunagang oder eine Sitzung in einer Infrarotkabine hilfreich, um schnell zu regenerieren. Bei den Wanderstiefeln muss Steffen nicht an orthopädische Schuheinlagen denken, bei allen anderen Schuhen käme er ohne diese Hilfsmittel nicht schmerzfrei durch den Tag. Ja, langes Stehen ist in seinem Alter nicht nur bei Steffen eine Belastung. Sollte er trotzdem auf die Konzerte mit seinem Chor verzichten? Nein, denn wenn er sich auf das Singen konzentriert, spürt er kaum den Druck auf Rücken, Hüften, Knien und Füße. Ein wiederholter Ausspruch von ihm ist: "solange ich früher dem Ball beim Volleyball nachgeschaut habe und beim Singen zum Dirigenten oder auf die Noten schaue, erfassen mich keine Negativdinge und Gedanken".

Wegen der Pfusch-OP am linken Fuß muss täglich, um entstehende Entzündungen beim Laufen vorzubeugen, an Spreizelemente gedacht werden. Medizinische Fußpflege ist monatliche Pflicht. Die linken Zehen sind mit den Händen nicht zu erreichen.

Nach den Operationen an den Schultern ist auch deren Beweglichkeit noch eingeschränkt. Um die vorhandenen Möglichkeiten zu stabilisieren, ist auch die Warmwassergymnastik eine sehr gute Aktivität. Nach diesen Schultereingriffen hat erst eine tägliche Bewegung über mehrere Wochen in warmen Wasser (ca.32-34°C) die erhofften Fortschritte gebracht. Die Vielzahl von früheren Eingriffen im Analbereich, die schon beschrieben wurden, erfordern auch noch heute spezielle hygienische Maßnahmen.

Der rechte Ellenbogen, wie schon erwähnt, seit dem 15 Lebensjahr nach Ärztepfusch bewegungseingeschränkt, ist es, der schmerzt und täglich behandelt wird, aber speziell für die Nacht besonders gelagert werden muss, um in den Schlaf zu kommen und möglichst zu bleiben.

Nachdem die durch Arthrose bedingten bewegungslähmenden Schmerzattacken 2010 fast überwunden waren, der Bluthochdruck und die Leistungsminderung durch das massive Vorhofflimmern bestanden weiter. Steffen wollte das ständige Keuchen und Hinterdreinlaufen bei den jährlichen

Wanderungen mit Freunden im Riesengebirge ein Ende bereiten. Er beschloss, im Folgejahr ab Herbst 2012 14 Kilogramm abzuspecken. Siehe da, es gelang und er konnte und kann wieder gut mithalten. Ein weiterer positiver Effekt war, es bedurfte keiner blutdrucksenkenden Medikamente mehr. Trotz dem Halten des Gewichtes hielt dieser Erfolg nur zwei weitere Jahre an. So ist die regelmäßige Einnahme des blutdrucksenkenden Medikamentes aber weniger problematisch als vielmehr das des Blutverdünners. Leichteste Verletzungen heilen sehr schlecht und das Setzen von zwei Zahnimplantaten wurde fast lebensbedrohlich.

Seit der Einnahme der blutverdünnenden Mittel plagt ihm ein massiver Juckreiz unsichtbar an den verschiedensten Körperbereichen. Leider hat eine Ursachenforschung keine helfenden Ergebnisse gebracht und so findet ein allabendliches Ritual mit Verwendung verschiedener Cremes statt, um in den Schlaf zu kommen und die Nacht ohne Alpträume und ständiges Erwachen zu überstehen.

Parallel zu dieser lästigen Belastung entwickelten sich medikamentenbedingt auch bei der Verdauung unliebsame massive Druckgefühle. Alle diesbezüglichen Hinweise, Diäten und Medikamentenbehandlungen waren und sind erfolglos. Steffen muss auch diesen Umstand akzeptieren. An Tagen, an welchen er Konzerte mitsingt, ist eine strenge Diät mit morgendlichem Butterbrötchen und Milchreis zu Mittag schon obligatorisch. Viel zu spät hat er mit einer ausgewogenen Ernährung begonnen und so seine Arthrose Beschwerden stark eingeschränkt. Auch hier wieder die Erkenntnis: „die Sünden der Jugend, sind im Alter nicht zu kompensieren".

Steffen hat für sich ein System entwickelt, um gelungen, fast wöchentlich eine physiotherapeutische Behandlung zu bekommen. Das Gesundheitssystem in Deutschland lässt es nicht zu, dass eine physiotherapeutische Langzeittherapie wie beim Rehabilitationssport mit 50 Behandlungen bewilligt wird. Auch für die Dauermedikation wäre eine analoge Langzeitregelung für den „mündigen Bürger" sinnvoll. Viele Arztbesuche könnte sich Steffen ersparen. So nutzt er Hausarzt, Schmerzarztpraxis, Orthopädiearzt und Zahnarzt, um Rezepte mit entsprechend wechselnden Diagnoseschlüsseln zu erhalten. Die Physiotherapeutinnen, die seine Muskel - und Gelenkprobleme bestens kennen, behandeln dann immer die von ihm angegebenen Hauptproblemzonen wie Lendenwirbel, Hüftbereich, Brustwirbel, Schultern und ganz aktuell das rechte Knie. Die manuellen Therapien sind meist mehr als schmerzhaft, aber helfen. Bei solchen „Sitzungen" sagt Steffen öfter, dass er in seinem nächsten Leben Physiotherapeut wird. Auf die Gegenfrage warum, vermerkt er spaßeshalber, dass man dabei sogar seinen „sadistischen Trieb" ausleben könnte und anderen Schmerzen zufügen kann. Viele Vorschläge der Therapeutinnen zu den schon erwähnten morgendlichen körperlichen Übungen im Bett und sonstigen hilfreichen Aktivitäten beherzigt er. So hat er jeder Teilübung fiktiv den Namen der Therapeutin gegeben, die den Vorschlag gemacht hat. Mit diesem Behandlungssystem fühlt Steffen, dass er schon länger „einigermaßen über die Runden kommt".

Die derzeitig schwerste Belastung ist aber der Umgang mit der linksseitigen Ertaubung und der rechtseitigen Schwerhörigkeit. Schon sieben Jahre trägt er sein Chochlea-Implantat, eine voll elektronische Hörhilfe. Im Laufe der Jahre hat sich das immer anzuhörende, wie in eine Blechtonne Gesprochene Verstehen langsam gebessert. Der Klang ist zum natürlichen Hören oder dem Hören mit einem Hörgerät völlig anders. In einem ruhigen Raum, wenn er die Hörmöglichkeit des hörgeminderten Ohres ausschaltet, ist eine Verständigung über das Implantat möglich. Ein Gruppengespräch wäre nur erfassbar, wenn alle Personen langsam, deutlich und nacheinander sprechen würden. Räumliches Hören ist unmöglich und so gehört zum Beispiel die Nachfrage, wo sich eine rufende oder anzusprechende Person befindet, zum Standardrepertoire. Ein Rufer im Wald muss sich ständig wiederholen und Steffen kann ihn nur über seine Ganzkörperdrehung orten. Die Kombination aus Implantat und Hörgerät, so hilfreich sie auch ist, lässt ein Hören in überschneidenden Gruppengesprächen oder bei noch größeren Menschenansammlungen nicht zu. Die Lärmempfindlichkeit scheint von Jahr zu Jahr immer belastender zu werden. Manchmal kann Steffen sich nur damit helfen, seine Hörhilfen auszuschalten. Besonders belastend sind Hintergrundgespräche oder Hintergrundmusik in Filmen und anderen Fernsehsendungen. Zeitungsrascheln, Geräusche durch Plastiktüten, Absatzschuhe auf Belägen aus Stein oder Holz werden oft zu Steffens persönlichem Martyrium. Leider muss er oft in Arztpraxen warten. Damit er seinen Aufruf nicht verpasst, kann er die Hörhilfen nicht ausschalten und muss so das ständige Türenschlagen, das Husten und Niesen der Patienten, die Patientenaufrufe und andere plötzliche Geräusche ertragen. Uhrenticken, die Blinkkontrolle im Auto und Vogelzwitschern werden über das Cochlea- Implantat sehr gut wiedergegeben, schnelles Sprechen und schnelle Melodienfolgen sind zwar zu hören aber nicht zu erfassen. Bei größeren Gesprächsrunden und Menschenansammlungen außen, aber speziell in geschlossenen Räumen, „steigt Steffen dann aus". Es ist bekannt, dass es viele schwerhörige Menschen psychisch äußerst stark belastet, den Gesprächen nicht folgen zu können und oft auch noch Misstrauen aufkommt. Steffen löst die Sache indem er merken lässt oder es offen anspricht, dass er sich an den Gesprächen nicht mehr beteiligt und den Hinweis gibt, dass man auch über seine Person hoffentlich, auch wenn es zum Thema passt, positiv oder negativ spricht. Man darf sich über seine Person „auch das Maul wetzen". Nicht zuletzt sind auch die normal platzierten Anreden anderer Personen an ihn meist nicht sofort erfassbar und er muss um Wiederholung bitten. Für andere Personen stellt sich oft die Frage „aber du gehst doch noch zum Singen". Ja, meine eigene Stimme höre ich ja noch über das halbgesunde Ohr und das Hörgerät. Sicher spielt dabei auch eine gewisse Erfahrung eine Rolle, um nicht falsche Töne wiederzugeben.

Es nervt Steffen trotzdem immer wieder, bei Proben, aber speziell Konzerten um eine Position so zu bitten, dass seine Stimmgruppe rechts neben oder hinter ihm postiert ist. Während der Proben werden ständig Wiederholungseinsätze an verschiedenen Stellen der Musikstücke erforderlich. Wenn nur die geringsten Nebengeräusche wie Seitenblättern, Randgespräche und Sonstiges im Raum vorhanden ist, muss Steffen seinen Nachbarn fragen, was der Dirigent gerade gefordert hat. Das ist für ihn aber ein notwendiges Übel und erfordert auch von seinem Nachbarn viel Verständnis. Das relativ anspruchsvolle Singen im Chor ist aber das letzte liebgewonnene Hobby, was Steffen noch nicht vermissen möchte. Seinem Chornachbar hat er schon gebeten, ihm, wenn die Gesangsqualität grenzwertig wird, es ohne Bedenken zu sagen.

Grundsätzlich erwartet Steffen nicht, dass seinen Gesprächspartnern immer sein Handicap bewusst ist. Selbst wenn er direkt darauf hinweist, ist die rücksichtvolle Reaktion darauf bei den meisten von nur kurzer Dauer. Nur nicht verzweifeln oder aggressiv reagieren bleibt dann das Motto für ihn. Es liegt mit Sicherheit in der Natur des Menschen, dass er nicht auf die „Wehwehchen" anderer pausenlos Rücksicht nehmen kann. Das Hören, speziell das Verstehen, ist für Steffen mit einer spürbar enormen Anstrengung verbunden. Alles wirklich verwertbar zu erfassen, wird aber durch jedes Nebengeräusch oder eine Direktansprache zur Tortur und zwingt ihn, die inneren Ausraster massiv festzuhalten.

Belastend ist auch, ständig an alle Utensilien im Zusammenhang mit den Hörgeräten zu denken. Ersatzteile, Trocknungsgeräte, Ladegeräte, Batterien, Akkus und Adapter füllen eine Extratasche.

Vor den Konzerten ist es ratsam, einen geladenen Akku in das Cochlea Implantat und eine neue Batterie in das Hörgerät einzusetzen, damit die

Überraschung ausbleibt, keinen Hörausfall zu einem wichtigen Zeitpunkt zu erleben. Autofahren ist für Steffen meistens eine große Freude und für die Sicherheit ist es natürlich sehr wichtig die Hörhilfen ständig zu tragen.

Steffen hat schon an einigen längeren Testphasen für Hörgerätehersteller und zu adaptierbaren Geräten teilgenommen. Er hat festgestellt, dass sich die Natur des Schalleintrages nur schwer steuern lässt. Die Werbung dazu, verspricht zu viel. Anders bei den Zusatzgeräten, wobei beispielsweise die Töne per Funk direkt vom Fernsehgerät auf die Hörgeräte übertragen werden. Auch in modernen Hörsälen und Konferenzräumen sind Techniken eingebaut, die ein gutes Hören ermöglichen. Leider können sich solch dafür ausgestattete gute Hörgeräte viele Betroffene nicht leisten. Gerade ältere Menschen haben oft ein Problem mit der Handhabung der modernen elektronischen Geräte. Es ist schon eine Last, für alle Situationen entsprechen ausgerüstet zu sein und im Vorfeld, immer daran zu denken.

Alle Hörprozesse bedeuten solche immensen Anstrengungen, dass man einer ständiger Stresssituation ausgesetzt ist. Diese lässt die Blutdruckprobleme und Herzrhythmusstörungen nicht besser werden.

Im Raum steht nun auch alters- und gesundheitsbedingt die Datsche anderen zu übergeben. Auf dieses, man kann sagen Lebenswerk zu verzichten, wird eine gewisse Wehmut aufkommen lassen. Diese neue Überwindung bewältigen, Steffen schafft das!

Rückblick und Hoffnung

Ein erstes Hoffen von Steffen ist, dass beim Leser nicht der Gedanke des Mitleides entstanden ist. Für andere Menschen, selbst aus seinem direkten Umfeld, sind seine Probleme kaum erkennbar oder werden nicht mehr wahrgenommen, da er versucht, sich völlig normal einzubringen. Viele Menschen sollten sich nur bewusst darüber sein, dass sie sicher eine bessere Gesundheit und dadurch auch bessere Chancen hatten, ihre Ziele zu erreichen. Sichtbar Behinderten und denen, die im Verborgenen viel Leid ertragen, wollte er aufzeigen, dass es auch andere gibt, die scheinbar topfit daher kommen aber oft der Schein trügt.

Er selbst sieht beim Resümee über sein Leben sehr viel Positives. Das Fazit aber bleibt, dass ihm selten etwas einfach zufiel, sondern er sich vieles „erkämpfen" musste. Kaum war etwas Positives in Sicht, wirkte auch schon wieder die Bremse.

Trotz schwerer Krankheit und sichtbarer Behinderung, aufgewachsen in einem autoritär geführten Elternhaus, hat er sich geborgen gefühlt und ein positives Wertegefühl mitbekommen. Schon damals war es nicht für alle Kinder selbstverständlich, keinen Hunger zu kennen. Auch das Erleben im Musikbereich trägt noch heute Früchte. Die solide handwerkliche Berufsausbildung konnte er bisher sein ganzes Leben aktiv als Heimwerker nutzen. Von der Ausbildung zum Segelflieger erzählt er auch noch heute und das anschließende, wenn auch nicht ergebnisorientierte zweijährige Schwimmtraining, hat sein in der Kindheit verkümmertes Körpergefühl zum Positiven gewendet.

Trotzdem vom Elternhaus keine Impulse für die psychische Vorbereitung auf eine eigene Familie gegeben waren, und die Wohnungssituation in der DDR zu oft nicht zu positiven rationellen Handeln zwang, war er stolz auf Geschaffenes. Der große Aufwand, der trotz körperhinderten Schwächen erforderlich war, nach längerer Wartezeit eine Neubau- Wohnung zu erhalten, war der Not gehorchend.

Inhaltlich gab es rückwirkend betrachtet in der Zeit der ersten Familie doch auch erinnerungswürdige Dinge. Die vielen negativen Erfahrungen aus dieser Zeit konnte Steffen in positive für seine zweite Lebenshälfte ummünzen.

Trotz Berufsverbot als Flugzeugbauer hat er die daraus resultierenden Jahre als Werkzeugmacher als sehr erfolgreich empfunden und sie bleiben auch mit Erinnerung an die Kollegen und Erlebnisse sehr positiv.

242

Die sehr guten Abschlüsse an der Hochschule und Universität, trotz größter krankheitsbedingter Belastungen nach 11 Jahren Abend- und Fernstudium, waren auch gefühlt eine Persönlichkeitsaufwertung. Diese berufliche Entwicklung hat auch bewirkt, dass Steffen niemals ernsthaftere materielle Probleme hatte. Geblieben ist das allgemein, nicht ernst gemeinte, übliche „Jammern auf relativ hohem Niveau". Von den sein Leben begleitenden Anstrengungen profitierte Steffen auch noch nach der politischen Wende und heute als Rentner.

In diese Zeit gehört auch der Baubeginn der noch heute genutzten Datsche. Die technischen Hochschul- und Universitätsstudien hatten auch die allein geschaffene Dokumentation der Bauunterlagen und die kritische Begleitung beim Bau seines Eigenheimes möglich gemacht.

Die absolut positive und in Gesprächen immer wieder freudig erwähnte aktive Zeit im privaten Faschingsverein sind nicht wegzudenkende frohe Stunden und Ereignisse. Der steife Nichtsportler Steffen hat sich auf dem Volleyballfeld durchgebissen und nach geraumer Zeit sogar den Aufschlagball über das Netz bekommen. 34 Jahre Sportfreundschaften und viele Jahre als Sektions- und Abteilungsleiter sind ein Lebensabschnitt mit nur schönen Erinnerungen.

Der Tod des 17jährigen Sohnes bleibt schmerzhaft.

Die intensive Auseinandersetzung mit psychologischen Themen durch weniger angenehme Probleme initiiert, war letztendlich eine mehr als nutzbringende Schulung für die privaten und beruflich folgenden Lebensabschnitte.

Es steht jedem zu, nicht seine eigenen Schwächen hervorzuheben. Sicher würden auch andere Steffen nicht als absoluten „Gutmenschen" bezeichnen. Es gab auch zu Mitmenschen, ob Beruf oder im Privatbereich das Problem, dass die „Chemie" nicht immer stimmte. Er hat dann oft gesagt, dass es halt überall „menschelt" und konnte meist resümieren, dass diese kontroversen Personen auch von anderen nicht gerade geschätzt wurden. Die laufende Zeit hat oft das Resultat, aus den Augen aus dem Sinn, erbracht. Für ihn war und bleibt schlecht verdaulich, wenn solche Typen kein Ansprechen zulassen. Das lastet oft schwerer als ein direkt fühlbarer Schmerz, wenn man die Sache oder die Person nicht aus seinem Umfeld verbannen kann und ständig damit konfrontiert bleibt. Der „Brand" schwelt dann in ihm ständig.

Die zweite Lebenshälfte war und ist in der Familie auch mit Steffens zweiter Frau ausgewogen harmonisch. Das Wochenendhaus wurden nach 5 Jähriger, fast jedes Wochenende Bauzeit aktiv von der Familie speziell den

Kindern genutzt. Viele Feste mit der Familie, Freunden und Bekannten sind nicht nur bei Steffen in Erinnerung, sondern auch bei den Gästen.

Nicht viele Menschen dieser Welt haben das Glück, einen mehr oder weniger friedlichen Umschwung politischer Systeme mitzuerleben. Bei allen auch viel zu hinterfragenden Problemen im sogenannten Rechtsstaat, steht bei Steffen die eindeutige Aussage, zu den Gewinnern des neuen Systems zu gehören. Schmerzlich, doch mit akzeptabler finanzieller Brücke, musste der Weg von der doch erfolgreichen Zeit im alten DDR- Betrieb in die neue Berufswelt beschritten werden. Auch, wenn neu die Ossi/Wessi-Problematik verkraftet werden musste, für Ostverhältnisse hatte es Steffen ohne Arbeitslosigkeit erfolgreich überstanden. Viel im Studium und Berufsleben erlangtes Wissen konnte er, trotz einer großen mentalen Belastung, mit innerer Zufriedenheit bei seinem letzten beruflichen Wirken 12 Jahre einbringen. Dies wurde auch bei der Verabschiedung ins Rentnerleben gewürdigt.

Nach der Wende gab es keinen Ausfall durch Arbeitslosigkeit. Zwei Jahre in Frankreich für Steffen, davon eins mit der Familie, waren für eine ehemalige DDR- Familie ein Superereignis. Nur wenige Ehepartner haben solch einen Mut zum Risiko bewiesen. Großen Anteil daran hat, die unkomplizierte Herangehensweise an die verschiedensten Lebenssituationen von Steffens Frau.

Ohne nennenswerte Probleme verlief die schulische und berufliche Entwicklung der Kinder.

Ausführlich könnte er auch darüber berichten, doch für sie und die Enkel hat er ja seine Lebensgeschichte aufgeschrieben. Vielleicht sind die Enkel danach neugieriger und fragen ihre Eltern detailliert danach aus, wie war das bei euch. Die Kinder und Familie leben heute im Ausland.

Mit Dankbarkeit und Rückbesinnung auf seine Kindheit, hat Steffen einige Jahre als Mitglied des Vorstandes sein Wissen und Kraft für den Humanitas e.V. zum Wohle behinderter Menschen eingebracht.

Steffens aktive Zeit als Sänger und als Chorvorsitzender des Gewandhauschores mit all dem künstlerischen Anspruch, den Chorfreundschaften und Erlebnissen lassen den Ausdruck „ was willst du mehr" gerechtfertigt erscheinen. Chorleben genießt Steffen noch heute als Sänger. Hoffentlich kann er es, trotz seiner Hörprobleme, noch recht lange als Hobby genießen.

In positiver Erinnerung bleiben alle Ferienerlebnisse, auch die aus der DDR- Zeit, auch wenn man damals die Alpen und das Mittelmeer nicht sehen durfte. Die Zeiten in Betriebsferienheimen, auf Zeltplätzen oder Gewerkschaftsheimen hatten auch ihren positiven Reiz. Steffen hat auch die zur

Stabilisierung seiner Gesundheit regelmäßig   bis zu 6 Wochen dauernden Heilkuren genießen können.

Nach der Wende wurden, zunächst mit den Kindern und dann durch die Eheleute allein, fast alle erdenklichen Möglichkeiten genutzt, um die Länder dieser Welt kennen zu lernen. Mit dem Auto, als Busrundreisen, auf Kreuzfahrschiffen, bei Flusskreuzfahrten und Flugreisen hat man kurzzeitig oder auch länger schon über 70 Länder dieser Erde gesehen. Die Neugier bleibt.

Viele neigen dazu, die Vergangenheit zu verklären. Steffen kann und hat auch die äußerst kritischen Gegebenheiten im privaten und gesellschaftlichen Leben nachweislich bei seinen Aufzeichnungen nicht vergessen.

Es bleibt auch die Hoffnung, weiter Haus und Garten, die altersbedingt weniger werdenden Freundschaften und Bekanntschaften zu genießen und vielleicht auch die Kinder und Enkel möglichst „zu verwöhnen".

Noch kurz vor seinem 75. Geburtstag steht die operative Behebung eines Knieproblems an.

Er schafft auch das!

Textanhang zum Buch: UNSICHTBAR BEHINDERT

Vorwort:

Für die nachfolgenden Generationen, die nur eine relativ großzügige gesellschaftliche und politische Meinungsfreiheit kennen, ist es sicher unvorstellbar, dass die nachfolgenden Texte mehr als nur Lachsalven auslösten und bei den Vertretern der Staatsmacht den absoluten Misstrauensverdacht weckten, dass die Vortragenden Gegner oder scharfe Kritiker des DDR-Regimes seien.

Die Verfasser und Redner kannten natürlich die Empfindlichkeiten der Herrschenden und es kostete schon eine große Portion Überwindung, die Texte, wenn auch nur im kleineren Kreis von 40-80 Personen, während einer privaten Faschingsveranstaltung vorzutragen.

Sie sollen dokumentieren, dass die Missstände in diesem Land mehr als nur registriert wurden.

Es war niemals sicher, ob die immer bei den Feiern präsente Staatssicherheit die Vortragenden nicht ständig zur Rechenschaft ziehen wird und weitere Veranstaltung verbietet.

So wurden aus Angst manche Dokumente durch Feuer vernichtet. Ein stolzes, aber im Magen laues Gefühl, ließ die Büttenredner ihre Angst überwinden.

Steffen, der Verfasser des Buches „Unsichtbar Behindert" hat es auch gewagt einige Texte zu Feiern des Gewandhauschores vorzutragen. Erfreulich ist, dass darüber kein Eintrag in seiner Stasiakte, nachlesbar dokumentiert ab 1981, zu lesen ist. Bekannt ist aber, dass die Stasiakte aus der Zeit von 1968 bis 1981 mit großer Wahrscheinlichkeit vernichtet wurde.

Nachfolgend einige Texte mit Hintergrunderläuterungen:

In der DDR wurden jährlich mehr als 300 Millionen m³ Braunkohle gefördert. Bis zu 12m³ Deckschicht mussten abgetragen werden, um 1m³ Kohle zu gewinnen. Entsprechend groß wurden riesige Landstriche zu Mondlandschaften und die Rekultivierung, die erst nach der politischen Wende spürbar 1991 einsetzte, war äußerst bescheiden. In dieser Zeit wurde auch das damals wichtigste Staatsplan- Bauvorhaben der DDR, der Palast der Republik, errichtet.

Den Raubbau ohne Rekultivierung anzuprangern, brachte folgenden Text auf das Lied „Am Brunnen vor dem Tore"

1. Am Brunnen vor dem Tore, da steht ein Lindenbaum, ich träumt in seinem Schatten, so machen süßen Traum. Ich schnitt in seine Rinde so manches liebe Wort. Es zog in Freud und Leiden, zu ihm mich immer fort, zu ihm mich immer fort.

2. So war's vor vielen Jahren, an jenem schönen Ort, heut ist nichts mehr zu sehen, das alles ist nun fort. Das Tor es ist verrottet, die Linde steht nicht mehr, die Luft ist voller Gase, der Brunnen der ist leer, der Brunnen der ist leer.

3. Weg sind die schönen Ecken in unserem Sachsenland, nur Gruben sind geblieben, mit Dreck voll bis zum Rand. Der Kohle wird geopfert, die Schönheit der Natur, die Dummen dieses Raubbaus sind unsere Enkel nur, sind unsere Enkel noch.

4. Was kümmern uns die Enkel, die Zukunft ist so weit. Wir schreiten fröhlich weiter in eine neue Zeit. Die sollen nur nicht klagen, sie haben großes Glück, für sie steht noch in Jahren, der Palast der Republik, der Palast der Republik *(in Berlin nach der Wende abgerissen)*.

Unweit der Messestadt Leipzig loderte in einer neuen Chemieanlage eines Großkombinates ständig eine riesige Flamme, die den Nachthimmel erhellte und sicher auch aus dem Weltall zu sehen war.

Im Parteiprogramm der SED stand auch etwas von Ehrlichkeit.

Zu den Olympischen Winterspielen nach Innsbruck durfte der normale DDR-Bürger nicht reisen.

Auf das Volkslied, Ännchen von Thaurau wurde nachfolgender Text verfasst:

1. Ännchen von Tharau ist die mir gefällt. Sie ist mein Leben mein Gut und mein Geld. Ännchen von Tharau hat wieder ihr Herz, auf mich gerichtet in Lieb und im Schmerz. Ännchen von Tarau mein Reich und mein Gut, du meine Seele mein Fleisch und mein Blut.

2. Olympia von Innsbruck und alle warn froh, Karten gab es nicht beim Reisebüro. Sportfans *(Stasi)* fuhren hin nur mit kleinem Gepäck,

Sport aber schert sie `nen feuchten Dreck. Gold woll`n wir holen, das ist ja so Brauch. Wir sind die Größten und sagen es auch.

3. Maßstab der Dinge ist immer das Geld. Sechs Dimensionen hat unsere Welt. Und ist vermodert schon längst sein Gebein, Goethe der lebt auf dem Zwanzigmarkschein *(DDR Geld)*. Grün im Gesichte und voller Wahn, mystisch guckt er uns beim Einkaufen an.

4. Flämmchen von Böhlen den Himmel erhellt. Kostet uns täglich unheimlich viel Geld. Flämmchen von Böhlen du bringst uns nur Mief, sagen wir`s ehrlich hier ging etwas schief. Wir sind doch gegen die Lobhudelei, seht doch mal rein, ins Statut der Partei.

Wer DM-West hatte konnte sich manch Außergewöhnliches leisten. In der DDR gab es ein Riesenproblem zur Kaffeeversorgung und die Regierung verlangte, dass der sogenannte Kaffeemix (50% gebrannte Gerste, 50% Kaffeebohnen) zum nationalen Standardgetränk wird. Über Kanada verglühte unkontrolliert ein sowjetischer atomar gespeister Satellit, Ferienplätze an der Ostsee und Autos waren Mangelware. In die DDR wurden 10000 VW aus Wolfsburg importiert.

Das Motto „Märchenfasching" erbrachte folgende Texte.

1. Goldmarie kommt zur Frau Holle, schüttelt Betten aus wie tolle, war sehr fleißig und sehr fix, brühte auf den Kaffeemix, gab schön auf die Sputniks acht, dass nicht plötzlich über Nacht so ein Ding herunter fällt, auf die schöne heile Welt. Weil sie so schön fleißig schaffte und nicht in die Weströhre gaffte, hat sie alsbald von der Alten, einen Golf dafür erhalten. Nun gehört die Goldmarie, potztausend zu den oberen Zehntausend.

2. Es war einmal ein Fischer, der hatte großes Schwein, den schwamm in seinen Köcher ein Zauberfisch hinein. Der Fischer tat über sein Leben klagen, und der Fisch ließ ihn drei Wünsche aufsagen. Der Fischer wünscht sich Hof und Wagen, und ich trau es mich kaum zu sagen, einen Ferienplatz in Baabe *(Ostsee)*, mutig war der „Knabe". Haus und Wagen war okay, doch Ferienplatz und an der See, waren so leicht doch nicht zu beschaffen, ohne Westmark in den Taschen. Mit diesem Wunsch hat er es übertrieben, arm ist er nun geblieben, Arm wie eine Kirchenmaus und das Märchen das war aus.

Die meisten Bürger der DDR sind dem Verfall der gesamten Bausubstanz mehr und mehr emotionslos begegnet. Die Gefahr der Gewöhnung war zur

Realität geworden. Ziel war es, möglichst eine Neubauwohnung in einem Plattenbauviertel zu bekommen, um wenigstens die Ofenheizung hinter sich zu lassen. Zeitungsmeldungen gab es wöchentlich, wieviel Dächer an Altbauten dicht gemacht *(neu gedeckt)* wurden. Da diese Zahl äußerst gering war, wechselte man in die etwas medienwirksamere Angabe nach Quadratmetern.

Die kritischen Büttenredner sangen zum Problem wie folgt:

1. In unserer schönen Rumpelstadt *(gemeint war Steffens Heimatstadt)* sind die Fassaden grau. Der Putz fällt von den Wänden, Salpeter steht zur Schau. Die Dächer sind nicht dichter, auch nicht nach Zeitungsschau. Es rumpelt in den Wänden, vom vielen Wasserstau.

2. Lasst doch die Rinnen platzen, es freuen sich die Spatzen. Das grüne Moos, Fassadengras, bietet Kontrast in grauer Stadt. Das Rumpeln in dem Rinnenrohr ist Stadtmusik im großen Chor. Denkt an die Kellerasseln, die brauchen`s feucht zum Rasseln.

3. Hat neulich eine gut Idee, am Abend auszugehen. Es wieder zu probieren, im Wirtshaus amüsieren. Ich lief dann von Haus zu Haus, im Magen rumpelts vor dem Schmaus. Es rumpelt in den Waden, vom vielen Pflasterlatschen.

4. Es fand sich dann ein Nobelhaus, die Preisliste hing gar nicht aus. Man musste lange warten, auf Steak au four mit Spargel. Die Rechnung kam viel schneller auf großem weißen Teller. Das Geld fing an zu rumpeln, im Portemonnaie war`s dunkel.

5. Letztlich war vom Schnee bedeckt, unser ganzer Rumpeldreck. Der Dauerfrost war auch nicht nett und schlug in manches Rohr ein Leck. Die Bauleut blieben keck, es liegt noch heut der Dreck. So ist`s in unsrer Stadt genau und nicht nur in Grünau *(größtes Plattenbauviertel)*.

6. Die Autos kommen noch vom Fleck, trotz Schlaglöcher und Säuredreck. Wir müssen weiter leben, trotz unsrem sauren Regen. Ja, rumpelnd fährt der Autobus für Fahrgäste ein Hochgenuss und einige Schlucke Alkohol die rumpelten und quollen.

7. Wollt neulich fahr`n mit LVB *(Verkehrsbetriebe)* zur nächsten Endstell(e). Mit neuen Tatrazügen *(fahren 40 Jahre später noch)*, soll es sein ein Vergnügen. Nach einer Stunde warten, kam dann die Bahn und ich konnt starten.

8. Die Räder rollten tack, tack, tack, es rumpelte ein jeder Gast. An jedem Weich- und Schienenstoß war das Rumpeln doppelt groß. Ja, ja die kalten Sitze, den Hämorriden nützen. Wir woll`n uns nicht aufregen und rumplig weiter leben.

9. Hannover heißt die Partnerstadt, sie liegt im andre`n deutschen Staat. Die hohen Herrn von Rumpelstadt, die waren dort und sah`n sich satt. Selbst von den Fidschi- Inseln, schrieben mehr die „Zeitungspinsel“. So blieb ich als braver Mann im Rumpelstädtchen sitzen.

10. Ich will ja auch dort gar nicht hin, zu dem Fassadenglitzer. Dort gibt es keine Rumpelstraß mit solchen großen Pfützen. Lasst mich nur rumpeln in der Stadt dem Wohle aller nützen. Ich hab kein Drang nach Drüben *(alte Bundesländer)* hin und bleib hier als Assi *(Asozialer, weil keine Westbeziehungen)* sitzen.

11. Dort wo ich wohne, da will ich immer sein. Dort wo ich wohne, da find ich`s auch noch fein.